由湖南工商大学学术著作出版基金资助出版

社会资本与教师科研发展

刘国权　著

中国财经出版传媒集团
经济科学出版社
Economic Science Press

图书在版编目（CIP）数据

社会资本与教师科研发展/刘国权著 . —北京：
经济科学出版社，2019. 7
ISBN 978 - 7 - 5218 - 0621 - 2

Ⅰ. ①社…　Ⅱ. ①刘…　Ⅲ. ①高等学校 - 教师 - 师资
培养 - 研究 - 中国　Ⅳ. ①G645. 1

中国版本图书馆 CIP 数据核字（2019）第 118901 号

责任编辑：白留杰
责任校对：靳玉环
责任印制：李　鹏

社会资本与教师科研发展
刘国权　著
经济科学出版社出版、发行　新华书店经销
社址：北京市海淀区阜成路甲 28 号　邮编：100142
教材分社电话：010 - 88191354　发行部电话：010 - 88191522
网址：www. esp. com. cn
电子邮件：bailiujie@ 126. com
天猫网店：经济科学出版社旗舰店
网址：http：//jjkxcbs. tmall. com
北京密兴印刷有限公司印装
710 × 1000　16 开　16 印张　275000 字
2019 年 8 月第 1 版　2019 年 8 月第 1 次印刷
ISBN 978 - 7 - 5218 - 0621 - 2　定价：48. 00 元

目　录

第一章　导　论

第一节　人力资本与社会资本

2010 年，英国《自然》杂志网站在线版头条刊文《中国科研，发表还是灭亡》（*Publish or Perish in China*）。文章说，由武汉大学进行的调查估计，中国买卖论文等造假行为的市场在 2009 年达到近 10 亿元人民币①，而高校成为论文造假的主阵地。2017 年，世界最大学术出版机构之一斯普林格旗下的《肿瘤生物学》杂志宣布撤销中国学者 107 篇论文，涉及 500 多名医务人员，震惊了国内外学术界。

在这些事件的背后，我们不难发现两点，一是当前科研中功利性导向严重、学术不端屡禁不止。二是社会对科研成果存在着巨大的需求，需求导致不法出版商唯利是图和论文制造者不惜手段换取科研成果。众所周知，迄今为止，我国高校教师职称评定虽然有教学工作量和任教年限等要求，但决定性的考核指标是教师的科研数量与质量，而职称又与教师的薪酬和职位晋升紧密相关。也就是说，教师科研是决定教师学术地位、经济地位、政治地位甚至个人命运的关键。

不仅如此，在争创国内一流大学、世界一流大学的竞争中，高校的核心竞争力也是以科研学术水平为主要体现，在这种激烈的态势中，学校在为教师科研抛出许多诱人的激励措施的同时，也制定了一些“不进则退”“非升即走”的制约手段，教师科研和教书育人一起不仅成为教师的头等大事，也成为大学的头等大事。因此，高校和社会对教师的科研状况正在给予更多的重视和关注。

---

①　http：//roadtunnel. chd. edu. cn/html/dongtaixinwen/20100115/197. html. http：//www. moe. edu. cn/jyb_xwfb/gzdt_gzdt/s5987/201801/t20180108_323975. html.

一、教师科研不能完全满足社会需要

不可否认，近些年我国高校科研取得了巨大的进步，中国的科技创新工作已越来越向高校集中。据教育部科技发展中心的数据显示①，全国高等院校获得2017年国家自然科学奖一等奖1项、二等奖23项，占授奖项目总数35项的68.6%。

全国高等院校获得2017年国家技术发明奖通用项目一等奖2项、二等奖31项，占通用项目授奖总数49项的67.3%。

全国高等院校获得2017年国家科学技术进步奖通用项目100项，占通用项目授奖总数132项的75.8%。其中，高校为第一完成单位的获奖项目57项，占通用项目授奖总数的43.2%。

全国共有113所高等院校作为主要完成单位获得了2017年度国家科学技术奖三大奖通用项目157项，占通用项目总数216项的72.7%。其中，有64所高校作为第一完成单位的获奖项目数为114项，占通用项目授奖总数的52.8%。

高校在全国授奖项目中连续保持高比例，充分体现了高校基础研究和重大原始性创新研究在我国占有重要的地位，体现了对我国科技创新和经济发展的重要贡献。

即使这样，高校教师科研还是不能满足社会需要，高等教育和经济社会发展对高校教师的科研要求更高。

（一）大学的科研使命需要大学教师更好地传承和弘扬

大学在其演变和发展过程中，形成了为世人公认的四大使命：人才培养、科学研究、社会服务和文化传承。如果说中世纪的大学是以传授知识为主的话，洪堡的教育改革和柏林大学的创办则开启了大学崇尚科学研究的新内涵。洪堡认为，传授高深知识是大学的基础，但这种高深知识是脱离社会需要、超越社会现实的理念性知识。他认为大学是社会的道德灵魂，主张大学不仅是一个教育机构，更应该是一个研究中心（史海生，2006）。也就是说，大学的使命不仅是教育人，而同时要成为知识创造的源泉。应该说，柏林大学

---

① http：//www. moe. edu. cn/jyb_xwfb/gzdt_gzdt/s5987/201801/t20180108_323975. html.

没有辜负国家的期望，同时也没有辜负世人的期望，其主要贡献是为大学进行科学研究提供了新的范式，在知识传递为主的大学打开了一个缺口。大学开始了科学研究，这是大学在19世纪的被赋予的新的使命。

大学科研水平的高低尽管与其学生质量有密切联系，但更具有稳定性的教师队伍是大学科研的决定性因素。老子有言："道可道，非常道"，意味着"道"非所有人都可轻易获得。教师科研创新的过程，就是不断地对"道"加深认知的过程。一方面，这提升着人类对事物本质认识的广度或深度，是"道"的积累；另一方面，提升了教师"传道""授业""解惑"的能力，令学生所学更加符合未来所用，抑或使学生获得了得"道"之径，那么才可以做到"道"之相传，乃至以此"道"为根基的文明的延续。高校教师所传授的是人们所受教育最高层次、直接与人们未来所从事专业相关的知识体系、理论体系和方法体系，通过科研创新，能够促进高校教师对所涉及领域知识的积累、方法经验的获取、理论水平的提升，同时，将科研成果转化为生产力，促进人类社会的进步。

因此，长期以来高校教师始终坚守着崇尚学术、追求真理和智慧的信仰，他们在培养人才的同时，在科学的殿堂里孜孜以求，并把在科学研究中所获取的新成果应用到教学和社会实践中。他们以热爱科学、献身科学的精神，对未知世界始终保持好奇心和探索愿望，对科学事实和实验结果的严谨态度与敏锐判断，自强不息、百折不挠的毅力与合作精神，不迷信权威的独立批评精神等传承大学的科研精神。

正是依靠这样一种精神，大学得以成为探索和追求真理的地方，大学成为人类新知识、新智慧的孵化场。然而，由于近些年受社会转型时期的市场短视行为的影响，高校教师在学术科研上面的求真精神受到冲击，严谨治学的作风受到挑战。

（二）大学的科研内容需要教师来创新

19世纪的柏林大学掀起了大学探究科学的新篇章，但仅有这种探究精神，若不能走进现实世界，大学照样还是处在封闭的学术象牙塔中，不能从社会的边缘走向社会的中心。于是，进入20世纪之后，以美国实用主义哲学为主导的教育流派开始对大学的科学研究内容提出了新的挑战，他们要求大学走出"象牙塔"，走向社会，为现实世界的经济发展和人们生活改善服务。美国出现了一批学术性大学与社会企业及科研机构联合攻关、联合培养人才的新的办学模式，大学的社会服务功能和使命开始凸显。大学教师的科研任务从纯理性的思辨研究为主走向解决社会问题的应用研究。大学这一科研内容的转变，极大地推动了社会生产力的发展，也把大学的科研地位推到了一个无已替代的高度，大学开始从社会边缘走向社会中心。中国高速发展的经济对科技发展提出了新要求，而科技创新的主阵地之一在高校，但当前高校科研普遍存在着创新性不够的现象。

（三）创建世界一流大学需要有一流的科研

尽管我国以北京大学、清华大学为代表的少数高校已闯入世界100强高校之列，但离创建世界名校、离民族振兴对教育的要求还有不少距离。英国《泰晤士报》与英国著名高等教育研究机构QS（quacquarelli symonds）联合进行的2018年世界大学评估显示，2018年的TOP500中，中国内地、中国香港和台湾地区共有23所大学上榜，较2017年的24所下降了1所。中国内地排名最高的是北京大学，位列世界第27位，港澳台地区的第一位为香港大学，第40位。得力于近些年来中国院校在排名上的稳定表现，从地区数量排名看，中国内地超过了中国香港地区，进入了世界第六①。但世界前100所大学中美英两国占据榜首，中国香港有3所大学进入榜单前50名，而中国内地只有北京大学和清华大学，这也可以看出目前内地高校的科研和人才培养仍然存在着较大的提升空间。

《泰晤士报》的评估依据了两个重要的指标：科研水平评估（RAE），学科质量评估（TQA）。RAE是英国政府为了对高等院校的科研质量做出评价，由各基金管理部门每五年进行一次全国范围的评估活动；TQA是考核被评估专业的教学质量和学生的学习状况，重点是评估学生的学习状况和学习成绩。

（四）经济社会的进步需要大学科研来促进

高校教师科研在我国社会主义建设中一直发挥着重要作用。新中国成立之初到“文化大革命”之前，我国高校一直坚持科研方向，并取得了一批重要的科研成果。改革开放之后，国家更加重视高校在国家科技创新工作中所能够发挥得重要作用。1977年在全国教育工作会议上，邓小平同志就指出“高等院校，特别是重点高等院校，应该是科研的一个重要方面军”。1990年

① http：//www. idp. cn/paihangbang/109331. html.

召开的全国高校科技工作会议宣读了由国务院转发的文件——《关于加强高等学校科学技术工作的意见》，该文件指出："高等学校已经成为我国科技事业的一个重要方面军。不仅是基础研究与高技术研究的一支主力，也是科技攻关、引进项目、消化吸收、传统产业技术改造和高技术产业依托中的重要力量。"

2006年，《教育部、科技部关于加强高校科技创新工作的若干意见》，提出要"大力加强产学研合作，推动成果转化和产业化"，"积极推动地方高校扩大国内外科技合作与交流"。

2010年，《国家中长期教育改革和发展规划纲要（2010~2020年）》正式出台，指出应充分发挥高校在国家创新体系中的重要作用，鼓励高校在知识创新、技术创新、国防科技创新和区域创新中做出贡献。大力开展自然科学、技术科学、哲学社会科学研究。坚持服务国家目标与鼓励自由探索相结合，加强基础研究；以重大现实问题为主攻方向，加强应用研究。促进高校、科研院所、企业科技教育资源共享，推动高校创新组织模式，培育跨学科、跨领域的科研与教学相结合的团队。促进科研与教学互动、与创新人才培养相结合。充分发挥研究生在科学研究中的作用。加强高校重点科研创新基地与科技创新平台建设。完善以创新和质量为导向的科研评价机制。增强社会服务能力。高校要牢固树立主动为社会服务的意识，全方位开展服务。推进产学研用结合，加快科技成果转化，规范校办产业发展。为社会成员提供继续教育服务。开展科学普及工作，提高公众科学素质和人文素质。积极推进文化传播，弘扬优秀传统文化。

由此可见，高校教师的科研发展对繁荣学术、创造知识、促进经济社会进步等方面的作用已越来越凸显，推动大学教师的科研发展无论从教师个体发展、高等教育发展还是经济社会发展都是当务之急。

然而，近些年高校科研一派繁荣的背后，在各种压力和某些功利意识的影响下，也出现了一些问题：

1. 科研整体质量有待提升。2014年，英国自然出版集团发布了一个评估各国各研究机构自然科研水平的指数"自然指数"。"自然指数"由6600多位科研人员遴选出82本顶级自然科学学术期刊，再跟踪这些期刊上的科研论文发表情况，可以说，是反映当今科学前沿的重要窗口，对于评价全球各科研院校的学术产出水平具有重要参考价值。"自然指数"目前提供两种计分方法：

论文计数（AC）：不论一篇文章有一个还是多个作者，每位作者所在的国家或机构都获得 1 个 AC 分值；

分数式计量（FC）：还考虑每位论文作者的相对贡献。

2018 年这份榜单上，中国两项得分分别为：9088.65、12566。仅次于美国，位居世界第 2，这是近十几年中国科学研究快马加鞭追赶的结果。但是从 AC 值来看，尽管中美差距有所缩小，美国得分仍然是中国 2 倍以上。中兴缺“芯”之痛，让国人看到了中国科技发展的短板，最大的问题是基础研究还不是很厚实，自主创新能力不足，在很多关键核心技术上仍然未获得重大突破。

2. 与市场和企业的融合度不够，成果转化率低。作为知识生产的关键主体，公共科研部门的成果转化效率是反映一国创新能力的重要指标，受到各国政府高度重视。近些年国内对于“科技成果转化率”这一指标有过很多讨论，但仍存在不少认知偏差。要准确衡量科研部门的成果转化率，必须明确标准、选准指标。从国内外实践来看，主要有基于数量和基于价值两种评价方法，但评价结果差异很大。国际上多采用价值导向的可比指标，重点评估所产生科技成果的商业化潜力和转化应用的实际经济效益或社会效益。

高校的科技成果转化问题一直备受瞩目。过去，我国的科技成果转化率仅为 10%，远低于发达国家的水平。美国在 20 世纪 90 年代的科技成果转化率就已经达到了 80%，我国这些年转化率有所提高，根据一些不完全的统计已达到了 30%，而且有学者和研究机构认为我国科研转化率低已是一个伪命题。但整体来看，中国科研成果在成倍增加，转化未能实实在在地跟上是客观存在，至少在高校还是一个突出现象，如我国高校被转让、许可的专利占“活专利”的比例仅为 2.03%。如何避免闭门造车、不看方向的科研浪费，以及低层次的科研重复等现象，提升我国的科技成果转化率，成为当代高校科技教育和科技创业亟待解决的问题。在高校，许多教师和学生有很多创新性想法，但是这些想法和实践得出的成果要转化为现实的产品，市场才是关键，科研成果需要十分契合市场的需求，有突出的竞争优势才能够吸引投资，得以转化，但是高校的很多科研成果在这些方面往往很难完全符合市场的要求，从而很难将投资者的目光吸引过来。

在产学研的融合过程中，公司、商业机构其实应该是科学研究的重要力量。如德国大众 2017 年研发投入就超过 137 亿欧元。但在 2017 年“自然指数”全球企业科研机构 500 强的榜单中，中国就显得很尴尬，仅有 15 家入围，是所有榜单中入选数目最少的，排名最高的是中国船舶重工集团公司（第21）。榜单前10位分别是：瑞士霍夫曼·罗氏公司、美国IBM公司、瑞士诺华公司、美国默克公司、英国阿斯利康公司、美国辉瑞公司、英国葛兰素史克公司、新西兰GNS Science、韩国三星集团、美国安进公司。

中国企业科研能力弱也从侧面反映了中国高校和企业联合研发、共同攻关的科研协作不够。

3. 科研诚信受到挑战。近年来，受市场经济发展带来的“功利主义”、拜金主义等风气的影响，校园也出现了浮躁现象。一部分从事科研的教师，科研的目的更多的是自身的晋级加薪，或积累学术资本，成为拥有学术权力的学术权威，于是注重数量、轻视质量，倾向于搞“短平快”的项目，课题研究走过场，论文东拼西凑或一稿多投，一篇完整的文章经分解进行分散发表，产出率高但多为低水平的重复。尤其是剽窃侵占、弄虚作假的现象愈演愈烈，连大学知名教授甚至校长，也未幸免学术抄袭的泥潭，造成高校科研信誉急剧下降，很多人不能潜心于科研。高校的学术良知在很多地方存在着集体萎缩的现象。

袁象、王凯等学者把科研不诚信的形式分为六类，基本概括了当前学术不端的主要现象。一是随意伪造篡改研究内容：为发表论文，早出成果，获得学术职称或项目经费，在实验数据上弄虚作假，编造数据。二是随意剽窃他人研究成果：在不经过试验、不经过研究观测的情况下，为了发表论文，以隐蔽的手段将别人的研究成果据为己有。三是署名不当：为了利益或为了讨好上级领导，给那些没有做实质性工作的人署名，主要是给领导署名。四是不按照预算支出科研经费：在申请到科研经费后，不按课题预算执行，随意支配经费，科研经费利用效率低下，更有甚者将科研经费挪作他用。五是科研资源分配不规范：在科研管理活动中，如评审课题、选拔人才、评奖等，以权谋私、暗箱操作，一些研究机构或个人通过请客送礼等不正当手段谋取科研资源。六是钱学交易：为获取文凭学位或学术头衔，部分领导或企业主通过“赞助”“捐献”等形式轻而易举地从某些科研机构或高校获得文凭学位或学术头衔。

4. 学术交流不够，缺乏有效的团队合作，缺乏跨行业跨部门的集约式攻关，缺乏“弱关系连接”。我们现在的团队主要有两种模式：一种模式是为项目能够立项拼凑式的拉齐一支队伍，这支队伍在获得项目后的后期研究中要么名存实亡，缺乏真正的合作，要么有合作，只是项目责任人与个别人的合作，科研经费用非所需，主持人与合作者变成雇用和被雇用的关系。另一种模式是师傅带徒弟的模式，在这种模式中，徒弟被动地出力，即使团队内部存在信任，但不是一种平等的机制上的合作，因此徒弟或学生不会为科研的好坏承担责任，也不能有效发挥群体效益。

弱关系指和联系不频繁的人的关系，和频繁交流的强关系相对应。弱关系的特点是个人的社会网络异质性较强，即交往面很广，交往对象可能来自各行各业，因此可以获得的信息也是多方面的，人与人关系并不紧密，没有太多的感情维系。也就是我们所谓的泛泛之交。强关系指的是个人的社会网络同质性较强，即交往的人群从事的工作，掌握的信息都是趋同的，人与人的关系紧密，有很强的情感因素维系着人际关系。用中国人的话说，就是关系很铁。格兰诺维特认为，关系的强弱决定了能够获得信息的性质以及个人达到其行动目的的可能性。在他做的调查中，美国社会是一个弱关系社会。也就是说，一个人如果认识各行各业的人越多，就越容易办成他想要办成的事。反之，那些交往比较固定，比较狭窄的人则不容易办成事。

高校教师大多潜心于教学和科研，对人际交往和人际关系的维护不重视甚至厌恶，仅有的交往也往往只是在亲缘和友缘之间进行，小范围的交往频率很高，在不同层面、不同行业间大范围的交往少，异质性网络关系薄弱，在某种程度上形成了教师单打独斗、团队合作不够、跨行业的集体攻关力量不大等问题。

5. 科研监管不到位，尤其是对科研经费的管理漏洞较多。随着中央和地方各级政府加大了对科学事业发展的投入，各单位科研项目经费逐年递增。这些资金管理使用的情况既是国家关注、群众关心的热点，也是监督部门监督的重点。如何从科研事业高速发展亟须加强管理和控制的实际出发，加强科技经费管理，保证科研资金的安全、高效的问题亟须解决。

为了避免抄袭和拉关系、走后门，近些年，科研管理部门在科研项目的立项评审、鉴定验收等环节的管理已越来越严格，但对项目资金拨付到位后的跟踪管理和过程管理没有严格的制度，或者有制度监控不力，造成研究过程不务实、不严谨，研究经费滥用等现象，也助长了拿项目就是创收的功利思想。

2013 年，中国科协一项调查显示，我国科研资金用于项目本身仅占 40%，大量科研经费流失在项目之外。而公报显示，中国 2012 年科研经费投入首次突破万亿元大关。21 世纪教育研究院副院长熊丙奇就在博客中指出，如此推算，全国科研经费中6000亿元用于开会、出差等，而国家财政投入的5000多亿元也有3000多亿元没有真正用到科研中。近几年，国家下大力气整治科研经费滥用问题，收到了明显成效，但由于科研经费监督难、处理难、整改难，变相套取科研经费等现象依然存在。

这就给我们提出一个很现实的问题，就是高校教师的科研应该如何加强引导和促进。本书的研究范畴即是从高校教师科研的重要性及当前科研不能完全满足文化教育及经济发展的需要的状况出发，来探究如何多视角地挖掘促进教师科研发展的影响因素，探索诸如人力资本、社会资本等各个要素之间如何相互作用、共同影响科研水平提升的内在机理。

二、人力资本理论存在着缺陷

自20世纪50年代人力资本理论诞生后，人们更多地借助于人力资本来解释教师科研绩效，认为科研绩效是教师的知识、技能、体力等价值的总和，但20世纪中后期出现的组织行为学理论发现，人的工作效果（effect）是能力（ability）与积极性（positivity）的函数。$E=f(A \cdot P)$，能力是由教育和培训获得的，而积极性是通过激励手段实现的，其中主要的是物质激励和精神激励，而精神激励是建立在良好的人际关系基础之上的。人们相信，随着信息社会知识共享性的提高，教育的全球化，人们将从不断扩大的社会关系网络中获得更大的收益，取得更大的绩效。

着眼于这个角度，人们意识到人力资本的研究存在理论缺陷。首先，因为它把提升工作绩效、创造利润资本的因素归结为知识与能力两个大类，这固然重要，但是没有看到人际关系以及由人际关系派生的劳动积极性所产生的助推作用。其次，人力资本的研究只局限于个体人力资本的范围，缺少对群体人力资本的探讨研究。人具有社会属性，不能脱离社会而存在。置身于现实社会中，社会关系是人赖以生存的必备条件，因而群体人力资本是人力资本研究不可忽视的一个组成因素。

人力资本理论认为，人是财富创造的主导要素，这是极为可贵的观点，但由于环境局限性，这里所指的人是没有添加社会因素的，只是理论上的人的概念的存在。人不仅是社会物质财富的创造者，更是具有社会地位的主体，集中表现在人对社会资源运用的掌控，且在这个过程中，更多的是作为社会群体出现的。可以发现，在人力资本理论的研究中，对个体人与个体人的交往、群体与群体的组织联系的研究尚属匮乏，人和群体对经济社会的独特贡献更是人力资本理论所未触及的。人力资本的载体是人，人与人之间的联系构成了社会关系，重视并研究人的作用，就不得不研究社会关系，这样才能更全面地把握人的特性。

从另一方面来看，自人力资本理论诞生以后，世界各国都非常重视通过教育和培训等形式加大对人力资源的开发和利用，在此基础上各个国家人力资源的数量和质量都有较大程度的提高。然而在这些掌握了人类丰富知识的高素质人才中，其科研绩效却有很大的差异，这种差异的原因可能是多方面的，从一般状况来看，除认知因素外，单打独斗、闭门造车、信息占有不充分、缺乏合作攻关和社会支持是其重要的制约因素。

当人类进入到知识经济时代后，随着信息和资源利用在知识获取中的作用不断加强，这种依赖于人力资本的要素提高教师科研绩效的理论体系和实践行为则更受到了挑战。人们发现，随着科技攻关重大项目突破中人们需要个体人力资本以外的因素的增加，如个体的信息占有量、个体的科研动态判断、个体的社会支持大小、科研团队的合作程度等，人力资本已经无法全面解释科研绩效形成的各种要素和动机，人们更多地注视人力资本以外还有什么因素在帮助人们更好地获得科研绩效。

在高校教师的科学研究中我们也经常发现类似的情况，同样是教授博士，有的视角狭窄、信息闭塞、靠个人仅有的一点知识在科研中有黔驴技穷之感，有的视域宽阔、资源取之不尽，科学研究如鱼得水，科研项目接踵而至、科研绩效步步高筑。也就是说，在拥有丰富的人力资源的基础上，能否更广泛地获得社会支持和有效地利用社会资源已成为人们能否获得更大成功的重要因素。

而这些因素可以统称为社会资本因素。本书的研究也从影响教师科研绩效的诸多因素中（包括人力资本因素），逐渐聚焦到社会资本因素上来，这一研究建立在社会资本对人类的贡献被人们越来越多的研究和发掘的基础之上。

三、社会资本能有效提升教师科研绩效

“社会资本”这个概念是由法国社会学家皮埃尔·布尔迪厄（P. Bourdieu）于1980 年在《社会科学研究》上最先提出。在随后的詹姆斯·科尔曼

（J. S. Coleman）、普特南（R. Putanam）等学者的不断研究下，在社会学、经济学、政治学等学科领域内引起了很大的关注。布尔迪厄认为，社会资本是优势阶级成员致力于共同认可与确认的投资①。但是这个论述在当时的学术界没有得到重视。后来美国芝加哥大学社会学教授詹姆斯·科尔曼（James Coleman）对社会资本有了更全面的研究，他指出："社会资本的定义由其功能而来，它不是某种单独的实体，而是具有各种形式的不同实体。其共同特征有两个，它们由构成社会结构的各种要素组成，而且为在社会结构中个体的某些行动提供便利。和其他形式的资本一样，社会资本是生产性的，是否拥有社会资本，决定了人们是否可能实现某些既定目标"②。他的研究促进了学术界对社会资本产生了极大的兴趣。在此基础上，哈佛大学教授罗伯特·普特南（Robert Putnam）则认为社会资本是："能够通过推动协调的行动来提高社会效率的信任、规范和网络"。③

美籍华裔著名社会学家林南（Nan Lin）在这方面也颇有建树，他在《构建社会资本的网络理论》中将社会资本定义为：资源嵌入在社会结构中，在有目的的行动中被接近或被运用。它包含嵌入在结构中的资源、某种社会资源对个体的易接性（accessibility）、个体在有目的的行动中使用或动员某种社会资源三个组成要素，涵盖结构的（嵌入性）、机会（易接性）、与行动取向（使用）的三个基本观点④。

他认为，社会资本隶属于资本的范畴，是一种嵌入于社会网络中的特殊形态，行为主体既可以是个体也可以是组织，它具有使个体达到既定目标的能力，但是它本身又不是这种能力，此能力只是它所有的工具性的一种体现。在将其视为一种工具的基础上，行动主体可以掌握利用社会资源，从而获得预期的回报，当然，也只有在这种情形下，社会关系、规则体系、信任才转变成了真正的社会资本。换句话说，只有投入到社会运行过程中，社会关系、规则体系、信任才完成了社会资本的转化，才成为一个现实性的工具。社会资本使个体达到渴望目标时，可以产生正效应，但在某些情况下也能产生负

---

① Pierre Bourdieu，Loic Wacquant Invitation to Reflexsive Sociology［M］. Chicago Press，1992：119.

②［美］詹姆斯·S. 科尔曼. 社会理论的基础［M］. 北京：社会科学文献出版社，1990：354.

③ Robert Putnam，Making Democracy Work［M］. Princeton：Princeton University Press，1993：167.

④ 林南. 社会资本：关于社会结构与行动的理论［M］. 张磊译，上海：上海人民出版社，2004：20－29.

面影响。

社会关系网络对个体和群体的成功起到的作用长期被学术界所忽视，随着社会的进步和研究的深入，目前，社会资本理论已成为国内外学者研究的热点前沿问题之一。因为只有这个理论恰如其分地揭示了个体、群体和社会的发展中人与人的关系，以及所产生的信任、义务、期望的作用。

克拉克和柯佛的研究表明（Knack，Keefer，1997）：假如对整个国家层面的诚信进行计量，诚信值上升 1 个标准差就会带来超过 0.5 个标准差的经济增长。① 在人力资本理论对此现象无法正确解释时，社会资本理论凸显了其重要性。

社会资本作为一种资本，它的生产性体现在以下几个方面：一是它能够为社会中的行动个体提供帮助，有利于个体实现其渴望的目标。二是它拥有社会资本量的大小，决定了个体实现既定目标的可能性的大小。三是社会资本具有的生产性功能，只有在具体的社会行动中才能够发挥效力。根据诸多学者的研究表明，社会资本与组织绩效之间存在着较多的相关联性。乔·罗兹和彼得·洛克（Jo. Rhodes & Peter Lok，2008）等认为，社会资本通过有效的知识共享进而影响组织绩效。摩西·阿库瓦（Moses Acquaah，2007）指出，组织中的高层管理者利用各自社会资本通过管理网络和社会关系与其他企业、政府部门等进行交流能够增加组织绩效。卡丽·丽娜和弗里兹·皮尔（Carrie R. Leana & Frits K. Pil，2006）对 88 所高等学校的内外部社会资本进行研究后发现，内外部社会资本均对组织绩效有正面影响。吉娜·杜克（Gina Dokko，2004）指出员工拥有大范围的社会网络将带来更高的绩效，因为员工可通过社会网络中的联系人获取建议以及支持来完成任务。国内学者边燕杰、罗家德（2001）等也运用社会资本在个体职业地位获取等方面进行过研究，指出了人际关系在其间的作用。

笔者在前期访谈中所接触的一位访谈者的话语也充分反映了社会资本在其科研进步中的作用：

“我博士毕业后的最初几年也发表了一些论文，但那时大都是闭门造车，后来导师推荐我参加了中国旅游学会，并担任了 H 省旅游学会常务理事，之后我的学术活动大大增加，每年要参加各种学术年会，迫使自己写文章，还

---

① Knack，S. & Keefer，P. Does Social Capital Have an Economic Payoff? [J]. Quarterly Journal of Economics 112，1997.

有就是因为交流多了，行业内需要研究的问题看得更加准确了，申报课题的命中率大大提高。去年我在韩国参加了一个申遗的国际性学术会议，认识了几位韩国和日本朋友，他们愿意与我合作研究中国地方史，我相信我在旅游科研上的学术视野将有一个新的发展。”

中国社会是一个高度整合的社会，中国传统文化以家族为本位、血缘关系为纽带，在几千年的融合发展中，社会在国家制度、法律框架之外形成了一套以宗亲为核心的人伦关系，这种特殊的社会关系逐渐成为维系家族团结、社会稳定的重要工具。正如梁漱溟先生所言，“不把重点固定放在任何一方，而从乎其关系，彼此相交换：其重点放在关系上了。伦理本位者，关系本位也。”① 中国千百年来关系本位的发展传统，促使社会资本在社会关系中发挥着更大的作用，这也是加强对社会资本研究的文化传承因素。“中国的社会状态和社会资本范式有不谋而合之处。中国文化强调社会的优先地位，个人对家庭、群体利益的服从，社会关系在资源配置中发挥着重要作用，这些特征使社会资本在中国能够轻易地找到理论的原型和证明的依据”。② 教师作为社会关系中的一分子，所从事的科研活动也是社会活动中的一部分，自然地与人际关系和社会沟通产生不可分的联系。从社会资本角度出发研究教师科研发展将是一个新颖的思路与视角。

四、人力资本和社会资本的不同作用

资本是一个概念，随着社会经济的推陈出新，其内涵与构成也变得丰富多彩。自从17世纪中叶开始，直至20世纪50年代，资本还只囊括了物质资本及其象征物（如货币）。随后，人力资本（20世纪50年代）和社会资本（20世纪80年代）的概念相继纳入资本这一研究范围，从而大大扩充了资本的内涵。

人力资本和社会资本作为资本的两种表现形式与存在形式，继承着资本内涵中所涵盖的一般属性。其一般属性表现为：（1）资本可以在价值的基础上创造价值，并具备增值的功能。作为一种潜在的或实际的资源，社会资本的价值绝非仅仅体现其自身的价值，更体现出对自身价值的超越。

---

① 梁漱溟．中国文化要义．［M］．上海：上海学林出版社，1987：44.

② 杨雪冬．社会资本对一种新解释范式的探索［J］．马克思主义与现实，1999（3）：71.

(2) 积累性。资本之所以能逐步扩展壮大，在于资本的不断积累。同理，社会资本也是凭借社会人际关系之间的交流互动、信任和规范等一些渠道而实现资源扩展。(3) 生产性。资本作为一种直接的生产要素，投入生产领域，从而创造价值，实现资本增值，这是资本生产性的重要体现。其实社会资本亦具有生产性，不仅能实现社会资本自身网络扩张，亦能为人们创造经济效益。(4) 规模效应性。有效的集中和聚集资本，便可制造规模效应。换言之，较于规模较小且相对封闭的社会资本网络，规模较大的社会资本网络更加符合社会经济健康发展和可持续发展的实际需要。(5) 可转换性。社会资本尽管是一种非物质资本，但可转换成物质资本或经济资本。而且如果想要获得更大的回报，各方必须保持合作信任与规范的精神，很好地将自己的财力与技能紧密结合，这体现了社会资本能产生实质性价值和实用效益。(6) 创新性。为了实现资本的保值增值价值，资本必须要不断更新，这是资本的一个重要特性。作为一种以具体且特殊的资本形式而存在的社会资本，则更加需要通过不断更新而蓬勃发展。

既然社会资本是一种特殊形式的资本形态，因而与经济资本具备相同属性的同时，亦具备一些经济资本所不具有的特殊性，主要表现在以下几点：(1) 不可让渡性。社会资本因为拥有者不同其内涵和外延均有不同，而且其使用范围是具体的，特殊性和具体性是社会资本最显著的特征。不同的个体所拥有的社会资本皆有其特定的使用范围。从这个层面而言，想要比较个体与个体之间以及个体与集体之间的社会资本，是难以实现的。因而，社会资本亦不可让渡。(2) 互惠性。社会资本关系网络中的一些相关环节得益于社会资本的合理、有效使用，从而实现互惠互利。(3) 可再生性，是非短缺的。经济资本因为频繁消耗和使用有可能被耗尽，社会资本则可通过人际交流再生产新的资本，从而能够有效防止资源的短缺。(4) 多功能性。社会资本既能在生产价值上体现其作用，也能在共同体的维持和促进上产生重要影响。社会资本虽然有它的拥有者，但其实其具有更加社会化的利用效果，而且其收益更加扩散。(5) 无形性。社会资本看不见，摸不着，而它实实在在存在于个体或集体之间，而经济资本却具有有形和无形两面性。(6) 公共性。与经济资本的不同在社会资本仅仅是公共物品，而非私人物品，社会资本只能储存于两个及以上人数。

另外，社会资本与人力资本之间亦存在显著区别，主要体现在，第一，社会资本侧重关注社会网络关系，而个体则是人力资本所着重关注的。第二，社会资本强调公共理性，认为任何事物皆通过社会规范和共同价值来改变。人力资本则认为信息是透明的，其前提假设强调经济理性。第三，社会资本的衡量是通过公众的契约强度和社会义务获得，而衡量人力资本则是通过受教育年限和资格。第四，社会资本的产出是通过人们的生活质量来衡量，而人力资本则是凭借个人的生产能力及个人的收入来衡量其产出。

综上所述，社会资本理论对人力资本理论具有很强的补充作用。人力资本侧重于对人的投入产出的经济价值，却忽视了人的社会特性。而社会资本则强调将群里观念、文化因素和价值判断等纳入分析框架之中，这样便能更加全面而深入地对社会结构和经济生活进行行为解释，社会资本的出现促进了人类对社会资源合理利用的深刻认识。人力资本的存在通常依附于个体，个体所处的社会环境对个体人力资本的发挥起大盘决定性影响。个体人力资本知识技能的形成依赖于教育、培训及个人经验，而这些人力资本知识技能能否充分发挥其作用，一定程度上取决于社会资本，社会资本制约和影响个体人力资本知识技能的充分发挥。在社会资本与人力资本的关系及作用问题上，其实国内、外一些专家和学者对此已有相关探讨和研究。

刘丽珍（2007）着重强调，社会资本理论的提出进一步促使人力资本理论的内涵得以深化和丰富，即由纯粹地研究个体，向研究群体扩展，甚至向社会关系层面的研究延伸，并且对人的审视层次，更加接近人的现实社会主体地位，这大大弥补了人力资本理论自身存在的不足。社会资本不仅对个体参与社会群体的重要性加以了强调，还强调了可以通过他人来提升个人价值，社会资本对个体人力资本具有整合效应。

阿尔钦和德姆塞茨（Alchian & Demsetz，1972）着重强调了人力资本的协作效能，人力资本的充分释放依赖于团体之间的协作和团体精神的发挥，这说明社会资本对人力资本具有协同效应，这点恰恰弥补了个体人力资本的不足。但是如果想要持续拥有社会资本，且希望创造更多的价值资本，就需要将期望与义务长期结合、定期交流和维系规范。

项保华（2007）认为，社会资本通过促进人力资本的产生和提升所必需的场域，来促进信息传递和情感交流的实现，从而通过各种可能的社会支持与发展资源的获取，限制产生机会主义行为。通过获取社会资本的帮助，便可以提高和优化个体的知识和技能。

德菲里皮和阿塞尔（DeFillippi & Arthur 1998）认为，社会资本和人力资本两者是相互依赖的，通过知识技能的分享与转移自我强化，其组织成员希望继续参与不同方案，并希望通过该参与过程进一步拓展和积累组织的社会资本和人力资本；科尔曼（Coleman，1988）、博特（Burt，1992）、塔斯和豪赛尔（Tasi & Ghoshal，1998）等认为，不管是何种资本形式，它们的重要功能之一皆表现为制造和再生财富与资源。然而，社会资本不仅可以扩增财力资本，亦能发展人力资本。

林南（1986，1981）认为，人力资本和社会资本皆可以促进个体职业成就。组织中其他个体知识与个人知识只有通过知识共享，才能增强其互补性。由此，个体知识与技能才能充分发挥，人力资本价值才能得以体现。个人的能力再强，以要凭借与其他人相对应的人力资本相结合，方能掌握核心知识与技能，通过借助资源杠杆，来实现个体自身的人力资本价值。然而，前人并未能全面诠释社会资本和人力资本两者之间的内在关系问题，以及和创新的关系。

来自爱丁堡大学的斯库勒（Schuller，1997）研究发现，如果个体人力资本的累积孤立于社会环境，那么这类人力资本的社会和经济价值不仅非常有限，而且极有可能退化为零作用。因而，个体之间通过交流与相互合作构建社会资本，不仅有助于提升社会学习能力，甚至促进人力资本的扩展，并发挥其最大效能。反之，当社会资本不能充分地得以维系和扩展，经频繁知识共享后，异质型人力资本会逐渐向同质型人力资本演变。①

荣凤杰（2014）认为，人力资本与社会资本在高校行政人员职业成长中发挥着协同与互补的作用。人力资本为职业成长提供基础性条件，社会资本通过信息和社会信任的必要支持促进职业成长，同时人力资本与社会资本的差异性对职业成长也产生了复杂影响。②

王云多（2016）提出，教师所具有的专业知识和技能、教师个体之间的信任水平、关系结构和内容与学生表现得好坏有着密切联系。教师的个体人力资本和社会资本都对学生表现产生影响，无论是在个体层面还是在团队层面，教师的社会资本对学生表现的影响均强于教师个体人力资本对学生表现

---

① 刘晓箐．科研人员个体人力资本与社会资本对组织绩效影响实证研究［D］．上海交通大学硕士论文，2009.

② 荣凤杰．人力资本与社会资本对高校行政人员职业成长的双重作用机制探究［J］．人力资源管理，2014（5）：241－244.

的影响。①

谢沁怡（2017）研究发现，从居民增加收入的角度来看，无论是人力资本还是社会资本，均有利于提高我国贫困居民的收入水平，从而有助于降低居民贫困发生的概率。从收入差距的角度分析，人力资本与社会资本均能够显著缩小贫困居民与非贫困居民之间的收入差距，且人力资本缩小收入差距的效应大于社会资本。同时，人力资本与社会资本对城镇与农村贫困居民的收入影响无显著差异，但社会资本能够缩小城镇贫困居民与非贫困居民的收入差距，人力资本能够缩小农村贫困居民与非贫困居民的收入差距。他的研究进一步表明，人力资本对东部贫困居民收入的边际效应贡献最大，社会资本对西部贫困居民收入的边际效应贡献最大。②

董芳，周江涛（2018）基于中国家庭收入调查数据 CHIP2013，考察社会资本与人力资本对城镇居民就业质量的影响，并从市场化进程方面进一步检验了两者对就业质量影响的异质性。实证研究发现，社会资本能在一定程度上提高城镇居民的就业质量，尤其能提高城镇居民的劳动合同签订率和劳保福利参与率。与人力资本相比，社会资本对城镇居民就业质量的影响略大。伴随市场化进程，社会资本在劳动合同签订以及劳保福利参与方面的作用越来越弱。③

综合上面的观点，对人力资本和社会资本在教师科研中的不同作用，可以概括出相关要点（见表 1－1）。

表 1－1　人力资本与社会资本的比较分析

项目	人力资本	社会资本
研究对象	单个行动者	个人关系和社会网络
构成内容	知识、技能、健康甚至天赋	社会网络资源、社会组织资源、社会信任
特征属性	私人物品——个人财产；与生产载体不可分离；资产专用性；投资收益性	公共物品——双向或群体财产；嵌入社会网络之中；外部性，难以投资和积累

① 王云多．教师人力资本与社会资本对学生表现的影响［J］．南京审计大学学报，2016（6）：14－22.

② 谢沁怡．人力资本与社会资本：谁更能缓解贫困［J］．上海经济研究，2017（5）：50－60.

③ 董芳，周江涛．提高就业质量：人力资本与社会资本孰轻孰重［J］．经济问题，2018（12）：35－40.

续表

项目	人力资本	社会资本
投资途径	教育、培训、实践	多功能组织构建、市民参与、信任机制
测量方法	接受教育年限；资质水平	组织参与水平、网络摄取水平、信任水平
核心功能	提高劳动生产率、有利于经济资本和社会资本创造	促进信息流动、降低交易费用、增加社会支持、有利于经济资本和社会资本创造
主要结果	直接结果表现为收入增加和经济增长；间接结果表现为健康和公民活动	经济的增长；人力资本获得，社会资源累加，社会信任增强
研究模型	线性的	互动的或循环的
对科研的作用	体现在科研过程和科研内容中	信息获取、项目获取、成果认定

资料来源：作者整理。

由表 1－1 可以看出，高校教师科研至关重要，我们应致力推进教师科研上水平，但是在现代开放的信息社会中，仅靠教师发挥其人力资本还远远不够，人力资本理论也不能全面解释科研绩效的整合与形成过程，社会资本对科研绩效的形成有重大的帮助作用，二者相辅相成、共同促进。由于以往对人力资本与绩效形成的研究已相对较成熟，而社会资本对绩效的影响研究才刚刚开始，也由于现实生活中存在太多的在人力资本力量发挥大体相当的情况下，个体绩效差异很大的情况，我们觉得探讨社会资本在教师科研中的作用就很有必要，从而形成了本研究的核心问题：社会资本对教师的科研绩效产生哪些影响，这些影响是如何发挥作用的。

为把这一中心问题弄清楚，我们有必要对一些具体问题进行研究：

第一，教师科研水平提升中人力资本与社会资本如何共同发挥作用，在控制了人力资本变量之后，社会资本对科研绩效的作用如何。

第二，自变量社会资本的组成要素及测量方法如何形成。由于对社会资本存在不同的理解和定义，因而其组成要素也有不同的视角来源。社会资本不同于物质资本，它的无形性和研究的非成熟性影响测量的信度和效度，因而，测量手段、测量因子、测量技术的选择应更加科学合理。

第三，影响因变量科研绩效的各自变量因子即社会资本各要素是如何分别发挥作用的，包括原始社会资本和新型社会资本各自的作用，社会资本的摄取和动用的作用等。

第四，社会关系网络类型：业缘关系、友缘关系、亲缘关系在教师科研形成中的作用，以及强关系网络和弱关系网络的影响差异。

第五，学校组织社会资本在不同类型、不同层次上对教师的科研绩效的影响方式和影响途径。

第六，社会资本对教师论文发表、课题获取、著作出版等科研类型上的影响作用及成因。

通过这几个方面的探讨，了解社会资本在教师科研绩效形成中的作用，以及社会资本个因子对科研绩效的贡献大小，帮助高校教师探求科研提升的新思路、新路径，为教师个人专业发展和高校质量提升服务。

第二节 社会资本研究的价值

一、高校教师科研发展的新视角

在我国，社会资本虽然已成为人们的关注点，但其应用更多的是在经济学领域和社会学领域，在教育领域展开研究整体而言范围还不是很广泛，主要集中在大学生求职、学校组织资源开发等方面，对作为影响高校质量的教师群体的研究还几乎是一块空白，因此用社会资本理论探讨教师科研绩效提升问题，也将进一步扩大社会资本理论在我国教育领域的研究范畴，丰富社会资本理论的研究内容。

如前所述，人的工作绩效主要由人的能力加努力程度构成，能力的大小首先取决于个体的人力资源的大小，其次还取决于个体对自身之外的社会资源的利用程度，而努力则是能力和能动性充分发挥的保证。在高校教师科研绩效的形成过程中，我们经常看到有一部分教师单纯倚重于人力资本要素即倚重于自身仅有的学术水平从事科研，丧失了在更大范围内拓展研究视野、深化研究内容的机会。考察社会资本如何更好地作为人力资本的补充，在教师科研中发挥人力资本不可替代的作用，这将为教师在科研绩效的提升上增加新的动力源，美国当代社会学家詹姆斯·科尔曼（1988）在其《人力资本创造中的社会资本》一文中就指出，社会资本是人力资本再创造不可分割的一部分，同时社会资本又具有人力资本不可替代的作用，这种研究也在一定程度上丰富了人力资本理论和绩效理论的内容。

二、高校教师社会资本要素的价值

据《2018年全国教育事业发展统计公报》显示，2018年我国普通高校教职工240.48万人，其中专任教师1160.20万人。这是一支庞大的、影响社会发展进程的精英队伍。研究社会资本对其科研绩效的影响有四个显而易见的现实意义。

（一）对教师自身改进教学科研现状有直接指导意义

高校教师的科研水平是直接影响教师职业发展的关键性因素，而当前高校教师科研水平参差不齐，给我们留下了较大的探讨和研究空间。教师个人的科研能力和努力与科研绩效的关系怎样？教师的行政职务、职称、社会人际关系、参与的学术团体等与科研绩效的关系怎样？在这方面的研究可以帮助高校教师拓展科研思路，找寻更多地促进自身或科研团队科研绩效提升的办法和途径，社会资本因素对科研产出的形成正在起越来越重要的激发作用，从而为人们研究社会资源因素在科研绩效形成中的作用等提供启示，为高校教师提升科研水平提供指导性参考。

（二）对高校核心竞争力的提升有重要意义

高等学校的四大职能中，人才培养、社会服务和文化传承的质量高低，很大程度上取决于其科研水平的高低。而社会资本能够有效地帮助教师提升科研绩效的结论，也为高等院校如何从人力资本以外为教师搭建更好的高校制度社会资本、高校组织社会资本平台提出了新要求。研究结论还为学校有目的地提高教师学术水平、创造和谐的学术氛围和人际关系软环境提供借鉴。

（三）可以帮助规范学术行为

了解社会资本理论对科研绩效的影响机理后我们会发现，社会资本在教师科研中的应用是以教师的人力资本为积淀，社会资本是建立在平等交往、信任互惠和有效惩罚基础上的社会资源的有效和合理的运用，它的投入和使用产生的不仅是教师个体受益，而且是整个团体受益，尽管它也在某些范围内存在“圈内垄断”的现象，但从社会资本的使用中衍生出来的是更大范围的受惠这一角度来看，选择使用社会资本这样的路径与科研中的拉关系、走后门、损人利己大相径庭。它尤其在较为封闭的区域和弱势群体中起到纽带和桥梁的作用，帮助那些先天能力欠缺或下端位置的个体获得更多社会支持，也帮助上端位置的个体如虎添翼。

既然社会资本给人们科研提供了新途径，也自然能够减少那些在科研上弄虚作假或巧取豪夺的机会主义行为，帮助引导人们在科研上正确选择学术行为。

（四）对进一步促进经济社会的进步有重要意义

教师科研水平高除了可以帮助培养更多高质量的人才来建设社会、推动社会进步外，还可以利用自身的先进的科学理念或科技知识直接服务和应用于社会、改造社会，同时通过其创新性成果的转化来推动生产力水平的提升。这一点在前面已有一系列数据作了说明。

因此，从社会资本理论的角度来探讨高校教师科研绩效提升的影响因素，促进教师科研的提高，无论对丰富人力资本理论、社会资本理论、教师专业发展理论、绩效理论，还是对提升教师水平、提升高校竞争力从而推进社会进步都具有重要意义。

第三节 社会资本作用机制的研究构架

一、总体设想

在研究中，针对我国当前高校教师科研绩效形成中社会资本的使用能够起到较大的提升作用为假设，提出了应该加大社会资本在高校教师科研发展中的投入的中心问题。而社会资本理论是一个较新的理论命题，西方国家的学者对其进行过不同的探讨和界定，有些学者把社会资本看作是个人通过参与团体活动不断增加收益以及为了创造这种资源而对社会能力的精心建构（Bourdieu，1990），有的把它定义为人及交往中的义务、期望、信息网络、规范与惩罚等（James Coleman，1988；Putenm，1993），他们将社会资本理论的应用范围更多地集中在社区市民的行为规范，以及改善由于人种差异、性别差异、区域差异等带来的资源占有不公平、价值认同不一致等社会问题上。用社会资本理论研究高等教育问题的不多，研究教师的科研绩效就更是凤毛麟角。

因此对于这种带有一定创新性的研究命题，形成有说服力的研究结论具有一定的挑战性。为此，研究过程注重了从三个方面来重点把握：一是广泛地占有资料：通过文献述评和理论框架的构建分析，力争对社会资本理论和绩效理论有一个较详尽的了解。二是运用不同的研究方法，从不同侧面来探讨社会资本与科研绩效的相互关系，尤其是把定性研究和定量研究结合起来、统计样本和个案结合起来，使分析的视角更全面。本书研究的问卷调查对象涉及国内 13 所大学的 1100 名教师，同时也对某一个案学校进行了深度访谈调查。三是注重对社会资本的客观评价。在教师的科研绩效的形成过程中，通过调查分析，我们发现，教师的社会资本因素对其科研产出有很显著的正相关，但是，制约其绩效水平的决定性因素还是人力资本。那么社会资本的帮助作用主要在哪些方面？它有哪些负面作用？如何克服这些负面作用？这些都是本书研究的重点。

二、社会资本作用机制的主要内容

本书的逻辑假设是：使用社会资本能够获得更多的社会支持，社会支持从形式和内容上帮助教师提升科研绩效。

正如人们已经熟知的那样，科研绩效的形成首先离不开人力资本，因此在剖析社会资本对科研绩效的影响之前，我们必须对人力资本的影响作用进行分析。

其次要探讨教师有哪些社会资本，在科研中需要动用哪些社会资本，动用后可以获得哪些社会支持，这些支持是如何影响科研绩效的，影响哪些方面，有什么负面影响。在科研外包体制下，政府或企事业单位的科研诉求以发包方式竞争性配置给高校或其他研究机构，并对科研成果以奖励方式予以评定，这就使得科研资源成为稀缺资源，能够获得这种资源，对科研绩效的提高有重要帮助。另外，教师在社会信息网络构建、在科研成果的交流过程中，不仅获得更多的同行支持，也在观摩和领悟中加强自身科研人力资本的提升。正如科尔曼所描述的在社会资本的形成过程中可以增进人力资本。

那么教师的社会资本包含哪些方面，如何测量，这是本书的重点之一。由于社会资本是个还不完全成熟的理论概念，除了其定义有多重层次外，其内涵指标就更加隐性。而且从现有的社会资本的研究成果中可以看出，组织的社会资本和个体的社会资本，其测量维度是有较明显的差异的，组织的社会资本更多的是从组织结构的角度来考察，而个体的社会资本则更多地只能从个体对活动的参与程度来考察。社会资本研究的权威学者对个体的社会资本要素涉猎不多，本书作者通过比较发现，科尔曼和林南对个体的社会资本的维度分类更加科学合理，也更符合我国教师的社会资本特点。科尔曼将社会资本分为社会团体、社会网络、网络摄取三个观测维度（Coleman，1990），林南则把社会资本分为社会网络资源和个体的网络位置两部分（Lin，1999）实际上可以理解为是把科尔曼的前两个维度合在一起，边燕杰、赵延东等在研究个体社会资本测量时也是从这些角度来分析。因而本书就采用社会团体、社会网络、网络摄取这三个要素来测量教师科研形成过程中的社会资本。

社会团体的指标主要从教师参加团体的数量来检测，包括参加的学术团体、行政团体、经济团体、社会公益团体、个人趣味团体等。一般来说，参加的团体越多，获得的社会支持就越多。

社会网络包括网络规模：网络成员的多少；网络密度：成员之间联系的紧密程度；异质性程度：弱关系网络状况。

网络摄取即网络使用、网络中的人际交往，这是研究的重点。因为只有被动用的资源才是社会资本（科尔曼、林南），才会对科研绩效产生实际影响。网络动用包括：（1）动用的形式：工具性行动—发展新关系，情感性行动—维持旧关系（林南）；（2）动用的网络类型：中心网络还是边缘网络，正式网络还是非正式网络；（3）动用的途径：业缘关系、亲缘关系、友缘关系，考察哪些只提供信息支持，哪些能提供实际帮助，分为交往方式（直接和间接）和支持方式（精神支持、信息支持、科研评定支持、科研学术支持等）；（4）动用的能力：使用的网络规模和网络对象的位置：中心位置、居间位置、下端位置。

网络动用中的强关系网络具有排斥圈外人的副作用，对资源的公平享用造成伤害，在一定程度上也影响科研绩效。

除此之外，教师所处的大学层次和类型对教师科研绩效有哪些影响？教师的职称、职位学历对科研绩效有哪些影响？

通过研究希望看到，在其他要素包括人力资本要素一定的情况下社会资本对教师科研有显著的相关性；教师所处的大学组织和个人的职务职称作为教师所拥有的身份符号象征在科研项目获取和评定中起参考作用、起信任作用，减少科研成果评定者的信息收寻成本，形成光环效应；同样，教师的社会资本因素：社会团体数量、网络状况、动用状况影响教师从事科研的社会支持程度，网络资源丰富、动用能力较强的教师，在获取科研项目、评定科研项目上占优势，对教师的科研学术水平的提升也会产生一定的影响，因为社会资本的投入过程也是人力资本的新积累过程。

因而是在对科研绩效的外围影响下来探讨不同的社会资本对科研的哪些方面产生影响。

高校教师科研绩效的监测指标兼顾文科类和理工科类，按《中国教育统计年鉴》《全国高校社科统计资料汇编》和《全国高校科技统计资料汇编》的共同指标来构建，主要是课题数、出版专著、论文数、科研经费四项。

三、研究的基本线索

针对中国高校的教师科研在数量和质量上存在着不足，还有很大的提升空间的状况，提出了扩大社会资本的投资是其有效途径之一。通过对社会资本和科研绩效要素的文献述评，本书总结了社会资本的研究状况及在这一问题上的创新点和研究贡献。近些年，用社会资本理论研究教育问题的文章已在增加，为此，必须在广泛梳理与求证的基础上构架研究框架。为了收集除了人力资本因素外影响高校教师科研绩效的主要因素，以便从中获取社会资本因素的子要素，在作社会资本如何影响教师的科研绩效的问卷调查之前，先随机抽取了 8 位高校教师进行访谈，访谈围绕影响因素是哪些、影响的人是哪些、影响的方式是哪些来展开，共设计了六个问题，通过总结归类，验证了选择以科尔曼和林南的社会资本观测维度的合理性，在此基础上构建了教师社会资本如何影响科研绩效的理论框架，并提出了六个假设，同时又在一些大的假设下面提出了指向更明确的推论。

为了验证这些假设和推论，本书在质的研究基础上进行了量的研究。根据访谈调查所获得的第一手材料，结合前人研究的成果，作者设计了一套问卷调查表。考虑到样本数据的代表性，本调查采用大样本数据，选择了国内 13 所高校的 1100 名教师作为样本框。这 13 所高校包含重点大学和一般大学，多科类大学和单科类大学，地域也涉及华中、华东、华南、华北、东北、西北等地。每所高校的教师构成包括一定比例的教授、副教授、讲师，同时也考虑职务因素和性别因素。

问卷中包含开放式和封闭式两种题型，主要以封闭式里克特量表问卷为主。在问卷正式发出前，先在某一高校的32名教师中对问卷实施了前试，并根据前试结果进行了因子检验和合并，然后再测。根据问卷所得数据，文章采用信度、效度分析、相关分析、多元回归分析等方法，实证了高校教师社会资本与其科研绩效的相互关系。

为了进一步实证问卷调查所得结论，研究中抽取了一所学校作为个案，通过访谈个案学校的12位教师，验证了假设中的相关命题，并对一些差异性因素进行了分析。具体研究步骤见图1-1。

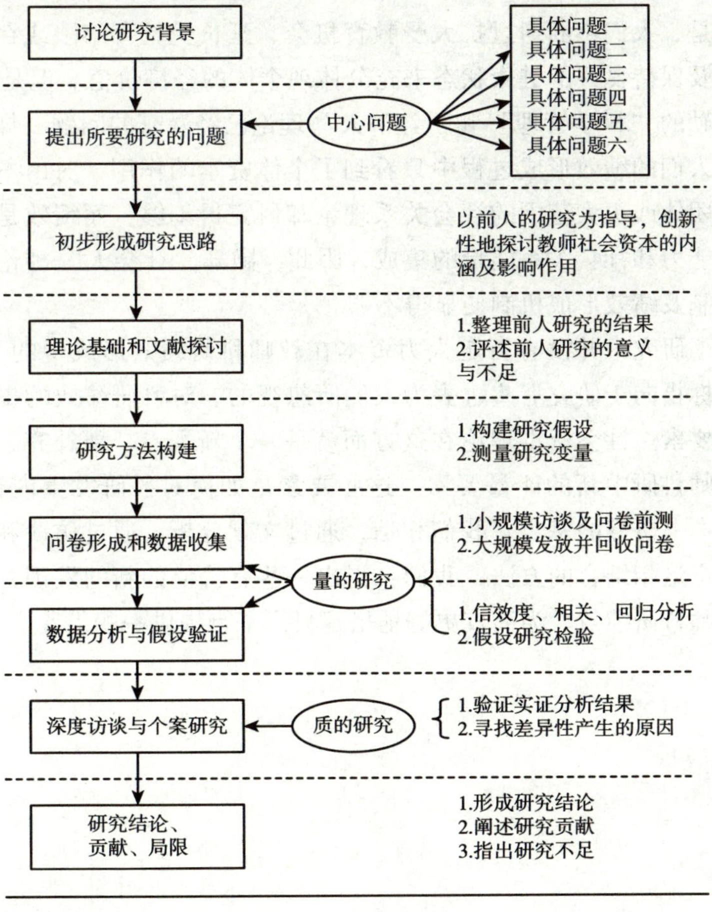

图1-1 研究步骤

本章小结

在争创一流高校和民族复兴两个大背景下，讨论高校教师的科研水平提升问题，无疑是有其理论意义和现实意义的。在过去以物质资本为主导的社会发展模式中，高校教师的科研发展主要依赖于教师的科学态度和科研物质条件的改善，如实验设备的增加、实验场地的改良、物质投入的增多等。20世纪50年代之后，人力资本理论为高校教师扩大科研产出做出了重大贡献，人们相信通过自身人力资本因素的改善，可以创造更丰富的精神财富和科研财富，于是，人们不断通过扩大受教育机会、延长受教育年限或在工作中接受培训以及保持良好的健康状态来充分体现个体的经济价值。但是，正如20世纪初泰勒的“科学管理”和“经济人”理论已经暴露的问题一样，人力资本理论在人们的绩效形成过程中只看到了个体资本的作用，对由不同的个体所组成的团体或更大范围的社会关系理论却研究得不够，而绩效是个体和集体、个人能力和社会关系能量的集成，因此，撇开“社会人”理论来探讨人的动力机制及绩效形成机制便显得不够。

但本书研究中并没有否定人力资本在教师科研绩效形成中的主体作用，只是把目标指向于研究那些过去为人们所忽视的、对科研绩效的提升有实际帮助的新要素。社会资本理论在这方面就是一个新视点、新补充，它让我们看到了教师科研中新的能量要素。这些要素是如何对科研发生内在作用的，便构筑了本书研究的基点。我们相信，通过文献分析、通过访谈和问卷、通过定性和定量相结合的方法，我们会得出一些有价值的新的发现，从而为教师提高教师科研绩效、为高校更好地搭建科研平台提供一些借鉴。

第二章　社会资本理论研究及状况评述

第一节　人力资本理论的简要评述

讨论教师科研中的社会资本离不开对人力资本的分析，因为科研产出作为一种智力产品首先是与人的知识、技能相关的人力资本要素投入的结晶。离开了人力资本，科研也就成了无源之水。

一、人力资本概念的提出及相关研究

（一）概念内涵

人力资本理论从提出到相对成熟经历了一个较长的发展过程。早期威廉·配第就提出“土地是财富之母，劳动是财富之父”；亚当·斯密在《国富论》中指出，在社会的固定资本中，可提供收入或利润的项目除了物质资本外，还涵盖了人们在社会上所习得一切才能……这些技能与能够缩减劳动强度和劳动时间的机器工具一起，同属于社会固定资本；马歇尔认为，对人本身的投资，是所有投资中最有价值的；以上大师们的研究皆涉及人力投资问题，关注人及人力资本的重要性，却未从根本上认为人力资源是一种资本。马克思批判地继承和发展了这些理论并形成了劳动价值学说，在这些学说中提出了人是劳动的主体，资本是劳动主体的延伸，是人对自然控制的结果，但他并未将主要注意力放在研究劳动和人本身的状态，及其对社会经济的生活影响上。

美国芝加哥大学西奥多舒尔茨教授于 1960 年发表了《人力资本投资》一文，文中提到的关于人力资本投资的论断，得到学术界的普遍认可，从此，人力资本理论在学理界具有了一定的地位。一些专家学者如爱德华·丹尼森、

贝克尔、卢卡斯、罗默等也进行了一系列的相关研究，进一步丰富了人力资本理论的相关内容。舒尔茨认为，人力资本作为一种资本形态，是劳动者知识、智慧和技能的聚合体，成为推动社会进步的关键性要素。在此基础上，舒尔茨对人力资本外延从宏观角度和微观角度加以了分析。从宏观角度而言，他认为决定发展的关键因素是人的质量（人力资本）高低，而非货币投资（货币资本）多少与物质基础（物质资本）厚薄。从微观角度而言，他将移民的支出和劳动力流动、各种类别的教育与再教育、健康保健设施和各种服务的开支等看成是对人力资本的支出，其中最主要的人力资本支出为教育支出，由此得出结论，即教育支出水平主要决定着人力资本质量的高低。卢卡斯、罗默等对人力资本理论进行了修订与完善，被学界称为“新增长理论”。罗默认为经济增长的主要因素在于专业化的人力资本和特殊的知识，知识积累能够促进现代经济增长。卢卡斯认为，人力资本积累是促进经济长期增长的决定性因素，人力资本积累还可产生收益的递增效应。近几十年来，随着经济社会的不断变化与进步，学界对人力资本投资的研究也在不断深化，以舒尔茨为代表的人力资本投资理论的诸项要素更加数量化、具体化，内容亦越来越丰富多彩。

人力资本理论引入中国，对于中国经济增长模式由粗放型向集约型转变，和国人对社会的认识所起到的作用是巨大的，促进了人们认识中国社会经济发展中创新能力和知识的重要性，加大了对知识分子社会作用和社会地位的关注，同时加深了教育是个体人力资本形成的关键要素的认识。

在人类发展进程中，人力资本理论算得上是一个有重要里程碑的理论，它将之前相对狭窄的物质资本和货币资本概念予以扩展，对人们创造财富价值的主要要素进行归因，并明示了它在物质财富创造中的增殖功能；人力资本理论促进了工业经济社会向知识经济社会的转型，强化了人的创新能力和知识技能在财富创造中尤为重要的决定作用，为科研绩效研究奠定了坚实的理论基础。

（二）教师人力资本结构特征对其科研绩效的影响研究

1. 国外关于人力资本对科研绩效的研究状况。20 世纪 60 年代，美国学者傅乐（Fuller）编著了一部著名的《教师关注问卷》，被认为是教师发展理论研究的先驱性工具，而且形成了一个蓬勃发展的趋势，逐渐演变成全球各个国家教育界投向关注的新视觉。教师发展理论主要探讨教师在整个职业生涯历程中的阶段性发展规律，其职业生涯历程为职前—入职—在职—离职，重点关注的问题包括教师发展的阶段性问题、教师发展与教师培训问题、教师发展与教师评价的关系问题及教师发展与教学效能等。除此之外，国外专家学者们分别对年龄、性别、职称与科研绩效等关系做了一定的研究，这些研究在汪晓春2009年的论文《高校老师人力资本结构对其科研绩效影响的差异性研究》中已有全面总结，本书下面关于年龄、性别、职称与科研绩效的关系解读，即是借鉴他在这篇文章中的主要观点。

（1）年龄与科研绩效关系。首先，年龄与绩效的相互关系国外学者研究较多。罗兹（Rhodes，1983）构建了工作行为因年龄问题而导致改变的模型，从该模型中可以发现：工作绩效会随着人们生理上的衰老，人最基本的认知能力与运动知觉能力的逐渐减退而大受影响；1986年，施密特（Schmidt）等学者在检验工作绩效的因果模型中发现一个结论，即预测工作绩效的元素中包括了人们工作经验的时间跨度；来自华中科技大学的刘莹等（2006）立足于一些已有的与之息息相关的研究成果上，对个人工作绩效影响因素进行了概括，这些影响因素包括个人的职业特性、个人的工作经验、内在激励及生理、认知能力等因素（见图2－1）。

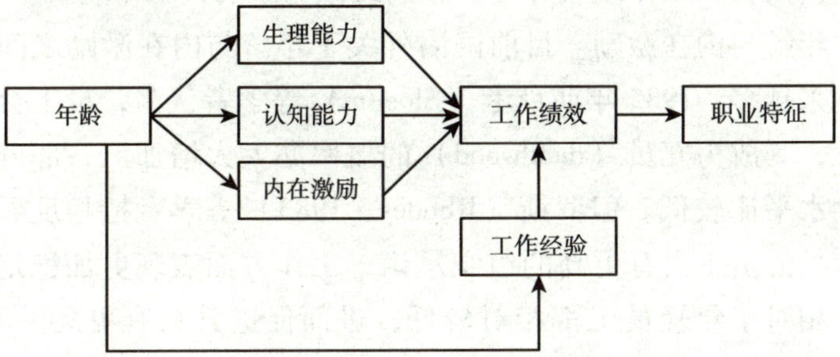

图2－1　与年龄有关的影响工作绩效的主要因素

其次，生理方面。这方面的研究认为，人们的生理器官及反应灵敏度等各方面的能力会随着年龄的不断增大而逐步下降。实验结果表明，刺激—反应（S-R）和相应准备时间会随着人们年龄的不断增长而逐渐变慢（Diggles-Buckles，1990）。而对于一些从事体力劳动的人们，或对身体素质有高要求的工种而言，其工作绩效会因为年龄的增长而呈下降趋势。这一结论表明工作绩效会因为年龄而产生负效应。卡特尔将智力分为流体智力（fluid intellectual abilities，Gf）和晶体智力（crystallized intellectual abilities，Gc）（Cattell，

R. B.，1987）两大类。人们的注意力、抽象推理能力、工作记忆和对新生事物的接受能力等是流体智力重点涉及的方面。文献表明，常人的 Gf 达到巅峰期为 20 岁左右，随后便会随着年龄的增长逐渐衰退。而与 Gc 相关联的是知识，通常是指通过直接或间接经验获得，抑或是通过受教育所获得的这类知识，如通常人们所指的广义上的知识、语言理解能力和词汇量等皆可归纳到这类知识当中。通过测量 Gc 显示，晶体能力持续的时间较长，人至中年以后仍可处于上升的趋势（Schaie K W，1996）；有研究发现，随着人们年龄的不断增长，专业知识的增加在一定程度上可弥补因认知能力下降所带来的负效应。如 1994 年莫罗（Morrow）等学者和 2000 年梅兹（Meinz）皆在研究中发现，工作记忆能力会伴随着人们专业知识的增长而有所改善提高，由此可见，专业知识的增长对工作记忆能力呈显著正效应；当然对此也有学者表明了自己的说辞，由于所从事的专业领域不同，认知能力受专业知识的影响大小也呈现差异性。当今社会科学技术的飞速发展，工作环境极为容易变更，人们的认知能力对工作绩效的影响尤为重要。以上研究表明，对于一些从事体力劳动的人们，或对身体素质有高要求的工种而言，其工作绩效会因为年龄的增长而呈下降趋势，年龄对工作绩效呈现负效应。而年龄对那些从事脑力劳动的人们而言，工作绩效并不会影响或微弱影响其工作绩效。

再次，年龄与内在激励。目前国内外关于年龄与内在激励之间关系的相关研究已越来越多。1985 年斯卢考（Slocum）等学者认为，员工会随着年纪的不断增大，其成为冗员（deadwood）的概率亦大大增加，一部分原因在于其工作激励水平比较低。但罗斯（Rhodes，1983）等学者持相反看法，他们认为一些年长的员工具有更高的组织承诺，工作方面表现更加稳定，如离职率与缺勤率相对于年轻员工都相对较低，进而促进其具有更高的激励水平。研究者们发现人们工作满意度的高低会随着年龄的改变而发生改观，两者存在一定的相关性。尽管该研究结论还没有完全定性，但来自克拉克（Clark）等 1996 年的一项分析表明两者呈 U 形状态。而 1984 年，伊万斯（Evans）和吉伯特（Gilbert）做了一项涉及需要满足程度和绩效奖励期望的相关研究，研究对象为一些公司的经理人，其结果研究表明，相较为职业生涯所处的状态，其实年龄的大小更容易左右其工作满意度，人们对工作的态度会随年龄的变化而变化。沃尔（Warr）等 2001 年的一份的研究表明，中老年人虽然在责任心方面表现得比年轻人更强，但随机应变能力、群体融入能力和追求职业成就等方面要弱于年轻人。格罗斯（Gross）等 1997 年的一份研究表明，人们随着年纪的增长，其认知性情绪管理能力也随之增强，也更善于合理使用。而伯恩（Bourne，1982）及克莰（Katz，2002）的研究表明，人们由于年龄的差异性，会导致产生不同的工作价值观，与晋级加薪这些外在追求相比，年长的员工则更在乎的是工作的内在报酬（如工作中的自主性、工作是否有意义等）。

综上所述，可以得出如下结论：对一些中老年员工而言，由于步入职业生涯顶峰，此时的成就动机不再那么强烈，而且经历的开放性有所减弱，一些外部激励并不能极大地激励其追求更高水平的工作绩效。而像一些追求自我实现的动机诸如此类的内在激励，往往能有效地促进其工作绩效。

最后，年龄、职业特征与工作绩效。坎菲儿（Kanfer）和阿克曼（Ackerman）在2004年的研究中分别分析了流体智力和晶体智力对于不同职业的需求，研究表明有些职业要求流体智力较高，如空中交通管制员，那么该职业员工一般在30岁之前工作绩效达到顶峰，随后会伴随着年龄的不断增长而呈明显下降趋势，类似的情况还会出现在数学和物理领域。而另外一些职业对晶体智力的要求较高，由于逐步下降的认知能力可以由持续增加的专业知识来弥补，工作人员进入中年后仍然能保持相对稳定的工作绩效，如财务分析师和神经外科医生，这类职业的人群即使人到中年，甚至更年长，仍然能够保持相对较高的工作绩效，我们通常会把需要接收大量教育与培训的工作归纳为这一类别当中。

罗德（Rhode，1983）及达维斯（Davies，1988）的研究表明，工作绩效与年龄两者之间的关系受工作复杂程度，工作技能水平及熟练水平等方面的影响显著。工作中对技能要求较低的话，由于之前工作经验的指导，工作绩效则提高得很快，容易在较早的年龄阶段出现工作绩效高峰。相反，一些工作任务复杂度高，需要积累大量经验，从事该类工作的人员通常情况下出现工作绩效高峰的总体平均年龄相对要迟些。工作中通过刺激或促进技能发展，工作绩效将会得以提高，并且长期从事这类工作，个人的认知能力亦会维持一段时间。反之，工作相对简单或是仅仅从事事务性工作，无任何挑战性，工作人员就会觉得厌烦，最终导致其工作绩效较低。因此，通常情况下，随着年龄的不断增长，工作绩效下降的出现，极有可能是因为工作倦怠或是厌烦所致。通过对工程师这一工作人群的研究发现，导致与年龄有关的绩效降低和知识老化的原因主要有两方面：第一，分派任务不均衡、不平等；第二，中老年工作人员心理需要的组织气氛被忽视。同时，随着年龄的增长，职业压力亦会影响工作绩效。从事医务的工作人员的工作绩效下降，并非自身能力问题，而是年龄问题产生的职业倦怠所致。因此，当组织有意识地为员工变更工作或安排不同的具体任务，或在员工职业生涯期间为其提供个人发展或晋升的机会，工作人员的工作激情就会被激活，其工作绩效亦会得到提升。

（2）性别与科研绩效关系。

第一，男女所受激励水平的不同，会导致科研绩效的差异性。海姆利克（Helmreich，1982）的一份研究通过建构解释科研产出的结构模型得出，决定科研产出的主要因素包括研究者的性别和研究者自身受激励的水平。他通过统计并分析美国一些心理学家的科研论文发表情况，发现其中66.98%的科研论文来自男性心理学家，而女性心理学家的科研论文占33.02%，从数据上来看，男性心理学家所发表的科研论文数量所占比例是女性心理学家的两倍。

第二，由于男女角色不同的定位和分工以及科研合作模式及方向的差异性，导致科研绩效产出的差异。1998年，谢裕等的一项研究选取了1969年、1973年、1988年和1993年美国这四年高校教师的横截面数据，并对其进行了深入分析，研究结果表明性别差异所导致的科研产出的差异自始至终存在，但这种情况正在慢慢改善，差异性在不断减少。一项数据表明，男女论文发表量比例由20世纪60年代末的60%变成90年代末的75%～80%。他们认为，男女科研绩效的差异性，主要是由于女性的社会角色定位，并非是因为性别差异所致，但随着对男女社会角色的共识形成，这种差异性将会慢慢消失。康微克和泰根（Kyvik & Teigen，1996）认为，造成女性科研人员产出科研量偏低的因素主要表现为：女性需要花更多的时间来照顾子女，承担更多的家庭责任，以及研究资源的不足和科研合作社会关系网络的缺乏。2004年，斯托克（Stack）对1995年美国国家科学研究院（National Research Council）收集的一项数据进行了深入分析，该项数据主要调查11231名博士学位获得者，其分析结果表明女性之所以科研产出较低，一部分原因与其家有年幼子女息息相关。但对于那些社会科学领域中的女博士来说，性别并不会影响科研的产出，两者之间不存在相关性。同时，研究发现所在研究型大学的地理位置及工作时间是能够预测科研产出的主要变量，尽管因为子女问题影响科研的产出，但这种影响是相对比较微弱的。

第三，性别不同，其科研产出生命周期曲线会有所差异。莫隆（Mauleon）和波尔东（Bordons，2005）的一份研究主要选取西班牙科学研究院的333名科学家作为研究对象，这些科学家的研究领域皆是材料科学，研究主要通过统计男女科学家从1996~2000年发表顶尖论文量，这里所言的“顶尖”是指SCI、Nature等，以及顶级刊物的影响因子等。研究表明，从整体上而言，男性科学家的科研产出量要高于女性科学家，而且两者科研产出的生命周期曲线有明显的不同，特别是处于40~59岁，男性与女性之间的差异性最大。这一研究引起了很多学者的兴趣，他们试图从不同方面解释由于性别不同导致科研产出不平衡心脏科研生命周期问题。

第四，男女总量不同科研产出也会有所不同，同时女性的职位会影响其科研产出。凯塔琳娜（Katarina，2002）通过对来自克罗地亚的840名科研人员进行了调查，结果发现对于预测男性与女性的科研产出具有同等效力的因素包括社会人口统计学变量、教育背景以及资历等，但是女性的职位与科研产出存在着千丝万缕的联系。除此之外，大多地区或领域男性研究者多于女性研究者，科研产出自然是前者多于后者，即使少数领域男女总量相当但总体产出还是女性偏少。如在美国，截至2000年，虽然女博士在所有学术领域的数量占到半数，但极少比例的女性科学家出现在数学和物理等一些学科内，并且在学术界职业流动性方面，女性比例是要远远高于男性（Angela M.，2004）。

第五，性别不同并不会造成其论文发表总体质量的差异。1989年，奥韦尔（Over）选取了1985年收录在SSCI心理学期刊的564篇论文，这些论文的被引用率都在15次以上，把这些高被引用率论文的作者性别与同一期刊低引用率论文的作者性别进行比较后发现，女性高被引用率的比率与男性相差无几，尽管这些作者中男性比例多于女性，但性别的不同没有造成其论文总体质量的差别。

这些研究表明，国外学者对人力资本与科研绩效的相关研究已进行得非常深入，也取得一些实质性成果，它为本书给出人力资本对教师科研有显著影响提供了理论依据。

2. 国内学者对影响高校教师科研绩效的人力资本因素研究。相对而言，国内在这方面的研究成果要少一些。

（1）对高校教师科研工作者的职称研究。陶于等在《我国普通高校体育教师科研现状及对策研究》中对我国10省市32所高校经常从事体育科学研究的112名体育教师进行了研究，结果表明从事科研人数最多的是讲师，其次是副教授，再次是助教，最后是教授。

王先柱，李向前（2017）在探讨职称晋升对科研绩效的激励作用，以及职称级别、性别、职称系列、学历和年龄等因素的影响时对高校职称晋升教职员工的科研数据进行过分析，得出这样一些结论：一是职称晋升对科研绩效的不同方面产生不同的影响，论文上有显著变化，而科研项目则不明显；二是副教授级别晋升前后教师的科研项目差别不大，大都呈倒U形，即获得职称的当年或前后年份科研绩效处于倒U形的顶端，而到教授级别晋升前后个体之间论文增长差异显著提升；三是在职称晋升与科研绩效的关系中受性别因素和学历因素的影响较大，女性在晋升到教授后科研绩效显著下降，高学历教师职称晋升级别对科研影响存在差异，而年龄因素则对其影响不显著。

（2）对高校教师科研工作者的学历研究。吴广德在《充分发挥高学历青年教师在高校科研中的作用》中指出，我国这些年高等教育迅猛发展，获得高学历（硕士、博士研究生）的青年教师比例日益增大，他们既是教学中的骨干，也是科研方面的生力军，高校应出台更多的政策鼓励他们脱颖而出。

汪晓春（2009）不仅研究了学历及其受教育程度对高校教师科研绩效的影响，同时还考察了年龄、性别、学缘、工作年限、毕业院校、职称等的影响作用，通过统计分析发现职称、年龄、学历及受教育层次这三个因素在总体上与科研绩效水平呈正相关，其他要素如学缘、工作年限、毕业院校等则影响关系弱或负相关。其结论为：第一，女性教师科研绩效水平总体低于男性。第二，职称与科研绩效正相关。即教师职称越高，其科研成果越丰富，科研绩效越高。同时，具有讲师职称教师的科研绩效也有越来越高的趋势，因此，具有讲师职称的教师群体也是值得高校应该特别关注的群体。第三，工作年限与科研绩效之间成倒U形关系。工作年限与科研绩效之间没有必然的联系，工作年限越久的高校教师其科研绩效不一定越高。工作年限为6～10年的高校教师科研绩效最高。工作年限为15年时是高校教师科研绩效水平的一个分界点，工作15年之后教师科研绩效水平开始出现衰减，其工作年限与科研绩效之间成倒U形关系如图2－2所示。第四，科班出身人员科研绩效水平更高。高校教师科研绩效与所学学科和从事工作类型是否一致呈正相关，因为科班出身的教师知识结构相对所从事的工作比较合理，专业基础比较扎实，工作兴趣也比较浓厚，所以其科研绩效相对较高。第五，混合的学缘关系对科研绩效的提高有一定的促进作用，不同学校毕业的教师，其接受教育方式和受教育水平不同，进入另一个新环境后，能结合两者之长，从而产生新的教学和科研形式，开阔了视野，有利于科研能力的提高，尤其是海外归来的学者科研绩效水平更高①。

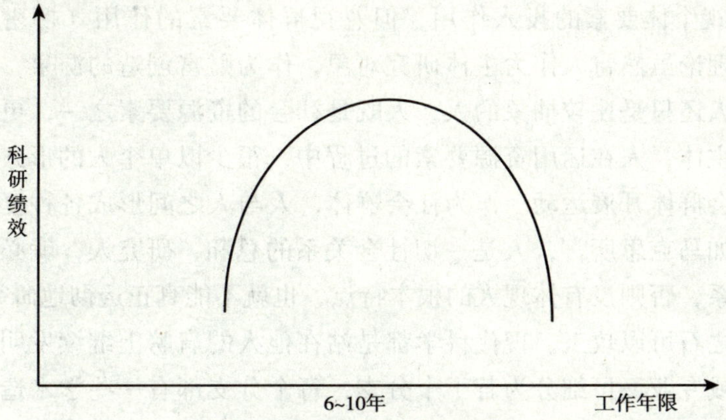

图 2-2 工作年限科研绩效之间的倒 U 形关系

(3) 对高校教师科研工作者的其他人力资本要素研究。袁声莉（2010）在研究中发现，科研精力与时间投入、个体科研动力和创新能力等是影响教师科研绩效的主要因素；谷志远（2011）从个性特征、机构特征（组织特征）两个维度，寻找对科研绩效的影响，结论表明个体特征和机构特征都能各自发挥它们的影响作用。

铁重远，宋良荣（2011）通过实证得出，接受更多的教育以及增加社会交往都有助于提升我们的知识性绩效和科研性绩效，如果多与自己交往圈子中的人巩固关系，既能增加文化知识也能增加社会知识，同时，尽量找机会充实自己，提高自己的学历对绩效提升是很有益处的，而通过知识分享可以节省教育上知识开发的成本，提升绩效，并对个人以及组织创造更高的价值。

国内外关于人力资本对科研绩效影响研究的丰富成果也让我们可以看出，人力资本在绩效中的作用是大家所公认的、不容置疑的，也就是说，我们在探讨社会资本对科研绩效的影响研究时离不开人力资本因素影响的大前提。

二、人力资本理论的缺陷

如果单纯以人力资本为要素来考察教师的科研发展，我们也不难发现它

① 汪晓春．高校教师人力资本结构对其科研绩效影响的差异性研究［D］．暨南大学硕士论文，2009.

存在以下一些局限：

1. 重视个体要素的投入作用，但忽视群体要素的作用（柳琳，2005）。人力资本理论虽然将人作为主体研究对象，作为财富创造的源泉，但是这里所研究的人还只是比较抽象的人。人既是社会的资源要素之一，更是运用资源要素的主体，人在运用资源要素的过程中，很少以单个人的形式出现，而是作为社会群体开展运动。作为社会群体，人与人之间形成各种复杂的社会关系，正如马克思所言，人是一切社会关系的总和，研究人，就必须研究这种社会关系，否则没有体现人的根本特点，也就不能真正透彻地研究人。

他山之石可以攻玉。现代科学都是站在他人的肩膀上继续发明创新，每一个学科或专业又可细分为若干个分支，每个分支都有一些学术造诣很高的前端群体，对这些人力资源的整合和利用，充分发挥他们的引领和指导作用比自己直接经验要高效得多。我们所处的世界毕竟不是单个人的世界，它由形形色色的组织和错综复杂关系构成，从了解个体到了解集体再到了解人类还有很长的路要走。

2. 重视知识要素的投入作用，忽视人际关系要素的影响。毫无疑问，科研成果的形成离开了人的知识要素则无以为继，但仅有知识要素还远远不够。何况个体储存的知识有过时和枯竭的时候，我们需要经常补充新能源，就要从自己的一片小天地里走出来，向同行学习，甚至跨专业、跨学科了解科研动态，这些需要我们动用很多人力资本以外的要素，如感情交往因素、资源交换、网络资源共享因素、信任合作因素，优势互补因素等。在现实生活中我们经常看到，两个学历、职称等主要人力资本要素大体相当，都希望尽可能地扩大科研产出的教师之间，科研项目的获取数因为对外界资源的利用程度的高低存在很大的差异性，这一点在后面部分也有证明，说明人际关系要素在科研中的作用不可低估。

3. 注重科研的中间过程或制作过程，忽视了科研成果的产前与产后的成果获取或转化过程中的非人力资本要素的作用。产前是科研项目的获取。高校教师要想形成较高的科研绩效，首先要获得科研项目的立项，而在当今科研项目大都采用招标制的模式中，外包的科研项目资源是稀缺资源，教师要获取这种资源，首先要在信息资源的竞争中占据先机，了解科研动态和信息是先导，然后根据自己的人力资本优势寻找科研立项的着眼点和突破口。科研成果的转化也是同样的道理，科研攻关体现的是教师把人力资本最大限度地投入到科研项目的制作过程中，产品制作的好坏若需要得到认可，还必须经过两个环节，一是同行或专家的评定，二是成果得到有形或无形的转化，这些环节中，非常需要借助于人力资本以外的社会认可、社会支持以及社会信息交流。即使是产中，还存在合作，还需要科研团队成员彼此间的智慧合成及精神鼓励。另外，一些大型科研项目，如果仅凭单个人或几个人去做的话，即使把人力资本要素发挥到极致，也不足以达到现代科研所需要的能量。

为了更好地解释包括物质资本和人力资本在内的经济资本所不能解释的诸多问题，社会学家提出了“社会资本”的概念。

第二节 社会资本理论的研究评述

人力资本对科研绩效研究的相对成熟性和自身存在的无法克服的局限性为我们从社会资本层面探讨科研绩效提供了必要性。

与人力资本理论相比，社会资本理论的诞生更晚，因而对这方面的研究没有人力资本那么广泛，更多还是集中在对社会资本的概念和基本属性进行探讨，用社会资本理论探讨教育问题的相对较少，而用来研究科研绩效的则是更少。正因为社会资本理论是一个较新的理论，我们有必要对其概念特征进行评析，以便明确本书社会资本的内涵及研究指向。

一、国外社会资本理论及研究状况

（一）国外社会资本理论的几种代表性观点评述

社会资本理论的形成尽管是近几十年的事情，但这方面的概念却出现的较早。19 世纪末，奥地利学派的代表庞巴维克就提出过“社会资本”，但当时他提出这个概念是用来与“私人资本”相区别的，其含义是指“那些用来在社会经济方面获得财货的手段的产品”。马克思也提到了社会资本，他所指的是与“私人资本”相对的无数个个别资本的总和，是指社会总资本。庞巴维克和马克思所提及的“社会资本”与现代意义上的社会资本概念存在很大差距。

美国经济学家罗瑞在研究社会学问题时最早提出了新型的“社会资本”概念，并将其引入经济学。他在 1977 年发表的《种族收入差别的动力学理论》一文中应用这一概念探讨种族之间的不平等，认为城市中心区的黑人孩子与其他孩子相比往往处于不利地位，因而在社会资源获取上存在着差别。在他看来，社会资本是各种社会资源之一，存在于家庭关系与社区组织之中，对儿童或青年的成长有着重要的作用。

罗瑞虽然使用了社会资本这个概念，但没有对此概念进行系统的分析，第一位在社会学和经济学领域对社会资本进行较为全面分析的学者是布尔迪厄。

1. 布尔迪厄对社会资本理论的先驱性研究。皮埃尔·布尔迪厄（Pierre Bourdieu，1986）主张重视社会关系的重要地位，他认为，“社会资本是现在或潜在的资源的集合体，这些资源与拥有或多或少制度化的共同熟识和认可的关系网络有关，换言之，与一个群体中的成员身份有关。他从集体拥有的角度为每个成员提供支持，在这个词汇的多种意义上，它是为其成员提供获得信用的‘信任状’”。

布尔迪厄的社会资本理论重点关注的是个人为了不断增加收益而参与群体活动，和通过建构社会关系网络来获取资源，这说明他提出的社会资本理论的概念在本质上是带有工具性的。一旦社会资本形成，便具备产生新利润的潜能，因为“从一种关系中自然增长出来的社会资本，在程度上要远远超过作为资本对象的个体所拥有的资本”（Bourdieu，1997）。总之，只要恰当合理地运用社会资本，便可具备高度的自我增值能力，产生高度的自我增值效能，当然也是个体其他可靠的收益来源。

布尔迪厄研究指出，资本通常具有三种形态，这三种形态主要包括经济、社会及文化等资本。它们之间是相辅相成，又可以相互转化的关系。经济资本作为其他资本的根源，是比较容易转换其经济形态的。而社会资本转换成经济资本，则是一个较为复杂的过程，且具备一定的风险性。因为投资社会资本，是为了获取更大利益或利润，因此，可以说花费大量的金钱、时间和精力与他人建立关系网络既是一种经济支出，也是社会资本投资的一部分，且其利润终将以物质或象征的形式呈现。对社会关系网络的投资，旨在通过转化自我的、私有化的特殊利益为公共的、集体的、超功利却又合法的利益（Bourdieu，1990）。

那么，就具体的个人而言，决定个体社会资本拥有量的因素又是什么呢？布尔迪厄认为，主要是两个因素：第一，个体行动者通过有效运用关系网络的规模。第二，社会关系网络中各个成员占有的任何形式的资本，这其中包括经济资本、文化资本和符号资本（波茨，1998）。社会资本本是一种意识形态下投资策略的产物，并非是自然而然地形成。而稳固关系，并使这种关系成为可靠的资源是这种投资策略的重要目的。这种策略必须首先明确区分哪些社会关系是在长期内还是短期内能够直接派上用场，又能保证提供象征利润和物质利润的。然后，通过“象征性的建构”将这看似“偶然”的关系（如邻居、同事甚至某些亲戚关系等）联结起来，转变为一种彼此都愿意维持，在某种制度模式上又能获得保障的稳定持久的关系。在这种转变过程中，“象征性的建构”便成为其中的一大关键，它利用现存的社会体制，通过交换各类物质或非物质来形成社会资本，且进行不断地自我再生产，从某种意义上，这就意味着对社会资本的投资是连续性和长期性的。由于社会资本需要不断地积累和维护，个体就必须不间断地投入相当多的时间和精力，只有这样，那些看似偶然且简单的社会关系才能成为一种“义务”。将这种时间上的特性与本身具有意义的社会交换结合在一起，社会资本的运用便成了一种“微妙的时间经济”，而经济资本会被直接或间接消耗。

布尔迪厄是最先初步分析社会资本的学者，为后来者研究提供了启示，打开了思路。他在社会资本理论研究上的特点主要表现为以下几点：第一，主要从个体的社会资本出发，从经济实用的角度定义社会资本，重点关注的是个体凭借不断参与团体活动，积累和维持社会关系来增加收益，及精心建构各种社会能力以创造社会资源。第二，他通过沿用自己研究文化资本的思路来分析社会资本，将重点放在经济资本转化为社会资本上，这与后续相关研究者持不同之处。第三，在对社会资本分析时，一定程度上受结构分析中的网络分析方法的影响，不同之处在于他在分析经济结构不同时也深入分析了社会资本结构，而对于社会资本的概念，还是模糊的。

尽管如此，实际上后来布尔迪厄关于社会资本理论的研究还是产生了重要影响，尤其是一部分社会学家继承了这种传统，加大了对社会资本在社会变迁中，特别是在社会转型中的作用机制研究，尝试解释在社会变迁和转型过程中，个人怎样将自身原有的社会资本向新的社会中可用资源转化，并确定自己在新型社会中的地位。

布尔迪厄的理论没有涉及讨论教育问题和绩效问题，但他关于“个人通过参与群体活动不断增加的收益和为了得到这种资源而进行的社会关系网络的建构”的思想，以及那些“现在或潜在的资源的集合体，从集体拥有的角度为每个成员提供支持，为其成员提供获得信用的‘信任状’”（1988）的观点，为我们充分领会社会资本的原始含义和探讨教师科研绩效中“社会支持”提供了启示。

2. 詹姆斯·科尔曼的社会资本理论。最早从理论上对社会资本进行全面而具体界定和分析的是美国社会学家詹姆斯·科尔曼（James Coleman）。1988年，他在《社会资本在人力资本创造中的作用》一文中首次对社会资本作了初步阐述，之后在其所著的《社会理论的基础》一书中，较系统地论述和分析了社会资本理论。

詹姆斯·科尔曼的社会资本理论研究以微观与宏观的联结为切入点。他对社会科学领域中理论研究脱离实际研究，宏观与微观相分离现象尤为不满，认为宏观经济理论与微观经济理论联系不紧密是当前社会科学研究普遍存在的主要缺陷之一，并没能很好地解决从微观向宏观转变，或从宏观向微观转变的问题。这种理论研究和方法论并不能满足社会发展的需要，且对社会生活的解释没有任何说服力。因此，他尝试着重新建构一种能解社会之需的社会理论，促使个人与宏观水平的社会结构有机结合。

詹姆斯·科尔曼指出，当我们研究社会结构并实现其微观与宏观联结时，运用社会资本理论研究框架具有更大的有效性，这也是社会资本理论研究目的。他指出：使用（社会资本）这一概念的意义在于，可以通过分析社会结构，识别其特征，社会资本把人们的注意力引向社会结构的功能，即行动者以此种结构为资源，可以实现自身利益。社会资本概念不像经济资本，它既可以解释微观领域的一些差异化现象，也可以解读宏观领域的社会关系问题，并实现微观到宏观的过渡，社会资本这一概念能够表明，这类资源如何与其他资源相结合从而导致宏观水平的不同行为与微观水平的不同结果。因此，在科尔曼看来，凭借社会资本理论研究，可以解决社会经济中过去不能解决的诸多社会问题。

理性行动的选择。科尔曼提出个人行动的微观水平应当是一种理性行动。“对于行动者而言，不同的行动有不同的‘效益’，而行动者的行动原则可以表述为最大限度地获取效益”。此处的“理性人”假设与“经济人”假设是有区别的。因为在人们的实际生活中不仅要实现对经济效益的最大化的追求，同时追求社会的、政治的、文化的和情感的等多方面效益的统一。

科尔曼指出，解释社会系统的活动是社会科学的核心问题，只有以社会分析为目的，或是建立在社会系统分析基础上的个人行为研究才具有重要意义。最基本的社会系统由两主要要素组成，即“行动者”和“资源”。行动者享有一些资源，在交换过程中获得利益回报。不同的独立行动者为了获取新的利益，可以连续不断地相互交换自己所拥有的资源，于是形成了繁冗复杂的社会系统，这种资源的交换行动持续维持社会关系，如信任关系、权威关系及权利分配的共识等。因此，资源交换构筑新的社会关系，而这种社会关系对个人而言又是一种重要的资源，也是社会关系必不可少的一部分。科尔曼认为，当把社会关系看作是一种“资源”，强调其生产性时，就自然而然地产生了社会资本的概念。社会资本作为一种理性行动的选择，有机联结了个体在宏观社会选择和微观互动基础上的选择。

社会资本的含义与特征。像布尔迪厄一样，科尔曼也认为资本有三种形式：人力资本、社会资本和物质资本，三种资本可以互相转换，并可以代代延续。两者观点不同之处在于，布尔迪厄是从工具性的角度界定社会资本，而科尔曼则是从功能角度界定社会资本：“社会结构资源作为个人拥有的资本财产，即社会资本。社会资本的定义是由其功能而来，它不是某种单独的实体，而是具有各种形式的不同实体。其共同特征有两个：他们由构成社会结构的各个要素所组成；他们为结构内部的个人行动提供便利。和其他资本形式一样，社会资本是生产性的，是否拥有资本，决定了人们是否可能实现某些既定的目标。与其他形式的资本不同，社会资本存在于人际关系的结构之中，它既不依附于独立的个人，也不存在于物质生产过程之中”。

社会资本的形式。科尔曼认为社会资本的形式有五种：其一，期望与义务。当一个人为他人服务，并持续承担这些服务义务时，他便拥有了这种社会资本，科尔曼形象地比喻为该资本为“义务赊欠单”。义务与社会环境可信任度有一定的关联，人们履行义务的可能性会随着社会可信任性的提高而增大，期望与义务的社会资本形式也就越普遍；当个人所承担的社会义务越来越多时，那么他获得的可利用社会资本亦会随着社会义务的增多而增多。其二，信息网络。获取信息的重要渠道之一便是个人已存在的社会网络关系，个人为了行动提供便利，可以从其社会网络关系中获得有用的信息。其三，规范与有效惩罚。规范通常是用于约束个人行为，惩罚和奖励则促使个人按公共利益办事而放弃自身的利益，以便更易实现一些行动目标。这类社会资本能够促进社会秩序的维护，并对社会运动的发展与成熟，乃至实现组织目标皆提供了一定的便利。其四，权威关系。当某个行动者用权力或影响力去控制他人行动时，他们之间便形成了一定的权威关系，这也正是社会资本的表现形式之一，这一形式在解决社会共同性问题方面能起到很大的作用。其五，多功能社会组织等。人们不会单纯为社会资本的获取创建组织，因为各种目标要素构成组织之后，这些组织可以大大提升成员的凝聚力，并促使人们产生行动的一致性，以便产生更大的社会效应，当人们在集体行动中获得组织上的好处和个体上的好处的时候，对组织成员而言也就形成了重要的社会资本。

经济学术语中有“公用品”一词，而社会资本具备“公用品”的性质，因为容易诱发人们“搭便车”心理，导致无法有效投资。一般而言，社会资本通常是人们用于实施有目的、有计划、有针对性行动的“副产品”，只有在某种特殊情况下，社会资本才是少数个体有意投资的产物。

科尔曼还重点分析了社会资本的一些影响因素，如社会结构因素、意识形态以及社会网络的封闭性。

科尔曼认为，组织中的社会资本强烈依赖于社会结构的稳定性，如果破坏或瓦解了人们的社会关系或是社会组织，就如同是断裂了组织或关系中既定的各种利益控制，社会资本的存在前提也就随之丧失了。而且科尔曼还密切关注了从传统时期变迁为现代时期的社会结构调整影响到社会资本，在他看来，社会资本可划分为由“法人行动”构成的“人工创建的社会组织”和由社区和家庭构成的传统社会资本，以上两部分资本亦可谓是现代意义层面上的社会资本。他认为，实现“人工创建的社会组织”代替传统社会资本，正是解决新型社会组织之急需。“它们正在行使许多原来由家庭和社区行使的职能，但它永远不能完全替代原始性社会资本，而且在已有的替代过程中也存在着诸多缺陷。”所以，当今社会理论家关注及研究的一个重点课题便是如何建构新型社会结构下的社会资本。

科尔曼还指出，社会网络的封闭性会导致组织内部行动者彼此间的依赖程度增强，从而为建立有效的规范提供了前提条件，社会网络的封闭性尤其在法人行动者组成的团体内部中显得更加重要。社会资本往往变弱，其中一个原因在于行动者身处在开放性的社会关系结构中。

科尔曼认为，意识形态的类型，决定着其对社会资本的作用是积极面还是消极面。例如，像一些意识形态要求信仰者按照某种既定的目标行动，而自身的利益不予考虑，这样集体的一致性得以增加，有利于社会资本的形成；但现实中还是存在过分强调其个人利益，而不把他人利益考虑在内的意识形态，实际上这种个人至上的意识形态对社会资本的生成并不利。

毋庸置疑，科尔曼对社会资本理论的贡献是显著的。第一，系统研究了社会资本的概念，他指出社会资本包括三个方面，即社会团体、社会网络和网络摄取（肖鸿，1999）。科尔曼一方面运用这些概念来剖析社会与社会之间、国家与国家之间的信任程度，及社会规范、社会发展、政治模式及社会团结与社会动员等差别，另一方面用它来分析个人社会化及组织运作与发展。第二，在研究社会资本时把人力资本要素联系在一起分析，强调了社会资本的独自功能和在人力资本积累中的贡献。第三，探讨和研究社会网络封闭性对进一步了解社会资本的形成具有启发性。社会网络封闭，意味着在组织成员之间存在足够的信任，他们无须利用烦琐的法律合同交易来确保自己遵守规律，这样便可持续维持社会资本。科尔曼对社会资本的这些研究，为后来的研究者奠定了一些重要的理论基础，美国威斯康星大学社会学教授布朗就曾指出："关于社会资本的第一个重要的理论表达，是由詹姆斯·科尔曼于1988年提出的"，他的理论大部分都是"重要的和富有洞察力的"。

科尔曼在对社会资本的分析中强调了"多功能的社会组织""信息网络""行动者的行动"这些要素，对个体获取社会资本都是至关重要的，这些界定和分类构成了本书的主要基础之一。本书关于社会资本的测量维度就是借鉴了科尔曼及其后来学者林南的研究做法。但是，科尔曼的理论仍然有许多局限性。一是社会资本的承载主体论述不清，个人、组织、国家、社会混在一起，都成了社会资本的主体。二是从功能的角度定义社会资本，容易陷入自我循环论证的怪圈。三是对社会资本的负面效应分析与关注的不够，从而使其理论体现的完整性不够。本书在研究中对这几方面的问题作了改进，明确了社会资本的研究主体是高校教师，社会资本的主要内涵则是借助林南的社会网络资源学说。

3. 亚历山德罗·波茨的社会资本理论。波茨（Portes，1995）从起源和性质的角度对社会资本进行了定义："个人通过他们的成员身份在网络中或者在更宽泛的社会结构中获取稀缺资源的能力。获取（社会资本）的能力不是个人所固有的，而是个人与他人关系中包含着的一种资产。社会资本是嵌入（embeddedness）的结果。"

波茨通过对社会关系和社会规范的深入研究，阐明了社会资本形成的各种原因。首先，社会资本产生于社会关系这个巨大的网络。理性嵌入和结构性嵌入是个体在社会关系网络中的两种嵌入方式。理性嵌入存在于"互惠预期"阶段，它有赖于双方关系取得相互承认或强迫承认，当双方关系网络逐步扩大后，即结构性嵌入发生，社会中的各种关系便会带来一系列强制性约束力，当然，此时的信任度也会增加。波茨将它定义为“可强制推行的信任”。由此看来，无论是互惠预期，还是可强制推行的信任，往往是迫于一些约束性因素而发生的。它们分别形成了不同的两种社会网络，对应地产生两类社会资本：一是以“互惠预期”为基础、个体自我为中心的社会资本。二是以“可强制推行的信任”推行的，受社会结构影响制约的社会资本。其次，受社会规范影响产生的资本也分为两类。一是由于规范的内化，使个体与社会联系，或是由于道德规范的约束而把资源转让他人，我们将之称为“价值内向投射”。二是依靠“有限团结”促使个体与社会联系，或是由于集团内部的目标认同而把资源转让他人。这两种社会资本超出了理性选择理论的解释，有着文化的和规范的动因（Portes，1995）。

波茨研究了社会资本理论的价值：其一，他以不同自我之间存在的社会联系为基础，研究其特征的差异。差异一方面源于社会网络的不同特征，另一方面是自我嵌入网络产生了程度或类型上的不同。其二，他对社会资本结构化背后的不同动因进行了辨别，对科尔曼提出的单向理性选择做了进一步解释。从而使我们从自我嵌入的观点出发，对社会资本概念进行全方位的解读。

此外，波茨发现了其负面影响，即他提出的“消极的社会资本”的概念。波茨认为，“排斥圈外人、对团体成员要求过多、限制个人自由、用规范压制优秀人才”这四点是负面影响的后果所在。值得说明的是，波茨的“消极的社会资本”特指对个人产生的负面影响，不包括对群体的消极作用。

在本书中，笔者是以波茨的“结构性嵌入”理论作为基础，去研究社会关系网络中的社会资本。在设计调查问卷时，充分吸纳“消极社会资本”的观点，能够比较客观地分析影响高校教师科研绩效的因素，为获取有效方案消除了理论障碍。

4. 罗伯特·D. 帕特南的社会资本理论。罗伯特·D. 帕特南作为著名的政治社会学家，他曾出版《使民主运转起来：现代意大利的公民传统》一书，该著作的一大突出特点是将社会资本的概念扩展到民主治理研究中。他指出，社会资本指的是社会组织的特征，例如信任规范和网络，它们能够通过推动协调和行动来提高社会效率。社会资本提高了投资于物质资本和人力资本的收益（帕特南，1993）。

在帕特南看来，规范、信任和网络是社会组织的基本特性，这些本身也构成了社会资本。帕特南等在解释现代意大利南北政府绩效差异中使用了新制度新主义的方法，也就是在这个过程中引入社会资本的分析范畴的。研究表明，意大利某些地区公民在开展活动时遵守规范和注重网络联结，这些地区便充满了活力，而另一些地区社会文化中不信任要素更多或是垂直政治结构的影响更大，这些地区就显得很孤立和缺乏生机。由此，他们得出结论，规范、信任和网络等这些社会组织特征能够有效地促进公民之间的合作与交流，因此社会的公共利益才会得以增进，制度的绩效才会得以提高。从某种意义上而言，社会关系好与坏促进或制约了制度的成功。

在帕特南看来，信任的作用是尤为重要的，他以理性选择理论和博弈论作为研究基础，从多方面分析了互惠规范、信任以及网络的作用，阐述了它们之间的相互联系。他认为，信任是社会资本中最关键的因素，对社会资本的形成起到至关重要的作用，而社会资本中的其他两大因素如互惠规范、公民参与网络，在一定程度上皆能促进社会信任的产生。其中，公民在参与社会关系网络时遵守互惠规范，有助于社会信任的产生；普遍互惠本身对机会主义行为的限制是非常有效的，这样一来，受惠人群之间的信任水平就会被提高；社会交往网络越稠密，游戏理论中所涉及的关系重复和联系也就会不断增加，社会信任水平同样也会随之增加。社会信任、互惠规范、公民参与网络，以上这些皆具备高度生产性的社会资本的功能。社会信任、互惠规范、公民参与网络这些社会资本，对于解决集体行动困境和形成自愿合作皆是不可或缺的。对于社会而言，拥有普遍互惠比缺乏信任更有效率。

对社会资本特性的认识是普特南与科尔曼持相同观点之处。在帕特南看来，公民不但能够凭借参与社会网络，从而获取一些利益，而且还能够凭借友好合作提高其对集体利益的兴趣，并为未来连续合作和保持联系做好铺垫，因而，社会资本的特性之一在于其本身有自我积累和自我强化的倾向；除此之外，虽然社会资本被看作是“公共物品”，但其并非是个人私有财产，它往往是人们在社会活动中所产生的副产品（帕特南，1993，1995）。

布尔迪厄和科尔曼强调从微观和宏观范畴去理解社会资本概念，而普特南对社会资本的理解明显超越了此范畴（周红云，2004）。他从宏观的角度把社会资本理解为市镇、都市乃至整个国家的“公民精神”的水平，同时，一个社区中人们参与社团活动的水平也可以反映社会资本的大小，我们可以依据人们的阅报情况、参与志愿组织情况以及对政治权威的信任表达等标准来测量社会资本的存量。

帕特南的理论为本书在探讨教师科研过程中的信任、规范和合作问题提供了理论基础，高校教师科研中的信任和规范一方面体现在科研团队内部在分工协作基础上的知识共享，另一方面也体现在教师与社会关系网络成员的“情感性行动”，但因为普特南是从社会组织层面来探讨社会资本，与本书所探讨的教师个体的社会资本在测量维度上还是有很大的差异性。

5. 罗纳德·博特的社会资本理论。罗纳德·博特（Burt，1992）是从中观层次上分析社会资本的，他认为社会资本就是在网络结构中人们能够提供、获取和控制信息及资源的状况，即称为朋友、同事以及更一般的熟人通过他们获得使用金融和人力资本的机会，亦即“结构洞的社会资本”。所谓“结构洞”指网络成员间缺乏直接联系或关系中断的现象，它使网络结构从整体来看好像出现了断裂和漏洞。如图2-3所示：A、B、C三个个体之间，B与A有联结，C与A也有联结，但B与C之间出现了联结的间断，即出现了结构洞，他们都需要通过A来“桥接”。

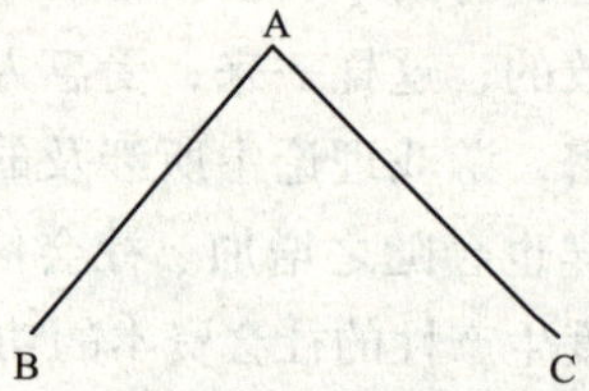

图2-3　结构洞

网络中的结构洞，既能为获取更大更多的重复资源提供了机会，还能够对由结构洞连接的一组组结点之间的资源流动加以控制。拥有结构洞的网络个体往往处于缺乏联系或中断联系的成员之间，因而具备控制、保持信息和资源的优势。拥有的结构洞越多，非重要性资源获取的优势就越明显。因此，博特（1992）建构了一个概念框架，该概念框架主要与社会资本系统内所涉及的各种权利关系息息相关。

博特（1998）认为，社会资本受到四种因素的影响，分别网络等级制、网络规模、网络限制和网络密度等，由此，他提出了四个假设，并且通过实证研究对以下四种假设进行了一一验证，其四种假设如下：（1）社会资本与网络限制之间呈负相关。网络限制的存在，是因为社会网络关系围绕着某个体，它阻碍了中介出现的机会，使社会网络为个体所掌握和为个人服务。社会网络限制越多，结构洞则会越少，社会资本就越贫乏。（2）社会资本与网络规模之间呈正相关。在明确网络规模的情境下，社会资本随着网络中结构洞的增多而变得更加丰富。并且随着网络规模的不断扩大，网络成员有机会参与不同的网络组织和在不同的组织中拥有更多的结构洞，社会资本则会更加丰富。(3) 社会资本与网络密度之间呈负相关。网络密度，是指密切的网络关系在全部网络关系中所占的比重。通常而言，社会资本是否丰富，取决于网络成员中结构洞多少，而网络密度又决定着网络成员中结构洞的数量。换而言之，网络密度较低的情况下结构洞则会越多，社会资本就更丰富。(4) 社会资本与网络等级制之间呈负相关。网络等级制，是指间接联系在网络关系中往某个中心人身上聚集的程度。间接联系的集中度呈越高趋势，社会资本反而越是贫乏。

博特在结构洞理论的基础上，从社会学的角度提出了经济竞争的新观点，即竞争优势仅仅体现在资源优势方面，如权利、金钱和地位等，比之更重要的是关系优势。而关系优势与结构洞存在一定的正相关，换言之，关系优势随着竞争者占有的结构洞越多而变大，高经济回报率的机会也会增加。因此，无论组织还是个体如果想要在竞争中获得优势，并且要保持和发展这种优势，就必须广泛联结与自己关系并不密切的团体与个人，以争取获得更多信息和控制优势。

布朗认为，博特把社会资本描述为在网络结构中给网络各结点提供资源和控制资源的程度和状况，这种描述和分析只看到了网络结点作为网络总体结构的一部分所发挥的功能，却并未将注意力放在各结点的特性或他们之间联系的性质上，即认为如何通过网络结构获取资源比从“谁”那里获取资源重要得多。这既是其理论的长处，也是其理论的缺点。实际上用理性选择假设理论中个人利益理性化和竞争最大化的动力并不足以完全解释人们参与社会网络构建社会资本的动机，因此，忽视个人理性选择之外对网络结构具有重要影响的因素是片面的（Brown，1999）。

博特的理论也是本书的研究的重要参考，主要体现在其“结构洞”理论揭示了个体之间交往与联系的一般规律。高校教师常常在与外界联结时出现“结构洞”现象，即中间的脱节和需要第三方“搭桥”。而这种桥梁作用被本书证明是非常有价值的。

6. 林南的社会资本理论和社会资本观。20 世纪 80 年代，在继承和发展格拉诺维特研究成果的基础上，美国华裔社会学家林南提出了社会资源理论。林南认为，社会资源不为个人所占有，它嵌入社会关系网络之中，个体可以通过直接的或间接的社会和关系维护而获取，对它的拥有能使人们更好地实现工具性目标。这里的社会资源和社会资本是何种关系呢？林南指出，社会资源和社会资本都与社会关系网络相关，但前者是蕴含于社会网络之中的可以为网络成员摄取的资源，后者则是指在工具性行动中从社会网络中被动员了的社会资源。也就是说，社会资源只是社会资本的前提条件和背景状态，只有将社会资源在工具性行动中有效利用，才能转化为社会资本。尽管林南认为这两个概念在使用上有区别，但总的来说，他的社会资源概念与其他学者的“社会资本”概念并无本质的差异。

在林南看来，“社会资本的概念包括三种成分：嵌入于一种社会结构中的资源；个人摄取这些社会资源的能力；在有目的的行动中个人运用或动员这些社会资源。因此可以构想，社会资本包含的三种成分涉及结构和行动：结构（嵌入性），机会（可摄取性）和行动导向（运用）方面”（Lin，1999）。在这里社会资本包含两重意思：一是它嵌入于某种社会结构中；二是可以在有目的的行动中摄取或动员。另外，它还是“在具有回报期望的社会关系中进行投资”的行动（Lin，2001）。个人为了创造收益参与互动和建立网络，反过来，为了取得这种期望中的回报人们必须对之进行投资。这种界定与科尔曼、普南特和布尔迪厄等学者对社会资本的各种表述相一致。

对于社会资本所发挥的功能，林南将之具体概括为四个方面：第一，它促进了信息的流动。在不完善的市场条件下，处于某种战略地位或较高等级位置中的关系人，由于掌握较多资源和较好地了解市场需求，可以为他人提供关于机会和选择的有用信息，这些信息在其他层面是难以获得的。第二，部分处于不利地位社会关系人通过寻求代理人（如组织的招募者或管理者）的方式获得资源或帮助。这些代理人在前者的发展（如雇用或升迁）中发挥着关键性作用。第三，它可以作为个人的社会信用凭证而发挥作用。某些信任证明反映了个人通过社会网络和关系摄取资源的能力。第四，它也可以通过社会关系实现某种网络身份的强化和认可。

与波茨将社会行动区分为工具性行动和完善性行动相类似，林南把社会资本的投资分为工具性行动（instrumental action）和情感性行动（expressive action）两类（Lin，1990，1992）。工具性行动是获得不为行动者所拥有的资源的行动，而情感性行动是维持已被行动者拥有的资源的行动，其中，维护现有资源是行动者的基本动机，因而情感性行动是基本的行动形式（Lin，2001）。同时，林南把社会资本置于一个开放的社会网络关系中加以考察，形成了“制度场”的概念。所谓制度场，实际上就是为行动者的社会关系和社会资本提供制度背景的作用场。

此外，他还讨论了资本流的问题，将社会资本看作是不断流动变化的。资本流的基本含义是：在各种不同的社会位置、层级结构或不同的组织机构及社会关系中，都有社会资本的存在，它们的天然性配置是不平等的，但这些社会资本固定不变，在人们有意识的攫取行动中可以增加或减少，加上外界的制度变迁和组织变化等原因，社会资本自始至终处于变化流动的状态。

林南对社会资源和社会资本概念的表述，对社会资本功能的细致分析以及他的制度场、资本流概念，为社会资本研究进一步开拓理论视野、提升理论境界做出了很大的贡献。但也有学者认为他的理论也存在着某种局限性：第一，他关于社会资本是“在具有期望回报的社会关系中进行投资”的界定带有功利主义的嫌疑。虽然人们的行动多数是有目的的和理性选择的结果，但如果说所有的社会行动都是按理性模式和目的要求行事，未免会陷入理性选择理论的泥潭。第二，他关于“开放网络更能带来丰富的社会资本”的观点无法有效地解释情感性行动。许多人的实证研究表明，封闭人际关系或密切联系的关系网络在维持良好的内部关系、增进感情、促进身心健康、缓解精神压力更有利，这显示封闭或密切联系和开放或弱关系两类网络均可构成社会资本。

尽管林南的社会资本理论较为全面，对中国的社会现象也有较大的适用性，但其理论照样没有能够探讨教育领域中的绩效问题。不过林南关于社会资本是网络资源的“拥有”和“摄取”的论断对探讨个体社会资本的产生途径具有重要指导。如果说本书借助了科尔曼的理论框架主体，则社会资本的要素划分及测量方法主要来自林南及边燕杰等人的思想。林南关于社会资本是社会资源的动用的界定构筑了本研究的核心框架。

（二）国外关于社会资本在教育领域的研究

科尔曼、普特南等作为早期运用社会资本理论研究教育问题的代表人，他们从学生成长、学校发展的方面论述了社会资本对教育事业的影响。科尔曼在调查中发现了与低辍学率的天主教学校相比，非天主教私立学校学生辍学率是其一倍，而公立学校学生辍学率是其两倍的现象。随后，通过对不同学校的教学和学生的表现研究发现，天主教学校的相对成功率不是由于学生的天生聪慧，更多的是由于与学校相关的社会资本发挥了作用。“学生家长之间、家长与教师之间相互联系，他们既是学生的父母，也是当地教堂的一员，这些家长共同体为孩子提供社会资源，并减少学校的压力”（科尔曼，1994）。根据科尔曼和霍福的研究，社会资本与人际共同体的特征密切相关。学生在学习、娱乐、参与社会活动的过程中，共同体中的社会资本营造了一个有利于学生成长进步的教育环境，同时为家长教育孩子提供了诸多便利条件。因此，在科尔曼看来，学校是嵌入在一个共同体中，这些共同体被称为“功能共同体”（functional community），通过价值体系和社会网络对学校和学生产生了影响。

普特南在进行了广泛的调研后得出，社会资本是“社会组织的特征，例如信任、规范和网络，它们能够通过推动协调的行动来提高社会的效率”。他着重关注了社会资本对教育的影响，提出社会资本对儿童的成长发展及今后的成功至关重要，而且学校有效的管理运转也与社会资本有密不可分的关系。在考察美国教育质量时，他发现学校发展与社会公众的参与有客观的联系。

比如，学生的学习程度不仅取决于学校，也与家庭氛围、父母教育有关，而且也会受到身边社会的影响，诸如社会规则、人际脉络、朋友信任等。因为“当教师、家长、校长之间具有一种高度信任的关系时，将极大地促进学校的发展”，“家长和共同体的合作在推进学校教育的改革中发挥着中心作用”（普特南，1995）。

尽管相对于在社会、经济、政治、文化等领域，社会资本在教育领域的研究较少。但进入21世纪之后，社会资本在教育领域还是越来越引起了更多国外学者的广泛关注。由美国加州大学伯克利分校 Brace Fuller 和宾夕法尼亚大学 Emily Haunum 主编的《不同文化中的教育和社会资本》（*Elsevier Science Ltd*，2002）一书，探讨了在不同文化背景下，社会资本对教育中诸多方面的影响。

还有一些学者探讨社会资本对远程教育、终身教育、职业教育等的影响。詹尼弗·帕特森·洛伦泽蒂（Jennifer Patterson Lorenzetti）的《远程教育中的战略计划和社会资本：尤金·考茨访谈》（2004）；罗兹马瑞·普勒斯顿（Rosemary Preston）和卡洛琳·戴尔（Caroline Dyer）的《人力资本，社会资本和终身教育：编者导言》（2003）；苏·基尔帕特里克和约翰·菲尔德（Sue Kilpatrick、John Field）的《社会资本：一个探索终身学习和社区发展的分析工具》（2003）；波林·麦克林瀚（Pauline McClenaghan）的《社会资本：探索社会发展教育的理论基础》（2000），《回应“社会资本：一个探索终身学习和社区发展的分析工具”》(2000)；克里斯多夫·文希（Christopher Winch）的《教育、工作和社会资本：朝向职业教育的一个新构想》(2004)；凯瑟琳·埃克尔斯通（Kathryn Ecclestone）的《在融洽的氛围内学习：基于评估制度内文化和社会资本的结果》(2004)。斯蒂芬（Stephen）的《社会资本在成人读写能力提升中的作用：合作关系、政策、教学法》(2009)，这些研究表明尽管社会资本理论起步较晚，但在21世纪初叶在教育领域的应用已触及诸多方面。

探讨社会资本对高等教育影响并有代表性的有：[美] 严文藩的《社会资本对美国少数民族参与高等教育的影响》(2003)；帕特丽夏·格奥尔斯耶娃（Patricia Georgieva）的《保加利亚的大学与社会资本发展：新的战略变化》(1999)；爱斯佩兰萨·维拉尔、豪梅·胡安、昂里克·克罗米拉斯（Esperanca Villar，Jaume Juan，Enric Corominas）的《职业顾问能够为大学毕业生寻找工作提供什么样的网络战略咨询?》(2000)；David Rossin 和 Terry Hyland 的《高等教育内基于团队工作的学习：学生个人和社会发展的一个构成因素》(2003)。坦普尔·保罗（Temple Paul）的《社会资本的创造对波兰和罗马尼亚高等教育国际化的影响》(2006)；萨拉然·默罕默德（Salaran Mohammad）的《澳大利亚高等教育中的科研产出和社会资本》(2010)。这些文章在研究社会资本对教育的影响时更多的是从大学组织层面和大学生层面，涉及教师个体层面的不多。

（三）国外关于社会资本理论的研究状况小结

从社会资本的权威研究者那里我们看到对社会资本的研究目前还有许多没有形成共识的地方，但形成了两个相对集中的研究方向或层面，一种是个体和群体（或组织）的层面，另一种是微观、中观和宏观的层面。

1. 个体和群体的分析层次。林南（Lin，1999 a，2001）指出，在个体层次上，主要聚焦在个人凭借对社会资本的有效运用，怎样获取和合理运用社会网络中的各种资源，来保持情感性行动中的所获得的收益和工具性行动中的所获取的一些回报。所以，从微观层次分析，假定个人对这些投资是期望回报的，从这个意义上而言，社会资本和人力资本看似类似，个人收益和回报的聚积事实上也有利于集体。但是，这种分析的焦点主要表现在以下两点：第一，个人如果想要在社会关系中投资，该怎么做。第二，个人如果想要通过嵌入于关系中的资源以产生回报，又该何为。除了林南之外，还有波茨和博特等皆持这种分析战略。

而集中研究群体层次上的社会资本的学者们的关注点主要体现在：（1）一些群体该怎样发展并如何维持社会资本作为他们持续拥有的集体资产。（2）如何使这些集体资产在群体成员增加生活机会中发挥更大效益。布迪厄（1986）和科尔曼（1988，1990）对该观点也曾做了广泛讨论，该种观点同时也作为分析典范出现在普特南的经典著作（1993，1995a）中。该观点的一个核心兴趣在于，探索创造和维持集体性社会资本的要素，以及这些要素的形成过程。例如，把关系密切的网络看作是一种运行手段，这种手段可以维持集体资本，也可以实现群体的再生产；另一个重要思考在于，为什么创造和维持群体的社会资本离不开一个群体的信任、规范、权威和制裁等基本要素。

无论是个体层次上还是群体层次上，抑或考察的空间范畴不同，研究者们皆一致认同以下观点：网络成员间的交流互动，构成了社会资本得以持续拥有及再生产的前提。在布迪厄看来，社会资本是一个过程，统治阶级中的个体为了自身利益，可以凭借互相认可与相互承认的默契，来强化与再生产一个拥有各种资本的特权群体，以便在文化资本、经济资本及象征资本等方面继续得天独厚。贵族的头衔便是这类群体及各个成员的特征。所以，在这里社会资本便成了统治阶级维持和再生产的另一种表现方式。科尔曼和普特南的著作中就曾提到关于集体资产作为社会资本的其他地位的观点。科尔曼在把社会资本定义为有目的的特定行动和个人有用的社会结构特征或资源时，突出的便是社会资本的集体资产性和共享性。这些集体资产的特征对群体和网络中的各个成员皆是有非常显著效果的，群体和网络中的各个成员在集体资产中获取的同时往往会对这些资源有所供给或奉献，这也是社会资本的可再生性（张文宏，2003）。

2. 微观、中观和宏观的分析层次。还有一些学者将社会资本的分析层次分为宏观层次、中观层次和微观层（Brown，1999；Turner，1999）。1999 年，布朗在研究中论述社会资本分析从微观层面而言其实是自我观点的嵌入。从微观层面来看，个体在社会网络动员资源的潜力是社会资本理论主要关注的焦点。这里对个人行动的结果尤为关注，且处于特定社会情境中加以讨论。林南、波茨和科尔曼等皆非常重视社会资本的功能，尤其是社会资本的积极功能，从这点而言，社会资本功能理论通常被归纳到微观分析的范畴。

中观层面的社会资本分析，可称为结构的观点。在中观层次上，社会网络中相互联系的状况、特定社会网络的结构化以及特定结构所形成的资源、这些网络资源的形成途径等，是社会资本理论研究的内容。简单地说，中观分析并非关注的是网络组成成员中一个个个体，而是把网络形成的过程，及网络分配结果作为尤为关注的焦点。从这点来看，中观层次社会资本理论分析最具代表性的是博特的结构洞理论（Burt，1992，1993）。而且，所有那些强调社会资本以组织为基本分析单位的研究（如 Knote，1999；Podolny Castellucci，1999；Uzzi Gillespie，1999）等皆可归纳至该层次中。

宏观层次的社会资本分析，又被称为嵌入结构的分析模式（embedded structure perspective）。社会资本网络如何形成、证明和展开，又是如何嵌入在较大的文化与规范系统之中或是政治与经济系统之中的，这是宏观层面社会资本尤为关注的重点。文化社会学的经验研究与社会资本的嵌入结构观点有一定的关联，但是前者是在探讨社会变迁中文化的力量时涉及了社会资本。布朗的工业结构化理论很好地在该分析之中引进了影响社会资本网络的文化要素（Brown，1999）。泽利泽对一般经济社会学的“结构绝对主义”进行了剖析和批判，他不同意把社会经济的一切现象简化为社会结构网络和关系倾向（Zelizer，1988），同时他也不支持“文化绝对主义”，甚至可以用反对来表言。泽利泽赞同采用一种均衡方法，这种均衡方法能很好地把结构、经济和文化要素有效黏合在一起。迪马吉奥和祖金之所以会引入政治、文化嵌入的概念，那是由于在强大政治环境下一些经济行为时常出现，还有就是经济学的规则、理性或假设不仅受到文化的限制，而且受文化塑造（Zukin DiMaggio，1990）。一些社会资本理论学家专门从事宏观层次的分析，他们通过研究发现，政治、经济和文化重叠的系统中皆存在社会资本网络。这一系列宏观社会制度极有可能是社会网络中有效资源的数量和种类的决定因素；弄清通过与他人建立关系来建构网络；建人际交往及群体交流的法律法规，并根据变化情况及时修订；针对制度的行为建立交易模式，并有效实施交易过程；勾勒与规划网络的社会状况，并依据网络社会状态，进行及时有效调整；建立社会网络交易，并推动网络交易；建立来自各个网络的各类竞争，并及时做出适当的调整等（Brown，1999）。从这个意义上而言，凡是那些用社会资本概念来诠释一些重大问题，或解释一个地区、民族乃至国家社会经济发展的理论模型的理论和观点（例如，World Bank，1993；Woolcoke，1998；Jordana，1999，Turner，

1999)，都可看作宏观层次的社会资本研究（张文宏，2003)。

但是，社会资本分析不管是建立在微观层次、中观层次或是宏观层次，还是从个体和群体这两个层面上，随意地在不同层次上变动，且进行一些“自由”讨论，定然会导致一些混乱，无论是理论上还是测量上。以布迪厄为例，他强调贵族群体与统治阶级的再生产时，提出用结构观点和社会资本观点来解释，即社会资本是群体或网络规模的聚积，及群体或网络成员所拥有的资本数量的聚积（Bourdieu，1986：248)。只有建立在假定群体或网络中所有的成员皆维系着互惠关系，上面的推论才能成立，因而，并没有把关系强度纳入计算范畴。其实，布尔迪厄不仅对个人互动进行了描述，而且描述了群体或网络中的成员互相承认与认可（Coleman，1990)；在强调个人为了获取比较好的行动结果，怎样更好地运用社会—结构资源时，重点对社会资本的构成或社会资本所强调的规范、信任、权威、制裁及封闭性、集体性质加以讨论。

国外学者关于社会资本理论的主要研究，见表2-1。

表2-1　国外学者关于社会资本理论的主要研究汇总

姓名	概念要点	研究层次	研究对象	对本研究的作用
布尔迪厄（Bourdieu)	资源集合体、信任状、社会网络	宏观	个体	先驱性启示
科尔曼（Coleman)	义务与期望、信息网络、规范与有效惩罚、权威关系、多功能组织	微观与宏观的联结	团体与个人	本研究的主要理论基础，社会资本内涵指标的依据
波茨（Portes)	理性嵌入、结构性嵌入	微观	个体	关注社会资本的负面作用
普特南（Putnam)	信任、规范、网络	宏观	市民社会与国家	教师资源获取不能忽视信任和规范的作用
博特（Burt)	“结构洞”、网络规模、网络密度、网络等级制	中观	个体	教师关系网络利用中存在“结构洞”现象

续表

姓名	概念要点	研究层次	研究对象	对本研究的作用
格拉诺维特（Granovette）	强关系、弱关系、关系桥	微观	个体	弱关系连接可以帮助教师获得异质性社会资本
福山（Fukuyama）	信任、价值观、准则	宏观	社会和组织	信任是教师科研中社会资本积累的重要因素
那哈皮特（Nahapiet）戈沙尔（Ghoshal）	结构维、关系维、认知维	中观	社会组织	对组织社会资本测量所提供的启示
林南（Lin Nan）	网络资源、可摄取性、摄取能力	中观与微观	个体与组织	帮助确立教师社会资本的指标内涵

资料来源：作者整理。

在本书中，高校教师的社会资本如何形成这一问题更多的是从个体的角度来分析和展开，在进行教师社会资本测量时，也是以每一位教师的测量数据为基础，尽管最终的着眼点是高校教师这一类群体，但它与对教学团队、科研团队等的研究有明显差别。另一方面，本书的研究更多的是在微观和中观层面展开，关注的是个体自我通过包含自我在内的社会网络动员资源的潜力，是个人行动的结果，它在特定的学校及学校与外界的联系这样的社会结构情境中来讨论。中观层面的研究包括社会关系网络中教师之间及教师与社会群体相互联系的状况，以及资源作为其特定结构的结果在该网络中是如何形成的。

尽管社会资本的研究以法国学者皮埃尔·布尔迪厄（Pierre Bourdieu）为先驱，但30多年研究成果最多的是美国。在美国南加州大学图书馆的电子资源库中搜索“社会资本”的文章，呈现的读物有30732篇，包括硕博士论文。再进一步考察他们用社会资本理论研究教育问题，会发现三个明显的特征：

一是社会资本理论相对于其他理论而言研究数量偏少。在美国的ERIC（education resources information center）上检索“社会资本”，一共只有1199篇文章，这可能与社会资本理论是一个新兴的理论有关。

二是近年来的研究增速较快。在这1199篇文章中，2010年以前只占219篇，近10年有980篇，其中近5年又占了一半，610篇，表明社会资本理论作为一个新的研究领域已越来越引起人们的关注，呈加速发展的趋势。从另一项数据也可以说明这一点，美国院校硕博士论文中用社会资本理论研究教育问题的共有 763 篇，其中近 5 年间的论文就占了 486 篇，比例高达 63.6%。

三是在用社会资本研究教育问题时以研究教育社会学的文章居多，研究更多地指向种族、性别、弱势群体、落后区域的社会资本应用，如有色人种的教育改善问题、职业地位提升问题；美国黑人居住区、墨西哥人居住区的社会支持和教育支持问题。美国南加州大学教育学院的 Stanton Salarzar 教授是美国当代社会资本研究非常有代表性的学者，他在近 10 年发表的 20 多篇论文中，有近 10 篇是与种族、弱势群体等问题有关。

三年前，国际社会资本基金会组织（TSCF）在马耳他召开了社会资本国际学术年会，从年会的研究主题也可看出这一现象。主题如下①：

（1）社会资本与健康；（2）社会资本与金融萧条；（3）社会资本与老龄化；（4）青少年自杀行为与社会资本；（5）青年人的健康、成长、成才与社会资本；（6）种族多样性、移民以及民族融合；（7）社会流动性、阶层结构和收入不平等；（8）社会资本与社会政策。

8 个主题下面又包括 19 项研究议题，这些议题几乎包罗了当今世界的主要热点问题，从这些主题也可以看出，社会资本的社会学问题及人类问题的指向和宏观层面的研究特性。

如果说运用社会资本理论研究教育问题的硕博士论文偏少，则研究高等教育问题的情况也是同样存在，美国 ERIC 上近五年公开的 486 篇教育类硕博士论文中，与高等教育相关的为 120 篇，在这其中，研究高校教师的社会资本的论文只有 36 篇（其中博士论文 35 篇），其主要的研究指向大多还是与种族、性别及职业地位获取有关。

二、国内对社会资本理论的研究

（一）研究状况评述

中国学者对社会资本的研究大致是从 20 世纪 90 年代开始的，首先对其研究和应用的是中国社会科学院张其仔博士，其博士论文是中国学者首

① http：//www.socialcapital-foundation.org/.

次对社会资本进行的研究，他将社会资本定义为社会网络。[①]李惠斌和杨冬雪以及卜长莉等在这方面做了大量的工作，他们主编的《社会资本与社会发展》《社会资本与社会和谐》比较详细地解释了20世纪80年代以来社会资本研究方面的人物、著述，对西方社会资本理论研究做了较为详细的介绍和梳理。其他学者通过自身的研究，也对社会资本的内涵形成了各有特色的解释：边燕杰、丘海雄（2000）指出，社会资本是“行动主体与社会的联系以及通过这种联系摄取稀缺资源的能力”。[②]朱国宏（1999）认为，社会资本是个人通过自己所拥有的网络关系、群体规模及更广阔的社会结构来获取稀缺资源的能力。郑杭生（2003）把社会资本总结为“不同层次的社会主体（包括个人、群体、社会甚至国家）间紧密联系的状态及其特征，其表现形式有社会网络、规范、信任、权威以及为某种行动所达成的共识等，社会资本存在于社会结构之中，它通过人与人之间的合作进而提高社会的效率”。[③]

国内的应用研究概括起来主要集中在两个方面，即经济发展领域和职业、劳动力的流动领域。第一个领域的研究成果较多，很多学者开始用社会资本理论解释中国经济发展中的一些现象。如学者们从社会资本的角度，对个体工商户、私营企业、乡镇企业以及三峡移民的经济适应状况进行了研究，结论都证明了社会资本在经济发展中的重要意义。另一个重要的领域就是职业流动和劳动力流动中的社会资本研究。边燕杰是这方面是典型代表。边燕杰、张文宏等（2001）对农村劳动力流动、下岗职工再就业、工作与职位获得等职业流动进行了研究，并且发现了一些不同于西方的观点，如岗位获得中的强弱关系的不同作用。2004年，边燕杰又发展和丰富了对于社会资本概念的理解并探索更有效的测量方法。他在《城市居民社会资本的来源及作用：网络观点与调查发现》一文中进一步提出，“社会资本的存在形式是社会行动者之间的关系网络，本质是这种关系网络所蕴含的、在社会行动者之间可转移的资源。任何社会行动者都不能单方面拥有这种资源，必须通过关系网络发展、积累和运用这种资源”。该文实际上已经把社会网络社会结构资源与社会资本的概念作了区分，社会资本蕴含于网络与结构之中，但是不等于就是网络与结构。在这里，边燕杰把社会资本看成是“通过关系网络发展、积

① 张其仔．新经济社会学［M］．北京：中国社会科学出版社，2001.
② 边燕杰，丘海雄．企业的社会资本及其功效［J］．社会学视野，2003（2）.
③ 朱国宏．经济社会学［M］．上海：复旦大学出版社，1999.

累和运用这种资源”的能力。这种理解与林南（2001）基本是一致的。本书的研究借鉴了边燕杰关于社会资源的发展、积累和运用的观点。

笔者发现，对于社会学领域和经济学领域的研究依旧是近些年社会资本研究的主要趋势，如城市居民的社会资本结构调整问题、企业社会资本获取问题等。中国知网（CNKI）通过对社会资本相关研究在知网的被引次数的统计，得出了人们对社会资本理论研究的关注度，这一统计应具有代表性意义。但它也从侧面反映了教育问题尤其是学校组织内部的问题在社会资本的研究中没有成为关注的重点。

从图 2-4 知网所统计的近 20 年社会资本理论研究的趋势来看，它经历了两个小高峰，第一个是 2005 年之后，第二个是 2014 年之后，全部年份社会资本的相关热门被引文章排在前五的为：

（1）边燕杰，丘海雄，企业的社会资本及其功用，被引频次 2587 次。

（2）边燕杰，城市居民社会资本的来源及作用：网络观点与调查发现，被引频次 1086 次。

（3）温素彬，方苑，企业社会责任与财务绩效关系的实证研究——利益相关者视角的面板数据分析，被引频次 1005 次。

（4）任远，邬民乐，城市流动人口的社会融合：文献述评，被引频次 803 次。

（5）张文宏，社会资本：理论争辩与经验研究，被引频次 802 次。

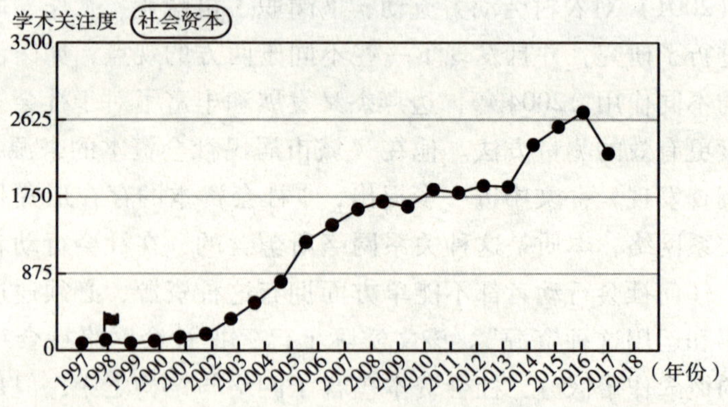

图 2-4　按年份计算的社会资本研究学术关注度

从图 2-5 2018 年度不同月份用户关注度来看，寒暑假处在一个低值，其他月份基本处于一个水平线上，近一年社会资本热门文章下载排在前五的为：

（1）周广肃、樊纲、申广军：《收入差距、社会资本与健康水平——基于中国家庭追踪调查的实证分析》，下载频次 3625 次。

（2）任颋、王峥：《女性参与高管团队对企业绩效的影响：基于中国民营企业的实证研究》，下载频次 1319 次。

（3）桂勇、黄荣贵：《社区社会资本测量：一项基于经验数据的研究》，下载频次 1144 次。

（4）赵晶、郭海：《公司实际控制权、社会资本控制链与制度环境》，下载频次 1065 次。

（5）游家兴、邹雨菲：《社会资本、多元化战略与公司业绩——基于企业家嵌入性网络的分析视角》，下载频次 1047 次。

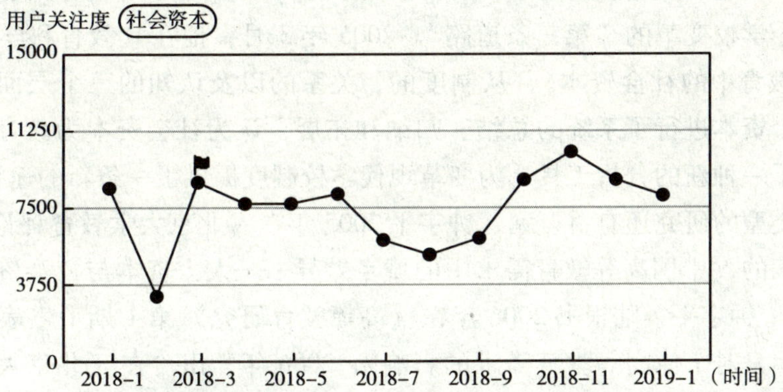

注：表示标识点数值高于前后两点，且与前一数值点相比增长率大于30%。

图 2-5　按月份计算的社会资本研究的关注度

（二）国内关于社会资本理论在教育领域的研究

如前所述，国内对社会资本的研究还主要是集中在社会学和经济学领域，用社会资本理论研究教育问题的成果更多地出现在近五年。

目前所见到的用社会资本理论对教育问题进行专题研究最早的是北京师范大学的盛冰，他于 2003 年 6 月在《北京师范大学学报》上发表了《社会资本对当代教育的影响》一文，认为社会资本使传统的智力观受到了挑战并促进了新知识的生产；知识传授与获取过程既受社会资本的影响，同时本身也生产社会资本；学校、家庭、社会之间的网络联结以及学生、家长、教师之间的联系和互动程度在学生学业成就和学校发展方面具有极其重要的作用。

早些年也有其他一些用社会资本理论研究教育问题的文章，构成了在这一领域的一些先驱性代表：

2004 年，岳昌君、文东茅、丁小浩等在《管理世界》发表的《求职与起薪：高校毕业生就业竞争力的实证分析》一文中研究发现，高校毕业生的家庭社会资本要素对于毕业生是否能找到工作并无显著性影响，而父亲受教育年限则对毕业生的起薪存在着显著的正向影响；同时丁小浩老师的《人力资本与社会关系网络对高校毕业生工作找寻的影响》则探讨了高校毕业生在工作找寻过程中的社会资本和人力资本的相对重要性。2005 年 1 月，盛冰在《北京师范大学学报》发表的《社会资本、市场理论和社会变革》一文指出：以市场为导向的改革提高了资源的利用效率，扩大了消费者的选择权，但是改革也有可能加大学校之间的差距。因此，仅仅依赖市场资源的自然流动是不够的，创造、重建或增进学校的社会资本是对市场失灵的一种平衡和补救，也是当今学校变革的“第三条道路”。2005 年 3 月，他在《教育科学》上发表《论教育中的社会资本》，从制度的、关系的以及认知的三个层面对教育中的社会资本进行了系统的总结、归纳和拓展，认为社会资本为教育政策研究提供了一种新的分析工具，为变革现代学校制度提供了一条新的途径。

同类型的研究还有雷万鹏、钟宇平 2005 年在《北京大学教育评论》第 1 期上发表的《中国高等教育需求中的城乡差异——人力资本与社会资本理论的视角》；钟宇平、陆根书 2006 年在《高等教育研究》第 1 期上发表的《社会资本因素对个体高等教育需求的影响》；2006 年，田玲在《北京大学教育评论》第 3 期上发表的《从招聘信息看人才市场对高校毕业生的需求特点》，王庆、吴泗宗的《社会资本理论视野下的集群发展研究》（2006），盛冰的《社会资本和文化资本视野下的现代学校制度变革》（2006），乔海曙、林国新的《校友捐赠和高校发展：社会资本视角的分析》（2006），朱志勇、徐蕾的《社会资本在民办学校发展机制中的运作逻辑：个案分析》（2006），林小英的《“挂靠约束”与民办高校的社会资本》（2007），齐学红的《学校家庭中的文化资本与社会资本》（2007），涂三广的《教师专业发展：社会资本的视角》（2007），胡荣、张一桢的《高等教育机会阶层辈出率影响因素研究》（2007），李国强的《家庭社会资本：家校合作的重要影响因素》（2009），肖佩莲的《社会资本对教育机会公平的影响》（2010），陈卓的《超社会资本、强社会资本与教育公平——从当今中国教育影响社会分层的视角》（2010），张旭东、王宏蕾的《基于“三维资本”的大学生创业教育》（2011），潘敏的《社会资本视角下的中国高等教育管理的创新路径探析》（2012），赵延东、洪岩壁的《社会资本与教育获得——网络资源与社会闭合的视角》(2012)。

近五年较有影响的研究主要有:

吴重函、张俊等的《家长参与的力量——家庭资本、家园校合作与儿童成长》(2014),朱新卓、王欧的《教师的阶层文化与教育的文化再生产——西方学者论阶层文化对教育公平的影响》(2014),刘浩、钱民辉的《谁获得了教育——中国教育获得影响因素研究述评》(2015),董泽芳、赵玉莲的《从布尔迪厄文化再生产理论看社会分层与高等教育公平》(2015),谢永飞、杨菊华的《家庭资本与随迁子女教育机会:三个教育阶段的比较分析》(2016),肖日葵的《家庭背景、文化资本与教育获得》(2016),胡钦晓的《何谓学术资本:一个多视角的分析》(2017),薛海平的《家庭资本与教育获得:影子教育的视角》(2017),朱斌的《文化再生产还是文化流动?——中国大学生的教育成就获得不平等研究》(2018),季春梅、范国睿的《社会资本:教育治理的行动逻辑》(2018)。

总体来看,自20世纪80年代社会资本理论正式确立以来,30多年里《中文期刊全文数据库》收录的研究社会资本的文章共计8260篇,只相当于美国同类文章的1/3,但研究的发展趋势大体与美国相当,绝大多数集中在近10年,共计6274篇。研究教育问题的论文偏少,近10年只有270篇。

类似的研究也体现在一些硕博士论文中,查找中国博士学位论文全文数据库和中国优秀硕士学位全文数据库,从1980~2018年研究社会资本的硕博士论文共计2147篇,其中博士论文301篇。同样的,硕博士论文中用社会资本研究教育的文章偏少,总共只有405篇,且大都为近10年的成果,其中博士论文83篇。有代表性的有:

(1)中国科技大学蔺玉的博士论文《博士生科研绩效及其影响因素的实证研究》(2012)研究得出,相对于其他博士生,本科毕业于"985"院校的博士生倾向于表现出较高的科研绩效水平;导师是提升博士生科研绩效的关键因子;博士生主观的科研兴趣和科研动机在导师因素和博士生科研绩效之间的关系中起着调节和催化作用;博士生拥有的社会资本对其科研绩效水平有着显著影响;作为情境因素的目标导向和组织氛围在博士生社会资本与科研绩效之间的关系中也起着调节作用。

(2)华中师范大学刘艳茹的博士论文《社会资本视角下大学毕业生初次就业问题研究》(2012)在研究大学毕业生就业问题的过程中,以大学毕业生拥有的社会资本状况为研究出发点，从微观角度重点分析社会资本对大学生初次就业状况的影响过程，通过对大学毕业生社会行为以及这种行为背景的研究，探讨影响大学毕业生就业差异的微观个体因素，并以此为基础，深入分析社会资本与大学毕业生就业状况间的逻辑关系与结构关系。

(3) 东北师范大学崔东植的博士论文《城乡高中学生家庭背景与大学专业选择意向关系个案研究——从三维资本理论的视角分析》(2012) 采用布迪厄与科尔曼关于家庭背景的分析框架，从社会资本、经济资本、文化资本三个方面来解读家庭背景与专业选择的关系。并深入挖掘社会资本、经济资本、文化资本占有量的不同，各自对学生专业选择的影响，从而找到有针对性的解决策略。

(4) 天津大学宁甜甜的博士论文《人力资本与社会资本对高层次人才职业生涯发展的影响研究》(2014) 基于访谈结果，构建了人力资本与社会资本影响高层次人才职业生涯发展的理论模型，以人力资本理论、社会资本理论、职业生涯发展理论为理论基础，依托中国第三期妇女社会地位全国调查数据库，以 4538 名高层次人才为研究对象，运用统计分析方法，探索人口学变量、人力资本与社会资本变量的各因素对高层次人才职业生涯发展的影响及其作用机制。

这 83 篇跟教育相关的博士论文中少数是研究大学组织内的社会资本的：

(1) 南京师范大学胡晓钦的博士论文《大学社会资本研究》(2007) 在前人研究的基础上，从大学社会资本的内部网络和社会关系网络视角与非正式制度视角出发，着重梳理了国内外大学社会资本的演进历程，从而提出大学社会资本能够增强大学组织人才培养、科学研究、社会服务的使命，并对外部融资、内部和谐等形成不可替代的作用。大学社会资本的积累是一个复杂的过程，它有赖于内部治理结构中的重要因素如大学自治、正式制度、学术自由、学术责任的成长完善，也需要决策团体、教师群体和社团组织等诸多因素的共同参与。

(2) 同济大学吴泗宗的博士论文《大学集群三维资本整合研究》(2007) 以三维资本——知识资本、物质资本、社会资本的整合为切入点，从理论和实践两个角度，探讨以资本导向为中心的运作模式，以价值形态为主的管理方式，以及资本的优化组合和合理支配、使用，寻求大学集群知识放大效应、资源放大效应、时空放大效应的优势，以及由此实现高等教育创新发展的途径。

（3）华中科技大学侯志军的博士论文《社会资本与大学发展研究》（2008）认为，随着高等教育发展的大众化、市场化、国际化等趋势日益明朗，社会资本将成为大学组织竞争优势的实际来源。大学组织筹划和发展社会资本，既能够获得有价值资源，又通过加强内外关系网络来增强大学组织和团队群体的凝聚力，形成内部资源分配的有效路径。

（4）西南大学孙士杰的博士论文《学校社会资本生成研究》（2010）指出，随着我国经济社会的转型，学校正在逐步建立适应社会主义市场经济体制的管理体制与运行机制，为了获得发展所需资源和取得优势地位，学校之间的竞争日益加剧，这就要求学校重视社会资本的投资或生成，然而一些学校管理者在培育和投资社会资本的视角还没有形成，尤其是对如何去生成社会资本的理性认识不是很清晰，使得我国学校间社会资本的拥有状况和开发意识方面存在着较大的差异，急需学校社会资本培育与增进的理论指导。但是由于我国开展社会资本理论研究的时间较短，尤其是以探讨我国教育改革与发展的内容和层次不够，加上社会资本理论的复杂性和还处在成熟过程之中，有关学校社会资本的理论和应用研究还亟待深入和完善。

（5）华中科技大学张廷的博士论文《社会资本视角下的地方高校协同创新研究》（2013）指出社会资本是组织学习组织发展的实现路径和动力机制，而组织学习能够促进协同创新体内隐性知识的开发与转化，并为创新发展提供新的知识能源，利用式学习有利于渐进式创新，探索式学习有利于变革式创新。另外，宏观层次的社会环境、社会信任以及社会文化与制度，中观层次的地方高校内部社会资本、外部社会资本，微观层次的地方高校内部领导者和师生员工个人社会资本，通过合作投资与开发，可以生成更多集约性的社会资本，促进协同创新水平和绩效的提升。投资和开发社会资本是地方高校协同创新的新动能和新的增长点，理顺体制机制是实现协同创新目标的关键。

（6）西南大学刘泓的博士论文《社会资本视域下高校英语教师科研发展研究》（2014），该研究采用量化研究与质化研究相结合的方法，聚焦于社会资本对高校英语教师科研发展的影响，力求寻找它们的相互关系与作用机制。论文以林南的社会资本是存在于社会关系网络中的社会资源的理论为前提，认为高校英语教师可以通过投资及使用社会关系网络中的这些社会资源去促进科研发展。在理论框架中，该文将社会资本分为个人性社会资本和组织性社会资本，前者由人际状况、名望与权威构成，后者由所在机构和学会团体等构成。

（7）山东大学孔梓的博士论文《孔子学院社会资本研究》（2015）从社会资本的视角，研究如何增强孔子学院社会网络中的信任，以便更好地发挥孔子学院的功能。针对当前孔子学院社会网络结构当中存在的信任问题，在已有的社会资本理论研究的基础上，通过系统分析孔子学院社会资本的价值、概念、积累、功能和维护，就如何加强该社会网络结构中的信任提出建议。

从以上情况可以看出，研究高校和高校教师社会资本的文献较少，但这并不意味着高校教师科研绩效形成过程中社会资本的作用微乎其微。笔者在问卷调查中了解到，在影响高校教师科研绩效的人力资本、社会资本、科研认知、科研制度、教学工作量、科研氛围 6 个因子中，有 48.4% 的教师都把社会资本对教师科研有较大影响放在第一和第二位。而且随着现在高校与社会的联系度假强、科研中的合作攻关的要求度的提升，社会资本在科研产出中的作用正与日俱增。在这样的背景下，我们有理由认为研究高校教师的社会资本对其更好地开展科研和提高科研绩效是非常有价值的。

三、社会资本概念界定

综合以上述评，不难发现，对社会资本理论的界定主要呈现两种趋势，一是从宏观角度定义社会资本，认为社会资本是社会组织变迁、社会结构变化、社会人群关系改变的良药，这一种观点以普特南为代表，以信任、规范来考察社会资本。这一研究趋势在西方有比较大的市场。以 TSCF 对社会资本的定义及其在世界范围内所发起的社会资本国际学术会议的内容，可以看出时下社会资本研究的这一趋势。TSCF（the social capital foundation）——社会资本基金会于 2002 年创建于比利时，是一个世界性的民间的非营利性组织，TSCF 在他们的官网上很明确地提出了他们所研究的社会资本的基本含义：[①] 社会资本是一种支持社会范围的合作行为，促进社会有效连接的催化剂。它帮助重新审视和定位政府功能、企业政策及个人的日常行为。社会资本基金会在其官网上强调，基金会特别强调市场经济框架下的社会维的重要性，强调增进社会合作与社会参与的必要性，强调促进充满生气的公民社会的自主发展和社区系统化整合的文化特色。

---

① http：//www. socialcapital-foundation. org/TSCF/international-conferences. htm.

从表2－2 TSCF成立后召开的几次国际性学术年会的讨论主题也可以看出他们对社会资本的观察视角。

表2－2 社会资本基金会历年年会情况

时间	主办地点	主 题
2004年5月11～13日	比利时 Brussels	家庭的未来：重组和分化
2005年9月20～22日	马耳他 Buggiba	社会资本：定义、测量和应用
2006年6月16～18日	保加利亚 Plovdiv	危机四伏的社会
2007年11月15～19日	美国 Hawaii	种族差异和社会资本
2008年9月19～22日	马耳他 Buggiba	社会资本和社会包容
2009年9月24～26日	瑞典 Lidköping	城市政策与社会资本
2010年5月7～10日	马耳他 Mellieha	应用中的社会资本
2011年11月2～5日	马耳他 Mellieha	世界经济危机和社会变迁

资料来源：根据 http：//www.socialcapital-foundation.org/TSCF/international-conferences. htm 整理而成。

国际社会资本基金会在世界各地召开的国际性学术年会所讨论的问题涉及家庭、种族、城市政策、社会信任、社会包容、社会变迁等诸多方面，都是在探讨宏观层面上的社会资本。

另一种则从中观和微观的角度认为社会资本更多的是嵌入于社会网络的资源及其对资源的利用。以林南为代表，边燕杰等在这一块上予以拓展。

尽管国内外关于社会资本定义的差异性为我们进一步研究社会资本的本质特征并试图对社会资本进行测量增加了难度，但在国内外学者各种不同表述的背后，我们能够看出它的两个最明显的特点，一是它与社会资源网络息息相关，二是依赖于人际信任和社会规范，并在其中得以扩展。因此，本书把社会资本定义为：以信任为基础的作用于社会关系网络所获得的社会结构资源。本书的研究也是借助科尔曼、林南、边燕杰等的研究成果，在微观和中观层面探讨社会资本。

本章小结

科研产出作为一种智力产品，与人力资本息息相关，它是与人的知识、技能相关的人力资本要素投入的结晶，因此，探讨教师科研中的社会资本，离不开对人力资本的分析。离开了人力资本，科研也就成了无源之水。人力资本作为一种资本形态，是劳动者知识、智慧和技能的聚合体，推动社会进步发展的决定性因素。教育支出水平主要决定着人力资本质量的高低。人的创新能力和知识技能在财富创造中至关重要的决定作用，为科研绩效研究奠定了坚实的理论基础。近几十年来，国内外专家学者关于人力资本对科研绩效的相关研究层出不穷，通过构建模型，以更清楚验证年龄与科研绩效呈相关性，通过实验来检验人的生理因素随着年龄的增长对科研绩效的影响，以及年龄对科研内在激励的影响等。此外，国内外研究者还对教师性别与科研绩效之间的关系加以了论证，并得出了由于男女所受激励水平的不同、由于男女角色存在不同的定位以及科研合作网络的差异性、由于性别不同，其科研产出生命周期曲线会有所差异及男女总体数量的不同等，从而导致科研产出的差异的结论等。当然还有一些学者对教师的职称、学历等其他人力资本因素对科研绩效的影响进行了分析和验证。

尽管国内外专家学者对人力资本与科研绩效的关系进行了多维度、多视角的研究，也取得了实质性的研究成果，并为研究人力资本对教师科研有显著影响提供了理论依据。但是，不可否认的是，单纯以人力资本为要素来考察教师科研发展，有其局限性：第一，如果过于单纯地重视个体要素的投入作用，那么群体要素的作用则会被忽略；第二，如果只重视知识要素的投入作用，那么人际关系要素的重要性则会被忽略；第三，如果只注重科研的中间过程或制作过程，那么则会忽视科研成果的产前与产后的成果获取或转化过程中的非人力资本要素的作用等。

另外，社会资本作为资本的另外一种基本形态，与人力资本相比，其相关研究还不够深入和广泛，国内外专家学者还是集中在对社会资本的概念和特性进行探讨较多，用社会资本理论探讨教育问题的相对较少，而用来研究科研绩效的则是更少。布尔迪厄是最先初步分析社会资本的学者，他的相关研究为后续研究提供了启发性的思路，并产生了重要影响。后续又相继出现了亚历山德罗·波茨的社会资本理论、罗伯特·D. 帕特南的社会资本理论、罗纳德·博特的社会资本理论及林南的社会资本理论和社会资本观，或是国内专家学者的相关研究理论等，以上这些社会资本理论皆重点介绍了专家学者们各自对于社会资本以及社会资本在教育领域的不同层次分析的相关研究。然而，无论是从个体和群体两个层次、还是从微观、中观和宏观这三个层次分析社会资本，不加限定地在不同层次间随意变动，并做所谓“自由的”讨论，必然造成一些理论和测量上的混乱。近年来，随着高校与社会的联结越来越紧密，且科研中的合作攻关的要求度越来越高，社会资本在科研产出中的作用亦随之与日俱增。在此背景下，研究高校教师的社会资本，对于高校教师顺利开展科研和提高科研绩效具有十分重要的理论价值和实践意义。

第三章 绩效与科研绩效

第一节 绩效与科研绩效的含义

绩效指某种行为所取得的效果。绩效是管理学中的一个核心概念，常用于企业组织当中对员工的工作成绩考核。后来这一概念被广泛地运用于各个学科领域，也被许多学者引入到科学研究当中，将科研绩效作为衡量某个机构和个人科研能力和水平。

不同的学科领域对绩效有不同的阐释，但基本内涵是一致的。从管理学的角度看，绩效是组织期望和计划的结果，是组织行为展现在不同层面上的有效输出，是一种目标的实现。从经济学的角度看，绩效是组织和员工的投入产出比和贡献量的大小。从社会学角度上看，绩效是每一个社会分工的角色要求，承担他应该承担的那一份责任，而且这份承担是有价值的。目前对绩效的界定主要有以下几种观点：

一、绩效是一种结果

布拉奇（Brumbrach，1988）认为，绩效指行为和结果。行为由从事工作的人表现出来，将工作任务付诸实施。（行为）不仅仅是结果的工具，行为本身也是结果，是为完成工作任务所付出的脑力和体力的结果，并且能与结果分开进行判断。伯纳丁（Bernardin，1995）等把绩效定义为：在特定的时间内，由特定的工作职能或活动产生的产出记录，工作绩效的总和相当于关键和必要工作职能绩效的总和。凯恩（Kane，1996）指出，绩效是一个人留下的东西，这种东西相对独立存在。奥特利（Otley，1999）认为，绩效是指工作的过程以及其达到的结果。“绩效”是指公共支出目标完成所取得的效果、影响及其效率。绩效是一定的社会群体或社会个体在一个时期、一定范围的社会实践中取得的实际成绩和效果。绩效就是效益、效率和效果的统称。以上我们可以看出，绩效是一种结果，即工作所达到的某种状态，是一个人的工作成绩的纪录。

二、绩效是一种行为

墨菲（Murphy，1990）认为，绩效是与一个人在其中工作的组织或单元的目标有关的一组行为。坎贝尔（Campbell，1990）也提出，绩效是行为，应该与结果区分开，因为结果会受系统因素的影响。绩效是员工按组织目标的要求控制自己的行动并达成组织目标的活动，并认为只有与目标相关的行为才算得上绩效。博尔曼（Borman，1983）提出的组织公民行为（organizational citizenship behaviors）认为，组织公民行为是一种自觉行为，是组织的角色外行为和姿态，既不是正式角色所规定的，也不是劳动报酬约定或诱惑所引出的，而是一系列非正式的情感意愿和合作行为所构成的，能从整体上有效地提高组织绩效的行为。克利夫兰（Clevelen，1991）认为绩效应更关注行为本身，而不是那些由行为而引起的结果。

三、绩效是一个综合的概念

绩效应包含三个要素：行为、产出和结果。伯纳丁（Bernadin，1984）等认为绩效是工作、行动或行为在某个时期产生的结果记录。从这个角度来看，多要素、多环节的绩效结构更具合理，但其决定指标是由在具体的研究过程和实践中的绩效对象特征而定。

总而言之，不同行业和组织就像不同的学科领域一样，对绩效的看法会有些不同，但不可避免会涉及结果、行为以及匹配特征。一般来说绩效是指组织、团队或个人，在一定的资源、条件和环境下，完成任务的出色程度，是对目标实现程度及达成效率的衡量与反馈。

尽管绩效这一概念可谓是众说纷纭，但人们对其下位概念——科研绩效的认识却相对较为一致。董绍斌认为，科研绩效是科研机构在一定时期、一定范围的科技活动中取得的实际成绩和效果。具体的表现在以下几个方面：承担项目、发表论文、科技著作、获奖成果、获得专利、创造价值、培养人才等。这一观点在本书中得以应用。

第二节　科研绩效的相关研究及科研评价方法

一、科研绩效的指标分解

国内已有一大批学者对科研绩效进行过研究。哈尔滨工业大学王晓红博士在《基于投入产出分析的科研绩效评价理论模型及方法研究》中，把科研评价指标体系分成两部分，即绩效指标和投入指标。该指标体系由三级指标构成，其中一级指标2个，即科研投入和科研产出，二级指标6个，即科技资源配置、科技经费与项目、科研成果、科技交流、科技奖励和收益、人才培养。三级指标14个，即人力资源配置包括R&D（Research & Development）人员中正高级职称人员数、副高级职称人员数、中级职称人员数、初级职称人员数和其他人员数五项指标。设备资源包括仪器设备的现值和折旧值两项指标。R&D基地包括国家级、省部级和其他级别的重点实验室、中心和基地三项指标。科研经费包括政府资金、企事业委托经费和其他三项指标。研究项目数包括基础研究项目数、应用研究项目数、试验发展项目数、R&D成果应用项目数和其他科技服务项目数五项指标。论著包括Science和Nature论文、SCI和SSCI、EI和ISTP、SCI和SSCI被（他人）引用次数、国内期刊及其他国外刊物、专著六项指标。鉴定成果包括国际水平、国内首创、国内先进和其他四项指标。专利授权及其他知识产权包括发明专利、国外专利、国家软件登记、实用新型、外观设计专利五项指标：学术会议包括主办国际学术会议（次）、主办国内学术会议（次）、出席国际会议（人次）和出席国内会议（人次）四项指标。访问研究包括进修访问学者人数、派遣研究生人数、接受国内客座研究人员和接受国外客座研究人员四项指标。科技奖励包括国家级奖、省部级奖、地市级奖三项指标。获学位人员包括获博士、硕士和学士学位人员数三项指标。以论文和成果晋升职称人员包括晋升高级、副高级、中级职称人员。获荣誉称号人员包括院士、国家级荣誉称号和省部级荣誉称号三项指标。

卢秉福、霍丽华、陈长喜（2010）在指标设计上采用投入指标、产出指标、效益指标和学术声誉指标IOBR（input，output，benefit，reputation）的评价指标体系。投入指标包括科研经费的投入量、承担各级科研项目、横向合作项目的多寡等；产出指标包括学术论文、学术著作、获得专利、科技奖励等；效益指标包括科研成果取得的经济效益、社会效益、社会服务等；学术声誉指标包括学术兼职、学术荣誉等。

禹红霞、孙万刚（2017）提出研发人员科研绩效主要从科研项目数量与级别、获取专利的数量与级别、科研项目获奖状况、论文、专著发表的数量与级别四个方面来衡量，并分别赋值，这种办法也是当前用得较多的。

二、科研绩效的相关研究

（一）对影响高校教师科研绩效外因的研究

杨丽霞（2006）主要从高校校园文化入手深入到科研文化，认为高校科研文化与教师科研绩效形成有着密切的关系，因而应加强对高校科研文化建设中的问题进行探究，在营造良好的高校科研文化氛围、建立有效的制度文化中，促进老师提高科研绩效。

曹爱华（2007）提出大学教师应是“科学人”和“经济人”的，也就是说，大学组织在鼓励教师成为“科学人”的同时要关注教师的“经济人”角色，使教师具备衣食无忧、心情舒畅、乐于从教和科研的生存环境；同时设置科学合理的科研创新的奖励机制，视科学研究的贡献大小加大奖励力度。这些都是提高教师科研绩效的有力措施。

韩淑伟、仇鸿伟（2007）以实证分析的方法研讨科研和教学的关系，认为两者之间不是此消彼长而是相互促进，提出学校的政策导向应是教学与科研并重，要把教学与科研紧紧结合在一起，实现教学与科研的应然状态，同时要求教师把最新研究成果带入课堂教学与实验中，培养学生的研究思维。

赵婷婷、邓彤、苗苗（2008）认为大学与企业的科研联系日益增强，企业的创新发展成为影响大学教师科研激情的重要因素之一。他们按照企业与大学科研联系的紧密程度，将美国大学与企业的科研联系方式归纳为三种模式，着重论述了不同模式中企业对大学教师科研自由的不同影响，进而试图探究现代社会中市场行为对学术自由的影响，期望有效规避经济因素对教师科研自由的干扰和制约。

张国梁、卢小君、梁爽（2010）认为组织气氛是影响工作绩效的重要因素之一，他们对 5 所大学的 280 名教师进行了问卷调查，结果表明高校组织气氛包括6个维度，其中，学术交流、激励、工作自主和支持对教师科研绩效具有显著的正向影响；管理效率对教师科研绩效的正向影响微弱；工作压力对教师科研绩效具有负向影响。

王山东（2010）通过信度、效度检验、因子分析等定量分析方法发现，激励、教师引进及培养等对教师科研绩效造成影响，并通过调查发现，生源质量也是教师科研绩效的影响因素之一。

于娱、施琴芬、朱卫未（2013）以高校科研团队为研究对象，构建了高校科研团部内部隐性知识共享绩效的影响因素模型，并运用结构方程模型对高校科研团队隐性知识共享绩效影响因素进行路径分析。认为团队成员人格对成员隐性知识共享动机有显著正向影响；隐性知识特性对高校科研团队隐性知识共享绩效存在显著负向影响；成员隐性知识共享能力、团队隐性知识共享环境和团队成员间信息对称性对隐性知识共享绩效有显著正向影响。

吴胜英（2016）分析了科研事业单位绩效管理工作在方案制订阶段、组织实施阶段和结果反馈阶段存在的主要问题及产生问题的原因，从成立专门的管理机构、完善指标体系、营造绩效导向型文化、建立绩效管理反馈机制等方面提出促进科研事业单位绩效管理健康发展的对策。

（二）对影响高校教师科研绩效内因的研究

王丽娟（2004）研究教师科研绩效的内在因素不仅包括科研素质中的品格因素，还包括科研信息处理能力、创新能力，以及探求精神和团队合作精神等几个方面。

刘莹（2006）主要以年龄作为观测点探讨科研人员的科研绩效，她选取的样本主要来自人文社会科学领域，采用实证研究方法得出了科研人员的峰值年龄一般在45～49岁，提出了对科研人员加强人力资源管理的相应建议，并指出了未来新的研究方向和研究对策。

陈必发（2006）从心理学的角度研究高校教师的科研绩效，他认为科研工作者存在的心理障碍是影响绩效的重要因子，要破除这些障碍就要深刻剖析障碍的来源和成因，提出切实可行的解决办法。

李元卿（2007）是从心理学中意识对人的行为具有重要的支配作用角度出发，提出了高校教师要形成良好的科研绩效就需要具备九种意识，九种意识涵盖了科研的各个环节。

杨兰、刘毅、王叙红（2008）以心理调查和心理测量的手段，了解高校教师的科研态度和倾向性，总结出他们在从事科研工作中表现出来的多种不正确态度，分析了这些态度的成因和克服途径，提出了树立正确的科研态度的对策。

魏婧（2015）实证研究结果显示，博士生适应型心理资本对研究态度绩效和研究行为绩效有显著的积极影响，人际型心理资本对研究行为绩效和研究成果绩效有显著的积极影响，学习创新型心理资本对研究行为绩效和研究成果绩效有显著的积极影响。

许楚（2019）提出，教师是高校科研主体，其五大人格特质对科研绩效具有显著性影响。其中，外倾性、宜人性和开创性人格特质越突出的高校教师，其科研经费、科研产出、科研效益和科研声誉绩效更高，而神经质人格特质突出的高校教师则相反。集约和整合高校教师人格资本是提升高校科研能力的根本途径之一。

（三）对影响高校教师科研绩效内外因相结合的研究

柳景华（2003）主要从内外两个因素来研究来高校教师科研绩效的影响，在内因中他囊括了诸多学者所提到的因子，如科研目的、态度、研究方法，还有学位、学历、职称、年龄等，同时他认为教师的外语掌握情况和计算机水平也是影响因子。在外因中主要考察的是管理体制、激励因素、经费、科研条件等问题。笔者认为，该作者在内因的研究中即使涉及的要素较多，但对人力资本结构问题研究不够，需要进一步作探究。

孙凯（2004）从高校教师人力资本和社会资本两个角度探讨对科研绩效的影响，提出四个假设，并对这些假设从内外因两个方面来分析其中的关系，分析了高校教师人力资本和社会资本的形成过程以及对科研绩效的作用途径，指出了科研中两种资本都是在个体为获得更多收益而主动建构的。两种资本相互影响、相互促进，也互为前提。进而指出要提高科研绩效，就要不断提升人力资本和社会资本，笔者认为，该作者在研究人力资本与科研绩效的关系中，所选取的指标样本偏少，人力资本结构的定义有些模糊。

陈建中（2005）在对56个科研院所综合考评后，对科研院所运行现状进行了分类和分析，提出了科研院所的综合评价体系，该体系包括综合评价指标、综合评价方法及专用数据处理系统。其目的是通过对科研院所的科技实力、运行绩效、管理体制、改革动态等方面的综合评价和动态监测，为科技体制改革、科研院所的结构调整、科技资源和科学管理提供依据。

王明丽、杨晓薇（2006）以高校教师科研角色发挥的角度来研究高校教师的科研发展，提出充分发挥教师的主体责任意识和使命担当意识，在自觉行动中提高教师科研绩效。

徐成东（2010）通过结构方程建模的方式，对来自13所高校的232个样本数据进行分析，探究科研绩效压力对高校教师科研诚信的影响，以及作为个体因素的教师科研自我效能感和成就动机在这个影响中的作用。结构方程模型分析结果显示，科研绩效压力影响教师的科研诚信，自我效能感和科研成就动机也在这个过程中发挥了作用。在此基础上，他提出了从科研绩效管理制度和有助于增强教师诚信的道德环境建设两个角度，提出了有助于促进高校科研诚信建设的可行措施。

钱威、郭云贵（2011）研究发现，影响地方高校青年教师科研绩效的因素是多方面的，既包括教师个人的科研能力、科研态度等主观因素，也包括高校职称评审条件、组织激励政策等客观因素。应通过提供支持与指导，提高青年教师的科研能力；进行价值观教育，端正青年教师的科研态度；设置科学的职称评审条件，发挥职称评审的引导作用；制定有效的科研激励政策，激发青年教师的科研热情等措施来提升地方高校青年教师的科研绩效水平。

贾明春、张鲜华（2014）研究表明，我国高校总体科研绩效水平不高，其中人力投入、经费拨付、研究与发展项目和主办国际学术会议为正面影响因素，而经费支出、参与项目的在读研究生和国际科技合作交流中的派遣人次均未表现出应有的积极影响。

刘睿、邓贵仁等（2016）的研究结果表明，高校教师的科研绩效受学术氛围的影响最显著；在学术氛围与科研绩效的关系中，科研投入起中介作用；学历负向调节了“学术氛围—科研投入—科研绩效”的前半路径。

刘广、虞华军（2019）通过703份高校教师的有效调查问卷，在EFA分析外在激励、内在激励和科研绩效的结构维度基础上，应用SEM的路径分析方法实证检验外在激励和内在激励分别对科研绩效的影响。EFA研究结果表明：外在激励包括薪酬激励、考核激励和晋升激励；内在激励包括创新激励、成就激励和社交激励；科研绩效包括过程绩效和结果绩效。

国内外各学者从不同的视角来分析科研绩效及其影响因素，为本书更好地理解和把握科研绩效的本质和内涵提供了方法论意义。

三、科研评价方法

科研评价工作是多学科交叉的综合性应用学科。由于科研产出所具有的特殊性，对科研绩效评价的方法也是多种多样。目前科研绩效评价中的常用方法主要有七种。

（一）同行评议方法

同行评议在当前还有许多同义词，如同行咨询、同行评价、同行审查和专家鉴定等。美国科学家哈克特（Hackett）提出，所谓同行评议，是一种有组织的用于评价科研工作的方法。英国同行评议调查组在一份答复报告中将同行评议定义为由从事该领域或接近该领域的专家来评定一项工作的学术水平或重要性的一种机制。可以说，同行评议还是当今科学评价系统中一个常用且有效的方法。

（二）德尔菲法

此方法由20世纪50年代末的美国兰德公司提出，由于其可信度高，该法迅速传播到世界各国。德尔菲法是决策、预测和技术咨询的一种有效办法。德尔菲法是通过征求一群人对复杂决策的意见，并据此做出判断，它是用背对背的判断来代替面对面的会议，即采用函询的方式，调查组织者不断征求每个专家的意见，进行整理后再反馈给专家寻求补充意见，使各种不同意见逐步趋向一致。这种方法在一定程度上克服了畏惧权威及不愿听到不同意见等弊病，使专家能够充分发表意见，最后取得较为客观实际的调查结果，但它在一定程度上受到各专家对该研究熟悉程度的影响，而且有时较费时。

（三）专家加权法

专家加权法是将专家法和加权法相结合的方法。专家法是一种利用专家思维对感性经验和已有的知识做持续思考时，较少受逻辑约束而直接领悟事物本质，豁然洞察事物本质的一种认识飞跃。加权法是一种直观的比较计量方法。二者相结合使评价能够建立在专家的意见上，是一种以定性为主、定量为辅的评价方法。

（四）案例研究与回溯法

案例研究是对影响事件发生的社会实践与科学内部的因素做规律性解释的方法，特别是对管理体制、人员编制、组织结构、技术条件等因素进行分析，探寻其在事件发生过程中和预期成效中的作用。回溯分析是针对某一事件无法继续生成时，采用往回移动、探索新路的一种选优搜索法，便于在上一结点处寻找事件之间的客观联系。案例研究和回溯法能够提供较为深入系统的分析结果，但局限性在于时间和人力资本耗费大，成本太高；难以进行归纳，分析的结论不具备普遍性。

（五）科研收入评价法

科研收入具有“投入—产出”的二重性，不仅能够反映出市场的调控和竞争因素，也在一定程度上表现出一个学校的整体科研实力。科研收入评价法的局限性表现为：一是不适用于大规模开展基础研究或应用基础研究的单位或学校；二是只可作为追加科研经费投入的参考依据，不可等同于科研质量和科研水平，避免学术研究误入片面追求经费收入的地步。

（六）文献计量法

文献计量法是以文献体系和文献计量特征为研究对象，基础在于“量”，最常用的如 SCI、ISTP、ISR、EI 等引文库，所以可以认为文献计量法是一种定量方法。某一文献或出版物的引用、录用都要经过领域内同行的评议，这是一种较大范围、无确定边界的评议行为。伴随着经济和信息技术的飞速发展，文献计量法的身影越来越多地出现在研究评价活动中，成为大至国家、小至科研单位展现科研实力的一种重要指标。

文献计量法的不足之处在于：一是文献计量法以数学和统计学方法为主，需要进行大样本统计，不适用于时间短、规模小的绩效评价。二是文献计量法采用的引文率或引用率并不能直接反映出其科研的水平或质量。比如，某一出版物的引文率，有可能只是几篇高引文率的文章带动的，不一定是所有文章都具有较高的引文率；某一引用率高的文章有可能是其他作者作为反面案例引证的，不一定代表文章质量的高低。反之，引用率较低的文章也可能是专业性非常强的代表作。

近年来，SCI 论文评价体系引发了学术界的大讨论。赞同者认为，SCI 评价标准能够推动科研人员向一流水平看齐，同时能更好地体现学术公平，用定量的评价方式鼓励科研人员的积极性。反对者认为，不能以 SCI 论英雄。一方面，助长了科研的功利性，会导致出现单纯地追求数量或学术不端的行为。另一方面，以 SCI 作为主要的甚至是唯一的标准，而忽视学科之间的差异性，也会造成一定的不公平评价。这种评价体系的大讨论也正反映出文献计量法也有其优点与缺点。

（七）科学计量学法

科学计量学是文献计量学产生之后，由苏联学者纳利莫夫和穆利钦科提出。在创立之初主要专注于对科学活动进行数量方面的定量分析。在 1978 年之后，由于匈牙利科学家布劳温（Braun）的倡导，科学计量学走上了一条通过定量方法寻找研究科学进步的发展规律和内在机制的发展道路。科学计量学法主要以科学为研究对象，研究内容包括科学技术和学术情报的研究、科技实力、科级指标、科学发展规律、科学能力和价值等方面的研究。目前，科学计量法广泛应用于科学研究活动的定量评价。与同行评议相比较，其客观公正的特性使得科学计量学法具有了较好的发展前景。在具体实践中，如科研实力测评、期刊质量评估、科技发展的规划管理等方面也发挥出了显著优势。

美国对高校教师科研绩效评价方法大体有三种（王学松，2013）。

（1）引用分析法。引用分析法是科学计量中的常用方法，现在在考察科研质量时用得越来越多，其核心是以被引用的频次来分析其产出质量和影响力。该方法的理论基础是，文献被引用是以其质量为基础的。与论文发表、著作出版等单纯计算数量相比，该方法更为客观。目前国内外都已建立一些普遍认可的标准，国内的如北京大学发布的核心期刊分类、南京大学发布的 CSSCI 等，国外的如科学引文索引（SCI）、社会科学引文索引（SSCI）、文学与人类科学引文索引（AHCI）、科技会议录索引（ISTP）、工程索引（EI）等。当前我国很多高校都以能否进入国外这些索引作为衡量论文水平和质量的重要标志，引用分析法也被许多专家作为衡量一所大学学术水平高低的有效方法。

（2）成果计数法。这是一种常用的量化评价方法，主要是以论文发表数量、著作出版数量、专利获取数量、科研经费拥有数量等来评价科研绩效的高低。前些年国内外大学学术成果发表的数量基本上决定了教师的科研绩效报酬，甚至是总体收入，大学的声望、地位和学术影响某种程度上也由科研成果数量决定，因此各种类型的高校都普遍采用成果计数法来评价教师的科研绩效。在具体计算时，通常采用对出版物直接加总和使用加权法计算这两种形式。

（3）同行评价法。聘请同行业同领域的专家或者尽管已经跨行，但对基本情况有所了解和把控，之前有过类似评估经验，评估结果与实际情况非常接近的专家组成评审小组对某一项目进行评价的方法 ，这一评价很多都经历匿名评审、网上盲评、小组评议、会评等阶段，是当今应用较多的一种评价方法。

本书对高校教师的科研绩效的评价方法是采取文献计量法，具体体现在问卷调查中。

第三节　高校教师科研绩效评价

一、高校教师科研绩效评价的目的

科学研究是高等学校的一大职能，科研绩效是衡量高校教师和高等学校水平与质量高低的主要指标，对其作出科学客观的评价，有助于高校教师清楚了解自身在学术道路上的位置和奋斗方向，对学校科研工作也有较强的推动作用。具体表现为四个方面。

（一）达成目标

如前所述，科研绩效由多重因素组成，既有量上的要求，也有等级层次上的要求，同时不同项目在绩效上的权重或赋分是不一样的，通过考核评价能够对自身阶段性进展与目标距离有一个基本了解。绩效考核既是结果考核，也是过程考核，它将中长期的目标分解为阶段目标、项目目标、类型目标等，不断督促组织成员逐个实现。高校教师的业绩主要体现在教学业绩和科研业绩上，科研业绩的提升有助于教师教学水平的提高，也是高校增强核心竞争力的主要途径。

（二）发现和改进问题

无论是自评还是专家评价或组织评价，不仅仅是看目标是否达成，评估本身就是一个发现问题和反馈问题的过程，对受评者来说是一个极好的改进机会。高校教师的科研绩效由教师发表的论文、出版的著作、获得的科研奖励、专利等构成，在考核中，教师之间、学科同行之间、高校之间都会形成一些无形的比较，在比较中发现自己的不足，从而以个体的形式或组织推进的形式寻找改进办法。

（三）公平分配

绩效管理体现的是按劳分配。即使高校不是营利性企业组织，教师的收益也由两块组成，一块是基本的工资收入，按岗位、职务、职称、学历工龄等构成，另一块是绩效工资，主要由教学业绩的好坏和科研业绩的好坏构成，而在当前教学业绩的很多指标量化不够的情况下，教师的科研业绩在分配上往往占有很大的比重。实行科研业绩考核，有利于分配的公平合理。根据考核结果对那些研究动力充分、富有成果的人员给予相匹配的奖励，是对他们业绩的认可，能促进其工作积极性；另外，教师从事科学研究既有兴趣使然、社会责任使然，也有正当的利益驱动。科研绩效考核和按绩效分配，有利于满足教师的利益需求。

（四）促进成长

科研的目的是促进社会成长，科研绩效考核的目的是促进个体和组织的成长并不是单纯地为了奖励和进行分配。通过考核，让表现优秀的教师得到适当的提薪、晋升和奖励，从而从整体上激活用人机制；通过考核，能够吸引优秀人才，增强师资力量；通过考核，还可使广大职工清楚学校是如何要求自己的，能够很好地发挥奖勤罚懒促使个体养成勤奋的习惯，同时可以使学校组织了解教职工需要哪些方面的培训、辅导和激励，保证组织管理效率的提高和组织的良性运转。

总之，实行绩效评价，主要是为了实现其战略目的、管理目的和开发目的。

二、高校教师科研绩效评价存在的问题

在以科研为核心力的高校竞争中，科研考核和奖励成为高校管理者越来越重视的手段，也成为高校教师越来越有吸引力的追求，这种热衷往往滋生一些弊端。具体表现为以下四个方面。

（一）评价中的重科研轻教学

客观来说，教学绩效比科研绩效更不易评价，什么样就是“教学效果好”？什么样就是“教学感染力强”？评价中总是差异度很大，经常导致对评价结果教师不满意、教学管理部门也不满意。而科研绩效看影响因子，评价方法相对成熟和稳定，不同高校间具有可比性，因而更容易让教师和教学管理部门接受。但更重要的是，科研绩效评价后的名利作用更大，对教师个人发展远远超过了教学绩效。教师的职称评定、职务晋升、学术地位的获取大多以科研来左右，更不用说背后的经济利益了。尽管这种现象主要不是由科研绩效评价本身带来的，但重科研评价的结果助长了这种态势。这不仅掩盖了科研绩效评价的初衷，而且导致为科研而科研的现象，影响高校教师投身于教学的积极性。

（二）“重量轻质”思维渗透到科研绩效评价各环节

尽管现在有不少高校包括一些学术组织评价科研成果已采用“引用分析法”，即用文章或研究成果被引用频次来衡量其质量高低，但这种应用主要在一些研究型大学或高端项目的评审中，中低端科研成果难以被引用。因而从面上来看，量化考核还是有更大的普适性。

目前流行的量化考核：一是把不同项目加权，如论文占比、著作占比、课题占比等；二是将不同层次与等级的成果赋值，如论文可分为 A、B、C、D 几等，每个等级分值不同。课题也一样，可分为市厅级、省部级、国家级。国家级里面又分为一般课题、重点课题、重大课题等，也就是说量化考核中考虑了质的要素，但这种质的因素被分解了，而且非常容易被替代，加上高端成果只能被极少数占有，迫使多数个体以数量换取质量。

对评估专家而言，“博眼球”效应也影响其主观判断，导致他们容易按量化思路来评判。如某些专家在评选两位候选人的材料时，往往习惯给予当

中一位有更多成果的候选人更高评价。

在这样的背景下，助长一部分个体形成投机心理，不管文章内容好坏、质量高低，只要能发表就行，粗制滥造、贪多贪大，甚至抄袭或请人代写，因为时限原因和精力有限，专家评估环节很难对低劣成果进行甄别和精细化评估，量的直观印象成为主导。

（三）量化考核失之于简单和表面

从理论上而言，包括量化考核在内的不同评价方法不存在绝对高下之分。量化考核一旦运用恰当，其优势异常明显。但很多时候我们对量化考核运用的不合理、不到位，使之流于简单和表面，如我们经常见到的发表论文多少篇，出版著作多少部，获得课题多少项就是一种例证。有些可能加上了刊物级别和影响因子及国家项目的立项数，但与科研的社会目标比，这些还是一些表面的、低层次的数据统计和考核。另外一种做法是以国际通行的科研成果计量方法来计量，如在国际期刊上的转载次数、引用率、影响力等，这是一种比较前卫的量化考核方式，一定程度上激励着高质量科研成果的产出，尤其在具有横向比较意义的自然科学领域，但广泛应用容易失之偏颇，如我国的社会科学和人文科学项目，其中部分有很强的国情特色和意识形态差异，难以与一些国际期刊标准看齐，还有一些地方项目，研究的是具体问题、个案问题而具有现实意义的，也难以得到国际刊物认可。量化考核的目的是把高质量、高水平的成果推出来不只是简单数字相加，这个过程是繁杂的。

（四）容易造成急功近利

科学研究，作为一项极富创造性兼具挑战性的活动，具有探索性、复杂性和长期性等特点，因而需要研究者长期的知识、经验的积累，且全心的精力投入。一味地重视和强调某段短期时间内在一些高质量的杂志上发表的论文数、出版学术著作数，抑或是承担课题数等，其结果定然会导致教师盲目追求科研成果的数量、助长急功近利和学风浮躁思想，甚至出现弄虚作假的诱导行为。为了促进科研绩效评价更加客观、公正，往往会把科研投入产出指标作为评判标准。但现实表明，近年来，一些高校教师受急功近利思想的熏陶，做科学研究首当其冲将职称的评定、奖金的发放纳入首要考虑的范畴之中，进而导致科研绩效评价走入了误区（陈长喜，卢秉福，2013）。

近年来，我国高校不断涌现急功近利、浮躁浮夸的现象，甚至严重至学术腐败问题，这与我国高校科研评价制度息息相关，从一定程度上反映了我国高校科研评价制度存在的一些弊端。此时此境，如何做好科研绩效评价，科学合理地使用有限的资金和资源用于科学研究的最需要处。提高高校科学研究对社会的贡献率，已然成了当今高校的一个非常重要亦十分紧迫的问题。

三、高校教师科研绩效评价的改进

（一）创设相对宽松的晋升制度

马斯洛的需要层次理论包括生理、安全、归属与爱、尊重及自我实现五种需要，他强调需要存在于每个人中，而且这五种需要是有层级的。对照斯洛德的五种需要，对学术研究追求是一种自我追求、实现自我的表现，应属于最高层级中的自我实现需要。在国外，一流大学对教师的科研考评并不多，它们将更多的规范与制度内化于教师的科研动机之中，鼓励教师去追求和实现一些高层次需求。这些做法值得我国借鉴，可考虑把评价重点由评价项目多少向岗位聘任和职业生涯发展转移。并有效实施弹性聘任制度，如规定聘任底线，实施规定年限内“非聘即走”，但在此期间，教师有权选择短期科研还是长期科研、出短期成果还是出中期成果。如果教师在较短时期内无法实现“升”，超过了应聘期限一时也无法“走”，用人单位可以考虑实施一种柔性退出机制，即可在一段时间内继续保留这些教师的资格，工资待遇可以有所减少或保底，而不是“一刀切”的退聘。这一做法可以激发部分教师背水一搏、绝地反击。从科学研究的自身规律来看，有些项目要出成果的期限可能与学校的聘用期限不一致，柔性机制为这些研究者提供发展空间。

（二）切实推进同行评议制度

无论是从具体实践还是制度设计本身来看，同行评议并非是完美无缺的，它也存在缺点和不足，但事实证明，从学术研究的内在逻辑上而言，目前在我国的科研绩效评价机制中，同行评议算是一种相对合理的评价方法。当然，在推进同行评议的进程中，不可避免地会遇到各式各样的问题或难题，但并不能为此而放弃推进同行评议。例如，同行评议很容易受人情关系的影响，或评价者主观判断随意性和误差性的制约。因此同行评审常被人们抨击，甚至被认为不如简单的量化考核。但毫无疑问，这也正是体现了社会体察进程中的一个必然成本。如果我们能在不断地提供机会，允许试错中积极地总结经验，那么我们就会理解这种评价方式，并主动地去适应它的存在和推行。毕竟许多专家学者从理念上都认为同行评价这种评价方式是具有现实价值的，只是作为一种主观因素较多的评价方式，需要我们设计更有信度和效度的评估模型。如果只要暂时出现了问题或困难就立即放弃，转而求助简单的量化考核或其他方式，是无法解决问题的。有问题不是退缩，而是改进，如在同行选择上采取专家库随机抽取，跨校或跨省专家选择，甚至跨国界专家聘请，第三方评估，跨业界专家参与等都不失为一些好的办法。另外就是在评估指标体系设计上可以在原来的通用指标上增设专项指标或附加指标，还可以采用分类或分层的评估模式。

（三）建立专业机构和科研成果数据库，完善量化评价

当然，量化评价方式之所以存在，自然有其存在的道理。量化评价也并不是一无所处，它具有的一些优势是质化评价无法替代的，更何况同行评价亦需要在量化评价的基础上进行。当前的问题并非是量化评价本身存在问题，而是实施者对量化考核指标评价过于简单化，如只考虑成果的数量，却忽视质量如成果对社会经济的影响力。改革评价考核方式，推行同行评议，并不是要废弃量化考核，而是将之完善，发挥更大更合理的作用。通过建立专业数据库和专业机构量化分析考评对象的各项研究成果，其数据结果仅作为同行评价参考使用，并不具备官方性质。近年来，类似于这样的专业机构越来越多，最常见的如南京大学中国社科研究评价中心的 CSSCI 数据库。EI 和 SCI 数据库的性质其实也是如此，SCI、EI 这些数据库本身并无任何问题，关键在于我们该怎样解释这些数据。因而，一方面，我们要不断地开发量化考核数据库和专业机构，完善量化考核指标体系；另一方面，同行专家应该具备量化考核数据的解释权，由他们决定哪些数据最终可被采纳（李俊杰，2011）。

实际上，“重数量，轻质量”现象严重存在于当前我国高校教师科研业绩考核之中。所以，对高校教师科研业绩考核评价的有效性的探索，一方面体现高校管理质量的需要，另一方面关乎人才培养。当前，国际国内较为流行且相对成熟的科研业绩评价方法当属以科学计量学为基础的科研业绩评价法和同行评议法。同行评议作为科研业绩定性评价的主要手段，在高校教师科研业绩评价体系中的作用是不可替代的。但毋庸置疑的是，同行评议由于人情关系问题，在操作过程中会受到影响，此时此境中，评价结果的公正公

平性会受到一定的影响和挑战。因此，为了最大限度地确保科研业绩评价科学而又不失公平公正性，建立专家评审的法制与道德约束机制是非常有必要的。另外，同行评议时全过程可公开，且实施科学计量学指标与方法等，从一定程度上能够弥补同行评议的不足之处。但如果在评价实践中出现“重数量，轻质量”的倾向，那么这种方法亦必须要加以纠正。此时可以参考 SCI 数据库的一些做法，通过构建与 SCI 接轨的中国科学引文数据库（CSCD），来提高我国科研业绩评价的有效性。高校教师科研业绩评价作为一个烦冗复杂的生态系统，应将同行评议法和科学计量学的方法有机结合，有效使用，并从评价的目标、指标、原则、方法、主客体及内外部因素等多种关系，来研究和探索高校教师科研业绩评价的有效性。

（四）高校发展靠教师，教师发展靠科研

对当前高校教师科研评价问题，不少学者也提出了自己的看法。李子彦（2006）认为，当前高校科研业绩评价中存在“衡量标准单一化、业绩评价方法简单化、业绩评价数字化、成果评定时间短、评价具有随意性”等问题，并指出这种评价方式产生了高校教学与科研失衡、违背科研规律、产生学术泡沫、学术腐败、不利于产生重大科研成果等负面影响。在此基础上，提出了提高当前高校教师科研业绩评价有效性的政策和建议，即学校要清晰的发展思路，明确自己的办学理念；平衡教学与科研考核激励机制；大学管理要大学化，确定合理的教师科研业绩考核标准；改革科研成果评价制度，实行定量与定性相结合；建立自由宽松的、符合学术规律的考核评价机制。周景坤等（2013）提出，我国高校教师绩效管理存在绩效评价指标数量过多过繁、设置缺乏针对性、评价标准不够明确、评价主体单一、评价方法简单、评价周期设置不合理、管理过程缺乏沟通、结果应用不充分等问题。为此，高校可采取以下措施改进和完善教师绩效管理：培育区分性的绩效管理理念；整合奖惩与发展两种体系，构建区分性绩效管理体系；采用短期与长期相结合，合理确定评价周期；加强绩效评价主体的培训；加强绩效沟通，重视教师参与；科学使用绩效评价结果；培育优秀的绩效管理文化；健全绩效管理的基础保障体系。

上述对高校教师科研绩效研究的评述及对当前科研中存在的问题的揭示，让我们看到了科研绩效是一个多因子综合作用的集成，这为以后进一步研究以社会资本为主题的绩效形成机理提供了借鉴。

本章小结

整体来看，无论对社会资本理论还是对科研绩效的研究，国内外都形成了较扎实的前期成果，但由于针对高校教师的社会资本存量及其对科研绩效影响作用上的研究较少，这就带来了一个显而易见的问题：尽管国外社会资本理论的研究已形成了较丰硕的成果，以至于联合国和世界银行都在世界范围内推广，尽管近五年来用社会资本理论研究教育问题的课题和论文急剧增加，但由于体现在对教师科研绩效的研究凤毛麟角，这就为笔者进行这方面的探索增加了以下难度。

1. 缺乏研究范式的适从性。既然事关高校教师的社会资本这类课题仅限于很少一部分学者进行过研究，且研究方法和内容相对比较简单，因而笔者在研究过程中无法寻得典型的或权威的研究范式。

2. 教师个体社会资本的构成因素的模糊性。由于对社会资本本身的内涵特征还存在着两种倾向性意见，一种是宏观或抽象意义上的信任、规范和互惠，另一种是中观或微观层面的社会网络资源及获取，因而，在考察教师的社会资本要素时不能很直接地找出共同因子。

3. 教师社会资本测量的不成熟性。尽管借助社会网络结构分析理论来测量个体社会资本已有一些好的做法，但由于教师群体的特殊性，对其社会资本的测量则不能一概照搬。例如，边燕杰的“春节拜年网”在中国很容易测量到一般群体的社会资本量，但在笔者的访谈问卷中发现，教师在科研形成中的社会资本构筑并不局限于春节拜年，而是更多地以日常交往来体现，如果说教师在春节很少或没有给朋友、同事或利益相关者拜年，就说明他的社会资本量少，肯定会得出与事实较大差距的结论。但究竟如何更科学地测量，目前也没有权威的结论。

4. 教师社会资本对其科研绩效的影响的难以预测性。整体来讲，社会资本对绩效的积极影响作用已为很多学者所证实，但在以人力资本为主导的科研绩效的形成过程中，社会资本在哪些方面体现出它的正相关性还与环境因素、政策因素、声望因素等不可分割。利用得恰当则是促进因素，利用得不恰当则是消极因素，如过分依靠团体内的规范作用则有可能阻碍团体内的个性张扬及创新。这些诸多的问题在前人的书中涉及不多，也正是本书要关注的要点之一。

第四章　高校教师科研产出的要素集成

第一节　相关概念的界定

一、高校

《辞海》上规范的定义是“大学、专门学院和高等专科学校的统称。从学校类型上讲，包括普通高等学校、成人高等学校、民办高等学校等。从学历上讲，包括专科、本科、硕士研究生和博士研究生四个层次”。由于专科学校的主要任务是培养应用型和技能型人才，成人高校是以继续教育、职业培训为主，民办高校存在不久，大多以教学型为主，因而科学研究不是专科学校、成人高等学校、民办高等学校的主要使命，为了研究更具有针对性，本书所指的高校则剔除了这三种学校，主要指普通本科院校。

二、高校教师

指本科院校的专任教师，问卷对象也涉及一部分有行政职务的“双肩挑”教师。在问卷调查中所采用的“样本框”即是专任教师。

三、社会资本

皮埃尔·布迪厄、科尔曼、普特南、林南、边燕杰等关于社会资本的表述各有侧重，但我们也不难看出它的两个最明显的特点：一是它与社会资源网络息息相关；二是依赖于人际信任和社会规范，并在其中得以扩展。因此，本书把社会资本定义为：以信任为基础的作用于社会关系网络所获得的社会结构资源。

四、科研绩效

科研绩效是过程和结果的集合，但更集中地体现在结果上，即科研产出。高校教师的科研绩效涉及面广。《全国高校社科统计资料汇编》《全国高校科技统计资料汇编》将科研产出分为两大类：一类为自然科学类科研成果，另一类为人文、社会科学类科研成果。自然科学类的科研成果的指标体现为：科技课题、出版科技专著、发表学术论文、成果获奖、技术转让、知识产权授权数、专利出售，共七项；人文、社科类科研成果的指标体现为：课题数、出版专著、发表论文、应用成果四项，《中国教育统计年鉴》在人文、社科类指标的基础上还增加了：当年投入人数、当年拨付经费、当年支出经费三项，构成七项指标。

由于技术转让、知识产权授权数、专利出售三项主要集中在理工科院校的部分教师中，在文科类教师中覆盖面不广，本书把高校教师科研绩效产出的考察指标确定为课题数、出版专著、发表论文、经费四项，当然，在课题和论文的绩效观测上会考虑级别和档次。从当前高校衡量教师科研绩效的主要观测点及高校教师职称晋升的科研指标来看，这四项指标基本上起到了典型和代表作用。暨南大学胡俊所使用的观测指标为论文数量、专著数量、鉴定成果数量和技术转让收入数四项；周春燕将科研绩效分解为承担的科研项目、发表论文、科研专著、科研成果奖励、科研专利与技术转让五项，他们的分类与本书的指标类型基本相同。

还有一批学者将科研奖励纳入绩效考核指标，由于科研奖励是一种间接绩效，除政府奖励外，各行业的科研奖励差异度较大，因而本书没有把它吸纳进来。

科研产出的社会资本投入应包括两个环节和阶段，一是科研项目的获取、论文或著作发表出版过程中社会资本的投入；二是科研项目研究过程中的社会资本的运用，如论文发表过程中的合作、代写等。体现在科研产出中的社会资本投入形式主要是通过亲戚、朋友、同事、同学等构筑的人际交往。

我们把科研产出界定为论文发表、课题数、出版专著、科研经费四项考察指标之后，还将围绕社会资本对科研产出的四项指标的不同影响进行分析。

在一般情况下，论文发表相对于课题或经费获取而言，动用的社会资本有可能要少一些，在笔者的前期访谈中也证明了这一点。但这种差异性究竟有多大，我们需通过研究调查统计才能得出。另外，科研产出有一个过程，可以分为前期、中期和后期，那么，不同时期的社会资本是如何作用的？前期和后期主要是项目获取和项目验收，中期是项目的生产过程，则社会资本的投入对象是不同的，前期和后期的关键人应是编辑出版部门或科研管理部门的相关责任人，而中期的关键人则可能是科研项目的合作伙伴或文章著作的代写人。

五、亲缘、业缘、友缘

人际关系有多种多样，但概括到一起大致可分为生物性人际关系和社会性人际关系，前者以生命物种为基础如亲属关系、种族关系，后者以社会关系为基础如同事关系、合作关系等。林其锬研究员（1989）曾提出五缘文化，这种分类既包括生物性也包括社会性，五缘文化也是一种五缘关系，它包含亲缘、地缘、神缘、物缘、业缘。另外徐晓望博士将人际关系划分为血缘、地缘、神缘、业缘和物缘这五类。教师的人际关系可能有很多种，为了使研究更为清晰明了，根据一般教师的人际关系的现状，我们将主要探讨和教师学术发展相关的三类人际关系：亲缘关系、业缘关系和友缘关系。亲缘关系以家庭、宗教、亲戚等血统关系为基础，具体包括家人和亲戚两种人际关系；业缘关系则以专业、行业、产业等同业关系为基础，在本书中指因工作关系所构筑的与同事、领导、学生、老师、学术圈内人士等之间的关系；友缘关系是以共同的爱好、观点和其他因素而建立的非亲缘和业缘的关系，主要是指行动主体的朋友关系，本书中还包括老乡关系。如果既属业缘关系也属友缘关系的，统一归并到业缘关系中；有些学者还提出了与之并列的学缘关系，即在求学过程中所形成的同学关系、师生关系。因为考虑到学缘与其他“三缘”的重叠性较多，本书中就没有单列，而是归于友缘（如同学关系）或业缘之中（如师生关系）。

第二节　影响科研绩效的相关因素解析

高校教师的科研绩效是一个多因子共同作用的结果，根据对文献的阅读和专家访谈以及本书研究的重点，笔者把主要影响因子概括为三个方面：以知识能力为主体的人力资本因素、以社会交往为主体的社会资本因素、其他因素（包括科研制度因素、科研氛围、教学工作量饱满程度等）。用函数式来表示即为：

$$RP = f(Xr \times Xs \times Xo)$$

其中，*RP* 代表科研绩效，*r*、*s*、*o* 分别代表人力资本、社会资本、其他因素。在此将各要素的基本内涵和它们在本书中的角色和作用予以阐释。

一、影响科研产出的教师人力资本因素

尽管本书的中心问题是高校教师的社会资本因素如何影响其科研产出的，但科研产出离不开教师的人力资本因素，在前期访谈问卷和纸制问卷中都反映了这一点。纸制问卷中有一道题是“影响教师科研成果的因素大体上有以下几项：A. 个人的学术水平；B. 个体社会关系网络资源；C. 个人兴趣与重视程度；D. 制度因素如学校的规定；E. 环境因素如科研氛围；F. 教学工作量饱满程度；G. 其他。请您按重要程度排序”，在回收的 907 份问卷中，个人的学术水平因素排在第一位，仅这一项的比例就高达 49.19%。这说明人力资本与科研产出不可分割。如同在本书第一章所分析的那样，人力资本和社会资本相互依存，共同促进教师科研水平的提高，研究社会资本对科研的影响时，如果不考虑人力资本要素的话，就无法解释绩效形成的内在机制及核心要素。

高校教师有着自身的特殊性，我们认可“知识就是力量”“科学技术也是生产力”，就要认可教师是有高附加值的人力资本。高校教师的人力资本因素包括教育程度、智力状况、经验积累、职业技能和健康等方面。它又可细分为性别结构、学历结构、学缘结构、年龄结构、职称结构、学科结构、工作年限，毕业院校等。以往的研究表明，这些要素都与科研绩效存在着高

度相关。一般来说，男性比女性的科研产出更高，学历或职称越高，科研产出越大，而工作年限与科研绩效呈倒U形相关，即工作达到一定年限后的科研绩效最高，然后随着年限的再延长，绩效开始下降等。由于本书的分析重点在社会资本要素上，对人力资本则主要从其主要因子来分析，如学历、职称、学科背景（知识的广度和深度）等。

职称是反映教师队伍科研水平的重要标志。但职称是个静态指标，具有相同职称的教师，有时科研绩效会存在较大的差别，因为教师人力资本的使用和发挥程度不一致。从教师自身来讲，如果发表科研成果仅仅是为满足阶段性目的如评教授，那么当这种目的达到、下一个目的还不清晰时，他就会让自身所拥有的人力资本闲置或发挥少量的作用，科研绩效跟着走向低谷，这也是很多人获取教授职称后出现科研绩效高低分化的原因之一。

汪晓春（2009）对职称与科研绩效的关系作过研究，得出讲师职称的绩效水平比教授和副教授职称的科研绩效水平要高，尤其在高层次论文的产出上更是一枝独秀。为此他总结出以下几点：第一，他们刚进入高校，初生牛犊有强烈地表现自己潜力的欲望。第二，他们在职称上还是一张白纸，需要涂上绚烂的色彩，往往会把主要精力都投入到科研上，以尽快达到相关条件，实现职称晋升。第三，这部分教师多是刚毕业不久的高学历、高素质的青年教师，在毕业之前受过良好的科研训练，科研能力相对较强，有些手头还带有从导师那里分配到的科研项目，因此取得高质量科研成果的机会大。

但以笔者近年来所了解的高校情况来看，高层次的论文发表很少集中在讲师层，而且职称因素往往与学历因素、年龄因素交织在一起共同影响科研绩效，有博士学历的中青年教授或副教授成为高质量科研成果产出的主要代表。

正如前面分析的一样，职称和职务作为人力资本因素影响着高校教师的科研绩效。同时，职务职称也担当了另一方面的角色。当它们身份和地位的象征的时候就变成了一种声望，意味着拥有一定的影响力和可利用的信息资源，同时可以在社会交往中获得更多的信任，减少项目获取的论证成本。名声建立在交易与借贷关系的过程，以及社会网络与大众网络中的认可与传播行动的基础之上。它增强了某些行动者索取资源与地位的合法性，同时为行动者之间的进一步交换和不平等交易提供了刺激，增加了他们的社会资本（林南，2001）。所以，从外部特征来看，职称、职务也包含社会资本因素成分。

二、影响科研产出的教师社会资本因素

影响科研产出的教师社会资本因素分析是本书的核心。赵延东、罗家德在研究社会资本测量问题时曾根据阿德勒（Adler）和列纳（Villena）等提出的概念，将社会资本分为个体社会资本和集体社会资本两种。前者即所谓的外部社会资本或私人物品，除了微观的个人关系及这些关系中所蕴含的资源外，也包括个人所占有的网络结构维能带来资源。后者则是内部社会资本或公共物品，除了宏观的群体内部的社会联结与互信外，也包括群体的结构方式是否可以促成集体行动并创造资源（赵延东、罗家德，2005）。高校教师的社会资本除了个体社会会资本以外，也包含组织社会资本，这主要来自教师所处的学校。

（一）高校的社会资本因素

根据其他一些学者（韦影，2005；胡晓钦，2007；吴泗宗，2007；侯志军，2008，张廷，2013 等）对组织社会资本包括学校社会资本的研究结论，我们有理由认为，在一定程度上，教师社会资本量的大小与教师所处的学校的社会资本量的大小密不可分。一般来说，学校社会资本存量大的，教师社会资本存量大的可能性要高得多。相对于教师走出校外、依靠校外的社会资本来促进科研，则直接利用高校自身的社会资本能够为教师科研带来更简捷、更便利的效应。高校的社会资本主要由学校的声誉、学科优势、学校信息网络、学校与政府及其他社会组织的关系等构成（胡钦晓，2005；侯志军，2008），这些都是由学校的层次高低和类型种类不同所导致，因此在本书中以学校类型和学校层次这两个指标来考察，而不同的学校类型和层次基本反映了学校所处的不同位置。林南曾经比较详细地分析过不同位置中的社会资本，“那么谁更可能获得好的社会资本呢？我们提出三个可能的因素：（1）自我在等级结构中的位置；（2）自我与其他行动者之间关系的性质；（3）网络中关系的位置”[①]，在林南看来，个体的结构性位置在社会资本获取上具有相对优势。那哈皮特（Nahapiet，1997）和戈沙尔（Ghoshal，1997）

---

① 林南．社会资本——关于社会结构与行动的理论［M］．上海：上海人民出版社，2005：61－62.

在研究组织社会资本时，将社会资本分为结构维（structural dimension）、关系维（relation dimension）和认知维（cognitive dimension）三个维度。其中结构维度指的是个体之间联结的方式，包括网络联系、网络配置形式和专门组织（appropriable organization）。学校层次和学校类型就属于纳哈皮特和戈沙尔的结构维层面的因素。

我国的高校分类方法一直不是很固定和统一，在不同发展时期，由于不同需要，出现过各不相同的分类模式。如根据国家建设重点和学校发展状况划分为重点院校与非重点院校，根据管理隶属关系和管理层次划分为教育部和其他部委所属院校、省属院校、市属院校三种；根据学科门类划分为综合大学、理工院校、农业院校、林业院校、医药院校、师范院校、语言院校、财经院校、政法院校、体育院校、艺术院校和民族院校12类高校。根据办学体制划分为公办与民办高等院校等①。尽管存在这些不同的分类方法，但潘懋元先生的归类法应该说更具有代表性，新中国成立后院系调整，大量增设独立的单科学院，但基本上仍沿袭这三种类型，分为综合大学与多科性大学（主要是多科性工科大学）、单科性独立学院、应用性专科学校。大学培养学术性研究型人才；单科学院培养各行各业高级专门人才；专科学校培养应用技术与管理的专门人才。② 这是学校类别。

而学科类别现在基本上是按照教育部2012年公布的《普通高等学校本科专业目录》来确定，分为12个学科门类，分别为哲学、文学、理学、工学、农学、经济学、管理学、法学、医学、军事学、教育学、艺术学。不同类型的学校可以给教师带来不同含量的社会资本，很显然，综合性大学或多科性大学比单科性大学的学科资源更广泛，则更能为教师提供学科资源信息，例如，没有设置艺术专业的单科院校的艺术教授，比综合大学中设置了艺术专业的艺术教授，在艺术类科研项目的获取和实质性地开展艺术类科学研究时，他能获得的学术支持及与专业相关的信息支持可能要少得多。本书将在学校类型和教师所处的学科类型上分析这些要素能为教师带来哪些社会资本。

按照当前通用的做法，这些不同类型的学校又可按层次分为一般本科和重点本科。这一分别主要按照本科招生时的批次来划分，重点本科一般在第

---

① 陈厚丰．中国高等学校分类与定位问题研究［M］．武汉：湖南大学出版社，2004．

② 潘懋元，吴玫．高等学校分类与定位问题［J］．黄河科技大学学报，2005（3）．

一批次招生，一般本科在第二批次招生（也有部分特殊专业在第一批次招生，如军事、艺术、师范等），重点本科包括“985”和“211”的学校，大多由教育部直属（也有少数由各省主管、省部共建），一般院校主要由各省教育厅主管。

也有一种是按高校在其职能使命中的已存状况或方向和定位来划分，分为教学型、教学研究型、研究型三种。

像学校类型和学科类型一样，不同层次的学校为教师提供的科研社会资本是不一样的，重点大学由于社会声誉高、信息占有量大、因而获得的社会信任、社会支持有可能更为广泛，处于其中的教师就有可能比一般大学的教师在社会交往和寻求社会认同与支持上更有优势，但是，由于社会资本具有经济学上的所谓的“公用品”的性质，易于诱发人们的“搭便车”心理，因此它常常得不到有效投资。（科尔曼，1990）。“搭便车”的现象在重点大学也更加普遍，只是这种“便车”有时是有目的的去“搭”——利用学校的影响力获得个人资源；有时是被动“搭载”——因为他人对学校的信任而获得个人的被认可。这就是组织社会资本中的信任资本起作用的结果，“信任的辐射性”原理（“爱屋及乌”效应）让评审专家减少对教师个人信息的搜寻成本以及对教师科研能力的认证成本，直接借助“学校信任”而信任教师。“公共品”存量多的地方，“搭便车”的往往也多，这就抵耗了组织社会资本的作用。

正如林南（1990）所指出的那样，社会资源只是社会资本的背景状态，只有将社会资源在工具性行动中派上用场，才能转化为社会资本。学校的社会资本如果没有被教师有意识地摄取的话，那还只是一种资源，如果投机式的摄取——“搭便车”，也照样会失去这种资源。与之相反，很多一般本科院校的教师在学校社会资本存量不足、无“便车”可“搭载”的情况下，加大在不同行业和领域中的社会资本的投资、加强关系网络的构建，对科研项目的获取同样产生较大的影响。这也是为什么有时候高层次大学的教师在科研上竞争不过低层次大学的教师的原因。

社会资本本质上是一种网络关系资源，如同人们的感情一样，它不会由于使用而枯竭，相反会因为频繁利用而增强，这就像走亲戚、交朋友，越走越亲、越交越深。社会资本理论家弗兰·汤克斯就指出，社会资本的积累会产生“滚雪球”效应，利用越多，价值也越大。社会学者林南也提出，社会资本的积累速度比人力资本要快得多，人力资本的积累速度呈算术速度增长，而社会资本的积累速度呈指数速度增长。

因此，本书也将在不同层次和不同类型学校高校教师的社会资本对科研产出的作用状况展开探讨。但是，这些要素只是作为影响教师科研绩效的外生变量来看待，也就是说，学校社会资本因素不是教师科研绩效形成中所要关注的重点。

（二）教师的个体社会资本因素

正如在文献梳理中提到的那样，由于此前学界对个体社会资本的测量没有形成一个权威的或成熟的范式，因此笔者在本书中主要借助于先前一些学者在个体社会资本测量方面的论述，以及笔者在前期的访谈中所获得的结论这两个方面来对教师社会资本指标要素进行概括，根据拥有的社会资本和使用的社会资本（边燕杰，2001）这两个角度将主要指标分为社会团体、社会网络、网络摄取三项，前两者属于拥有的社会资本，后者属于使用的社会资本。这样划分的缘由在本章的社会资本的测量及指标说明中会专门加以阐述。

社会团体：这里的社会团体是一个较广义的概念，包括正式组织和非正式组织，如学术团体：各种学术理事会、协会、委员会、学会、研究会等；由官方组织或认可的行政团体：如对外交流协会、贸易促进会、劳动保障协会等；民间团体：如车友会、登山协会、家长联合会等。

根据科尔曼的观点，社会资本蕴含于多功能的组织（appropriable social organization）和有意创建的组织（intentional organization）之中。他以美国印刷工会说明这个问题。纽约印刷工会由印刷工人组成，工会会员组织了一个名为印刷工人俱乐部的社交性组织。后来，当雇主寻找合适的印刷工人以及印刷工人寻找工作时，双方发现这一组织极其有用，它为双方实现各自目标提供了便利。在这之后，进步党在纽约印刷工会执掌大权，俱乐部又成为被赶下台的独立党组织上的资源。独立党人以俱乐部为重要的社会资本，使其政党发展为有组织的反对党。这是多功能组织在社会资本方面的作用。

社会团体中的社会资本以团体数量和个人在团体中的位置来考察（赵延东，2005），参加的团体越多，个人的社会资本越大；个体在不同团体或组织中的地位越重要，社会资本的拥有量越大。

信息网络：科尔曼认为，社会网络资源存在于信息网络之中，而信息网络在人们的交往中形成，构成社会关系内部的社会资本基本形态，信息在为行动提供基础方面十分重要。但是，获取信息需要付出代价，最主要的条件是需要集中注意力，而这往往是人们没有条件实现的。利用业已存在的社会关系是获取信息的重要手段（科尔曼，1988）。卡茨和拉扎斯菲尔德（1955）研究了妇女怎样在日常生活中使用这一手段。例如，某位妇女期望自己穿着很有吸引力，但她对服装的流行趋势不了解，她便向诸多女友中最熟悉服装潮流的人请教，从她那儿获取信息。又如某人平常对时事不够关注，但有时又想了解身边发生的重大事件，他本人不喜欢读书看报，但可以从经常读书看报的朋友那儿获得这方面的信息。很多科学家、社会科学家即使足不出户，也可以利用每天与同事和朋友的工作接触，密切注视并掌握本领域最新的研究动态、研究成果。

而林南（2001）则认为，社会网络是社会资源的载体，人们在网络中的结构位置不同，获取社会资本的大小就有不同。为此，他还提出了一些有启示意义的命题，如地位强度命题：初始位置越好，行动者越可能获取和使用好的社会资本。位置强度命题：个体越靠近网络中的桥节点，他们在网络行动中获得的社会资本越好。位置—地位交叉命题：对于工具性行动，位置（靠近桥梁）强度依桥节点所连接的不同资源而定。结构相依命题：对位于等级制顶部及附近和底部及附近的行动者而言，网络运作（关系与网络位置）效应受到等级制结构的约束。

根据他们的研究启示，本书在社会网络指标上按照赵延东、罗家德的观点（2005）主要从网络规模的大小、网络成员的多少、网络成员之间联系的紧密程度、强弱关系网络状况等几个方面来考察社会网络中的社会资本。

网络摄取：资源存储于网络之中，属于“公共物品”，在人际交往和人际连接中实现流动。林南（2001）认为，资源转化为资本，需要有“在具有回报期望的社会关系中进行投资”的行动，他还指出，个人占有资源并不影响他人通过个人的社会网络摄取同样的资源，因为这种资源是公共性和非排他性的，就像社会图书馆开放了电子阅览室一样，某人获悉商品打折的信息后，不影响第二、第三个人继续摄取这种信息。在他看来，可以通过建立某种关系而被交换、借用、摄取的资源就是社会资本。这一观点摒弃了资源只有被占有才能使用的传统观点，克服了强调资源的占有关系以及占有量多少决定使用量大小的认识局限，是社会网络研究的一大突破。

一个简单的比方，某两人都住在城边，要到市中心去，其中一人有很多朋友关系，经打听正好有朋友在同一时间要开车进城去办事，这人可以坐便车进城。另外一人朋友少，进城时直接叫了出租车。对前一位来说，他手头的信息资源及其利用就变成了社会资本的运用。

因此，“投资”和“摄取”是社会资本保存和扩大的基础。换句话说，网络摄取即是网络使用、网络中的人际交往。

网络的使用包括四个方面：(1) 使用的形式：是表达性行动还是工具性行动（林南，2001）。(2) 使用的网络类型：是正式网络还是非正式网络，中心网络还是边缘网络。(3) 使用的途径：根据教师交往的关系类型我们将教师的交往社会资本划分为三类：亲缘社会资本、业缘社会资本、友缘社会资本。在教师心目中，这三种社会资本的地位和影响力是完全不同的，那么依据什么标准来判断三种社会资本的地位高低和影响力的大小呢？一般来说越是重要的、地位越高的社会资本，教师的投资会越大，以使这种投资成为“对方主观可以感受到的长期有效的义务感”（林南，2001）。如何测量教师在各种社会资本中所作的投资呢？在这一点上笔者设计了三个问题，分别从交往的广泛程度、和关键人外出吃饭或联谊活动的频率、教师的主动拜访或打电话问候的频率三个方面作一些量上的测量，这样既考虑到交往的广泛程度和亲密程度，又考虑到教师本人在不同种类的人际关系维系上所作的努力程度。笔者认为，教师交往多、一起吃饭或交谊频率高、打电话问候频率高的人际关系，教师更重视，相应的这种社会资本也更重要。(4) 使用的能力：能够动员的社会网络规模和网络对象的位置。

三、影响科研产出的其他因素

（一）教师对科研的态度

教师对科研的态度是影响教师科研绩效的动态要素。教师的人力资本要素更多的是一种静态要素，这些静态要素只有与动态要素结合在一起才能有效地发挥作用，也就是说，即使某位教师的学历高、职称高、基础知识和专业功底深厚，但他如果失去了科研的兴趣和动力，或者对教师科研的价值取向不高，认为教师科研的意义不大时，这些静态的丰厚的人力资本要素就会失去作用，所以本书中会对教师对科研的兴趣和重视程度专门作为一个问题来研究。而这个问题不仅是制约教师人力资本发挥的要素，同样也是制约教师社会资本作用大小的能动要素。在问卷中有 36.5% 的人把科研态度放在影响因素的第一位或第二位。

（二）教师的学科背景

前面以学校为研究背景谈到了学校的学科类型不同给教师带来的社会资

本要素就有不同。一方面，如果站在教师本身所从事的学科背景来考察，道理也基本相同。但在教师科研发展中还要考虑学科本身的学术成熟程度和不同学科在高校的重视程度。很多教师认为，在非常成熟的学科中各种研究方向都已被他人探究过，要想创新难度较大，如基础数学、基础物理、基础化学等学科，教师的科研难度相对要大些。而非常前沿的学科或者由于其理论的高深，或者因为理论基础不扎实而照样难在短时间内形成科研成果。

另一方面，教师所处的学校对不同学科的重视程度以及对教师的科研绩效有较大的影响，在一个以医学为主的单科性大学中，尽管有可能设置了管理学科，但由于管理学科难以成为医科大学的主体学科，在科研政策制定和科研倾斜力度都不会与医科并驾齐驱，因而在医科大学从事管理学教学和科研的教师科研绩效难以达到顶端位置也就可想而知了。

（三）教师的教学工作量的饱和程度

教学和科研都是高校教师的使命。教师通过教学能够检验自己的学识、知识和智慧，并把教学中的所思所想及启示作为科研的主题，科研中所获得的新成果和新结论又可以用于教学，帮助学生提高学术水平。但无论教学还是科研都需要教师潜心其中，教学工作量过于饱满，势必影响科研的有序进行。在调查中我们发现，很多高校的青年教师群体教学工作量较大，以至于影响了科研绩效。我们的问卷中显示，在影响绩效的六个因素中，有 11% 的人把教学工作量的饱和程度放在影响因素的第一位或第二位。

（四）制度因素

影响教师科研的制度因素可以分为三类，第一类是国家层面的政策和制度，如国家科研奖励制度、专业人员选聘制度、职称职务晋升制度、工资及津贴分配制度等，这些制度为教师规定了大的发展方向。在访谈中我们问道："你为什么要进行科学研究？"时，几乎有一半以上的被访者首先回答是为了评职称、上教授。教授中又分了四、三、二、一级，上了四级的希望升三级，三级的想升二级。第二类是学校层面的制度和规定。一批研究型大学对教师职称评定的要求往往比国家的一般规定要高，而那些教学型大学的科研要求起点往往就低得多。第三类是部门的制度和规定。大学的二级教学单位也有对科研导向的诱导权或制约权。为了集中力量在某一时期突出研究本学科某个优势项目，二级学院可以利用学术权力和行政权力促进带动教师劲往一处使。在问卷中有14%的人把制度因素放在影响因素的第一位获第二位。

学科背景、教学工作量的饱和程度、教师的科研认知、制度因素（科研氛围）这四个方面尽管是影响教师科研绩效的因素，但不是科研绩效的决定性因素，也不是本书要考察的重点，因而没有进行相关和回归分析，只是在综合分析时作为外在考察点来加以考虑。

四、科研产出的替代变量——社会支持

社会支持是指来自个人之外的各种援助、帮助和认可的总称，既可分为正式支持与非正式支持，还可分为物质支持和精神支持、直接支持和间接支持等。正式支持主要来自官方或正式组织，非正式支持则来自民间组织和个体；精神支持是社会支持的强有力组成部分，间接支持主要是指不直接指向支持物的转换形式的支持行为。

最早提及“社会支持”的学科是社会病原学，这一被用来概括为弱势群体提供各种支持的理论范式并没有被仅仅限制在“社会心理健康”领域，后来被社会学、经济学、法学等各个学科的研究者们应用到了不同的领域。而有着不同学科背景的研究者们对社会支持这一概念也形成了不同的解读模式，即便是在同一学科领域，研究者们出于不同的视角对其也有了颇具差异的认识。社会学领域对于社会支持的研究最为繁荣，例如，在20世纪80年代之后，针对社会支持网的研究逐渐盛行，以格拉诺维特（Granovetter）为代表的不少研究者将社会支持的研究侧重于研究支持网的模式与结构。另一些研究者则认为社会网络无法等同于社会支持，例如，托依斯（Thoits）就认为后者包含的内涵更为丰富，还应该涉及情感支持以及工具性援助等多元系统。而韦尔曼（Barry Wellman）提出的“个人社区”的概念，则侧重于以个体为中心来研究一个人完整的社会支持系统。基于社会发展不同阶段政府所体现出来的功能存在明显区别，承担社会支持的主体与组织形式在发生着明显的变化。政府作为计划经济时代中社会资源的配给者，在社会支持的系统活动中处于明显的主导地位，也是社会支持的绝对主体；但当社会发展到以市场经济为主体之后，社会支持的主体构成也由单一主体像多元化主体演变，社会各界多种力量的支持将社会支持构建成了一个具有多元主体、多层次的立体系统。而这种形态的社会支持又可以被视为网络模式，其进步性在于它在一定程度上可以克服单一社会支持模式的缺陷，并能从这样的网络模式中衍

生出社会网络理论、社会资本理论以及社会资源理论。

由于社会资本不同于人力资本，它是嵌入于社会网络资源之中，当它被用来帮助组织或个体实现某种目标时，必须通过中间环节来转化。这个中间环节就是社会支持。高校教师的社会资本在社会支持的作用下对科研绩效产生影响，这种社会支持来自两个层面，一是提供外部社会支持，包括四个方面：(1) 个体通过拥有和利用网络规模的大小，获得与科研相关的信息，如科研新动态、科研立项动态、科研认证动态，从而帮助个体调整或修正科研方向，减少科研重复和科研浪费，有效开展科研活动。(2) 个体通过获得一般朋友或业内人士提供的帮助获取科研项目。(3) 个体通过寻找关键人或代理人获得支持。(4) 个体通过自身在网络团体中处于优势位置和为他人提供帮助而获得信任，从而换取科研立项、认定等方面的支持。二是提供内部支持，即实际科研支持，主要指科研过程中以信任为基础的协作和共同攻关。如论文或专著中的第二作者，丛书或教材中的某些部分或章节的承担者，课题中的子课题承担者等。

社会支持把教师社会资本与科研绩效串联起来，教师社会资本的投入过程就是社会支持的获得过程，这些支持帮助教师提高科研业绩，这是正向流程通道；而反过来看，由于业绩的提升，教师的声望和被认可可能更强，这样又促进教师的社会支持度的提升，而业绩和社会支持度的提高让教师感受到了社会资本投资的好处，教师的投资兴趣增加，愿意在社会资本上付出更多，于是教师的社会资本更加丰富，这样又构成了一条反馈通道。如图 4－1 所示。

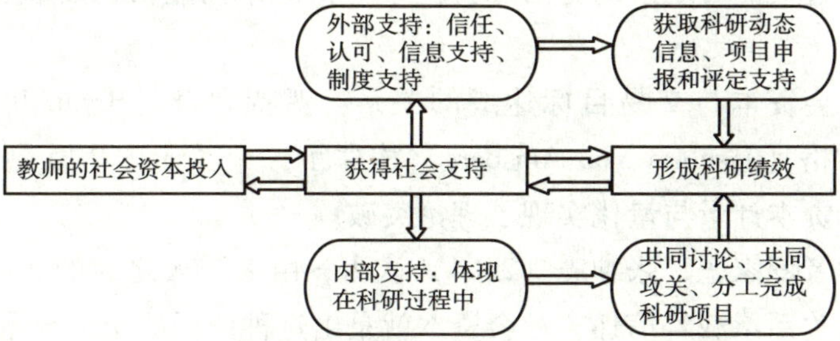

图 4－1　社会资本构筑社会支持形成科研绩效

第三节　社会资本的测量

一、以往对社会资本的测量

社会资本像其他资本一样，存在着资本的数量、规模和质量问题。然而，由于社会资本的定义不同、分析的视角与层面各异，很难用统一的标准来有效衡量社会资本，而只能尝试进行多维度的探索。因此出现了运用由定性、定量以及比较等相结合的方法来提出替代指标。当前研究层出不穷，但从整体研究成果与水平来看，更具影响力的两种测量社会资本的方法是：

一是社会资本的宏观计量方法。例如，澳大利亚学者布伦（Paul Bullen）和奥尼克斯（Jenny Onyx）就提出社区的参与、邻里关系、家庭和朋友关系、信任和安全感、社会背景中的能动性、生活的价值感、工作接触度以及承受差异化的能力等因素都可以作为测量和界定社会资本量的要素或指标。在针对人们彼此信任程度的测量的调查与研究中，最著名的调查是分别在40多个国家展开的“World Values Survey”，这项调查通过询问“一般来说，你所能信任的人的最大数量是多少，或者你不需要特别小心防范的人的数量有多少”来测量不同国度的人们彼此信任程度。另一个案例是在普特南对意大利的研究中，通过选民参与度、报纸读者群体规模和非营利性联盟的成员数量等指标来衡量意大利不同地区的社会资本规模。这种方法实际上是通过人们可观察的行为和公民参与情况来衡量信任度或社会资本的规模。

基于社会资本与交易目标达成的关系，罗特利奇（Bryan R. Rortledge）和艾姆斯伯格（Joachim Von Amsberg）构建了一个关于内生社会资本模型，这使得社会资本计量与量化实现了理论突破。

台湾学者罗家德，张绅震（2004）认为，由人与人之间的各种互动构建起来的人际关系承载着信任，社会资本就是由这种信任的交叉与重叠而形成。因此，针对社会资本的计量就应该从对信任源以及信任传输渠道的研究开始。社会信任源自人际信任，人际信任来源于个人道德。这是个体在相互理解和信任的前提下，对个体心理的衡量，也是对相互行为预测和信任的结果，这种信任应该通过个体或群体社会形成的行为规范、行事规则和社会及组织文化等形式得以表现。社会联系与网络结构应该是与信任形成相关的两个重要因素，而社会资本总额则应该对上述诸多因素进行综合考量与计算。

二是在中观和微观两个层面上选用协会数量、社会（或社区）协会内的社会网络、协会的成员数量来衡量特定社会（或社区）的社会资本水平。例如，林南认为，影响个人拥有的社会资源数量和质量的因素主要有三个：（1）个人社会网络的异质性的大小。（2）网络成员的社会层次与地位。（3）个人与网络成员联结的强弱。如果一个人的社会网络的异质性越大，那么意味着网络成员的地位可能越高，而个人和成员之间的联结越弱，他们所拥有的社会资源就越丰富①。而边燕杰则认为，影响一个人社会资本存量的关键性因素在于其拥有的社会关系网络特征。社会关系网络具有三个方面的特性：第一，社会关系网络中涉及的人数和社会关系网络的规模呈正相关的关系，它可能涵盖的资源就可能越多。第二，社会关系网络一般都有一个制高点，也就是顶部（称为网顶），网顶往往指社会关系网络中地位、身份最高和拥有资源最多的人。每个不同的社会关系网络的顶端所达到最高的高度各不相同，网顶的高度越高，该社会关系网络中有可能涉及的资源越广。第三，不同的社会关系网络中存在着有顶端及底端的位置差异（简称网差），网差的大小各不相同，即在社会关系网络的顶部和底部之间落差存在区别，落差越大的社会关系网络所拥有的资源较落差较小的网络更多更丰富，原因在于网差越大的社会关系网络克服网络资源重复性问题的可能性越大。韦恩·贝克提出了衡量个人社会关系网络质量的四个指标：个人社会网络的规模、结构、成分以及个人社会网络的重点。他试图通过测定个人社会关系网络状态，来评估个人社会资本。

上述社会资本计量主要是对嵌入社会网络的规模、特征和各种社会资源的计量。然而，这些测量方法中存在的问题也受到了一些学者的批评。

第一，社会关系网络作为社会资源的载体以及动员社会资源的渠道，确实与社会资本关系密切，但两者不能混为一谈，它本身却并不是社会资本。因而，对社会关系网络的规模和特征的测量并不能直接反映社会资本的实际情况，它只能被作为影响社会资本存量的间接因素来看待。

第二，嵌入关系网络中的社会资源并不能完全等同于社会资本，只有能

---

① Lin Nan, Social Resources and Instrumental Action. on Social Structure and Network Analysis. edited by P. Marsden and N. L in. Sage Publications, 1982, 131 – 147.

够调动和利用的社会资源才能算作社会资本，而社会资本还取决于情感的亲密程度、相互信任、规范的有效性和双方的相互服务程度等因素。因此，在社会资源多种要素中，那些对于嵌入社会关系网络中的要素的测量，无法真实地反映社会资本的存量。

第三，众所周知，所有类型的经济资本都可以化约为货币的数量来衡量。而对社会关系网络中各种社会资源的计量，包括权力、安全、信息、机会、劳动、决策和合作等变量却难以这样操作和准确量化，很难用某一精确的既定标准来衡量，没有人能准确地说一个人的资源到底值多少呢？也正因为定量测量和分析社会资源的可操作性不强，大大增加了运用社会资本理论实现社会关系网络的量化分析研究的难度。

批评人士指出，即使宏观层面的社会资本符合社会资本的本义，属于社会资本，其计量也比中观、微观两个层面的社会资本的计量更加难以操作和精确量化。例如，对于主观因素、文化因素、主动性、信任程度、安全性、对于差异容忍程度、对生活价值的认可度与满意度等该如何确定测量指标，如何准确地定量测量？这使得在实践中很难测量。例如，目前我们很难准确计算社会资本对社会经济增长的贡献率，因为我们不知道一定时期内社会资本的总量，那么何谈根本没法根据相关统计数据分析其对经济增长的贡献率①了。

但是，作为一种资本，社会资本应该是可计量的，也应该是可计量的。近年来，国内不少学者也开始投入到社会资本计量的理论研究和方法研究中，在借鉴和应用国外已有成果的基础上尝试做更多的探索。例如，中国人民大学杨瑞龙教授和朱春燕博士（2002）提出，人与人之间的相互信任程度应该作为社会资本的计量主要基础。周小虎（2002）博士在探讨社会资本对企业绩效的作用时提出了一个从企业家社会关系网络、社会资本的利用能力以及其生存环境等指标出发的衡量企业家社会资本的指标体系。盖诩中博士和暨南大学管理学院博士生导师隋广军（2002）教授则提出了以城市社区为主体的测量社会资本的模型。学者杨先明和周昭（2003）认为，可以借鉴类似于联合国人类发展指数（HDI）的统计和分析方法，采用多个社会指标开发一个更有意义和可行性的方法建立一个综合指数，反映社会资本的多维性。学者王积超（2004）利用社会资本总存量分解项和子项存量分解项，对社会资

---

① 张广利，陈仕中．社会资本理论发展的瓶颈：定义及测量问题探讨［J］．社会科学研究，2006（2）．

本的计量进行了总结研究，他提出以个人内部环境社会资本和个人利用社会资本的能力两个维度来讨论社会资本存量子项。

综上所述，目前对社会资本的测度主要还是取决于对社会资本的界定，社会资本的测度也仍然处于探索性阶段，因而有着多种途径和方法，虽然目前所提出的一些方法和指标往往只具有象征性的意义，缺乏可操作性和可行性，但是这些不同的途径和方法在对社会资本的性质和决定因素的把握上都是有益的探索，从这方面来看，有关社会资本测度的问题还存在着很大的研究空间。

二、高校教师中的社会资本测量要点

本书在涉及如何测量高校教师的社会资本时首先遇到的一个棘手的问题是教师的社会资本的内涵指标是什么？在这之前，尽管有少数学者也研究过教师的社会资本指标内涵，但还是不全面的，如华中科技大学的张峰，他把教师的社会资本分为亲缘、业缘、学缘、友缘四类，都是从人力要素本身来考虑，正如本书前面所分析的那样，这种考虑忽略了人力要素在整合过程中的氛围要素和团体要素。很多权威社会资本理论的研究者都发现和论述过在“共同体”中因为群体规范的作用大小不同，社会资本的含量就有不同，并且常以组织社会资本的形态表现出来。而在另外一些研究中往往不是从个体的角度，而是组织的角度讨论社会资本，如高校的社会资本（胡晓钦，2007；侯志军，2008；蔡文伯，2009；闫广芬，2013）、高校科研团队的社会资本（武春华，2007；项杨雪，2013），企业的社会资本（边燕杰、丘海雄，2000；韦影，2005；周宝常，2007；汤汇道，2017），而对组织社会资本的测量有相对成熟的测量体系、测量指标和测量方法，这就是根据 Nahapiet J. 和 Ghoshal 的理论所构建的测量模式。

那哈皮特和戈沙尔（Nahapiet & Ghoshal，1997）在研究社会资本、智力资本与企业价值创造之间的关系时，将社会资本分为结构维（structural dimension）、关系维（relation dimension）和认知维（cognitive dimension）三个维度。社会资本的结构维度指个体之间联结的方式，包括网络联系、网络配置形式（network configuration）和专门组织（specialized organization）。关系维度指在网络联结中所形成的关系状态，包括如信任、规范和认可、义务和期望以及识别等属性。那哈皮特和戈沙尔关于认知维度的表述较生涩，其主旨是指在沟通过程中通过语言的编码和译码，即表述、解释和理解、认同中所使用的资源和所形成的方式。蔡和戈沙尔（Tsai & Ghoshal，1998）在探讨企业内部网络的社会资本与价值创造的影响时，运用了社会资本的这三维度划分来进行实证研究。同样，那哈皮特和戈沙尔（Nahapiet & Ghoshal，1998）在《社会资本、智力资本和组织优势》一文中，也采用了上述三维度的社会资本来构建模型并进行统计分析，后来国内外学者在分析社会资本结构时都是借鉴那哈皮特的三维理论。

由于这三个维度较为宏观，更多地适用于研究组织社会资本。测量个体社会资本时，应从一些更具体的、微观的方面来考察。

笔者认为，对社会资本的测量首先要界定社会资本的内涵，社会资本指的是个体或组织为实现一定目标，能够调动和利用的嵌入于其所拥有的社会关系网络中的那部分社会资源。其次要吸纳前人研究的成果，再次要根据研究对象的特征来确定。

例如，我们要考察农民工进城求职的社会资本时，肯定要和考察高校教师科研社会资本的角度不一样，农民工在进城求职中几乎没有可以利用的组织社会资本，而高校教师在这方面则很丰富，因此，对前者的研究可以不考虑组织社会资本的因素，对后者则必须考虑。在此基础上所采用的测量手段和方法也大有不同。例如，边燕杰等在测量城市社区居民的社会资本量时，使用了“春节拜年网”，即从春节期间的初一到初五的拜年高峰期，城市居民所能列举的拜年的人数，拜年对象的职业、地位、身份，从而获得不同居民的社会资本量（边燕杰、李煜，2001）。这一方法若用在高校教师身上，则无法全面考察教师的社会资本。因为高校教师春节期间比较分散，拜年的比例非常少，即使有拜年，差异性也较大，有的是为了尽孝心，有的是为了联络感情、增加友谊。教师为了社会资本增进的投资可能不是集中在春节，而是日常的交往之中或某些时段。

笔者在考察教师的社会资本时主要从社会团体、社会网络和网络摄取三个方面来进行，也正是基于上面所谈到的三个要素：

其一，社会资本实质上是在信任和互利的基础上对结构资源的动用。高校教师要动用的资源都是嵌入于社会团体或社会网络结构中。

其二，用社会团体、社会网络、网络摄取这三个因素来考察社会资本在科尔曼、林南的研究中已有比较多的论述。科尔曼在其《社会理论基础》一书中尤其对多功能组织（appropriable organization）、信息网络（information potential)、法人行动（corporate action）给予了详尽解释。但他对如何测量个体的社会资本没有进行探讨。

林南（1999）在很多方面接受了科尔曼的观点，同时他以社会资源理论为基础，特别强调在有目的的行动中个人运用或动员这些社会资源及个人摄取这些资源的能力。这一补充使个体在社会资源运用中的行动导向更明确。肖鸿对科尔曼在社会资本研究方面给予了充分肯定：他的最大贡献表现在两个方面。第一是对社会资本的概念作了系统研究，指出了社会资本包括社会团体、社会网络和网络摄取三个方面。第二是将社会资本和人力资本的概念联系起来，认为社会资本是积累人力资本的条件。① 边燕杰、罗家德、赵延东、丘海雄等也是按照这样的分类对城市居民的社会资本进行过测量，并得出了一些适合中国国情的个体社会资本研究的成果。

其三，教师的群体特性和教师的科研特性使然。高校教师置身于高等学校之中，具有群聚性的特点。教师科研尽管以个体的人力资本为基础，但没有社会资源的支持、没有团队的合作，很难完成重要的科研任务。还有，尽管高校教师自身及周边遍布了丰富的结构资源，有些教师有兴趣使用，有些教师则不愿意动用。但社会资本的公共物品特性告诉我们，具有社会资本性质的资源不会因为使用而枯竭或短缺，反而因为使用而积累，因而资源使用的多少、资源使用的能力都构成了教师社会资本量的主要观测要素。

而要想准确测得教师社会资本的多少，光有这一层面的指标还远远不够，从哪些方面构筑二级指标和观测点呢？边燕杰（2001）、林南（2001）、赵延东（2005）在这方面已有一些很好的尝试，他们把个人的社会资本分为个人拥有的社会资本和个人使用的社会资本，而考察社会团体则以参加团体的数量和个体在团体中的位置来测量，社会网络以网络规模、网络密度、异质性连接为主要观测点，网络摄取以网络使用的类型、使用的指标、网络对象的位置三个要素来衡量。所以本书把社会团体、社会网络归于拥有的社会资本，把网络摄取归于使用的社会资本，具体的观测点也是借助这几位学者的分类，具体结构模式如表 4 - 1 所示。

① 肖鸿．试析当代社会网络研究的网络研究的若干进展［J］．社会学研究，1999（3）．

表 4-1　　　　研究指标构成要点

一级指标	二级指标	三级指标	观测点	观测的具体要素
教师社会资本	拥有的社会化资本	社会团体	参加团体的数量	学术团体：通过学术团体影响教师科研动能 行政团体：通过行政权力或行业特权间接影响 民间团体：信息支持或精神支持 其他团体：影响作用微弱
			个人在团体中的位置	上端位置 居中位置 下端位置
教师社会资本	拥有的社会化资本	社会网络	网络规模	网络单位的多少 单位网络成员的多少
			网络密度	成员间联系的紧密程度 关键时候能够动员的人员数量
			异质性	弱关系网络的数量及状况
	使用的社会资本	网络摄取	使用的类型	亲缘社会资本 友缘社会资本 业缘社会资本
			使用的指标	非正式网络选择 社会网络中流动的资源：信息与帮助
			网络对象的位置	与网络对象的熟识程度、关系强度 关系人地位特征

资料来源：作者整理。

本章小结

本章围绕高校教师科研产出的要素集成问题进行了分析。众所周知，高校教师科研绩效是一个多因子共同作用的结果，本章选取了以知识能力为主体的人力资本因素、以社会交往为主体的社会资本因素、其他因素这三块主要影响因子，对其基本内涵和作用进行了阐释。其中，人力资本因素主要指教师在教育程度、经验积累、职业技能和健康等方面的投资结果。社会资本除了个体社会资本以外，也包含组织社会资本，本章根据“拥有的社会资本”和“使用的社会资本”这两个角度对教师社会资本指标分为“社会团体”“社会网络”“网络摄取”三项。其他因素涵盖面广，包括教师的科研态度、教师的学科背景、制度因素、教学工作量饱和度等，但不是科研绩效的决定性因素。

社会支持，作为科研产出的替代变量，是指来自个人之外的各种支持的总称。在高校教师的社会资本与科研绩效产出的关系中，社会支持扮演了中间环节的角色，帮助组织或个体实现特定目标。

由于本书的分析重点在社会资本要素上，故对社会资本的测量做了进一步阐述。在对以往的研究分析之后发现，目前对社会资本的测度主要取决于对社会资本的界定，社会资本的测度也仍然处于探索性的阶段，还存在着很大的研究空间。所以文章认为，对社会资本的测量首先要界定社会资本的内涵，其次要吸纳前人研究的成果，再次要根据研究对象的特征来确定。

第五章　社会资本与科研绩效的联结

第一节　科研绩效影响的理论框架

一、关系构建

根据前文对研究目标的影响因素及相关关系的分析，基本可以构筑本书的理论框架（见图5－1）。

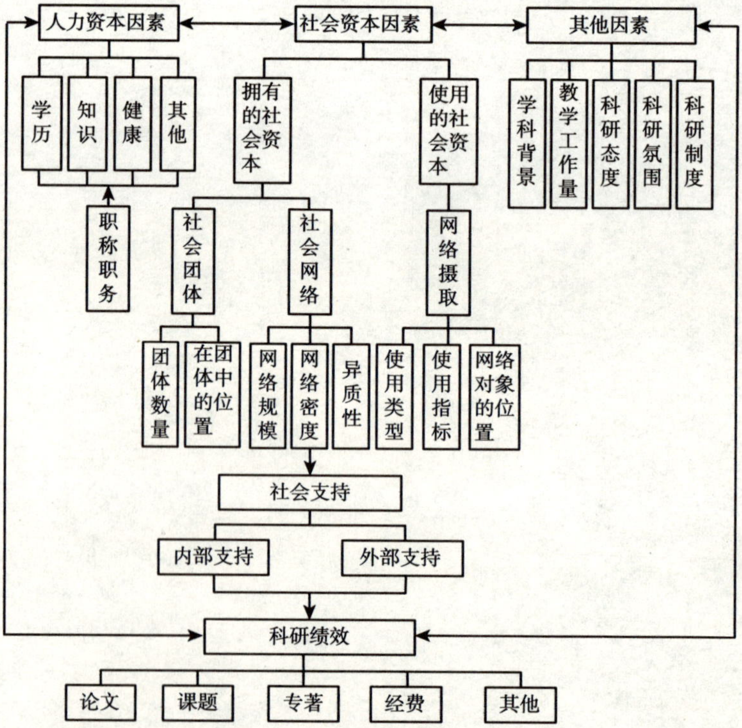

图5－1　研究的理论框架

二、对理论框架的解释

（一）研究框架构建的理论基础

要想对所研究的中心问题给予透彻的分析，必须借助前人已有的理论成果和实践成果。理论成果为研究提供思辨依据，本书所依据的理论基础为以下五点。

1. 人力资本理论。讨论个体的绩效，尤其是与人的智慧、技能相关的科研绩效，必须借助于人力资本理论。因为人力资本理论可以帮助我们很好地解释个体如何把知识、智慧和体能转化为社会的精神产品和物质产品，以及如何创造价值的。这一概念在前文已做过一些分析，这里不再赘述。

2. 社会资本理论。教师科研绩效的形成如果仅仅在人力资本的范围内来探讨，无法全面解释许多外围作用对科研的贡献率。教师依靠组织或他人的帮助获得了越来越多的科研支持和科研绩效，尽管迄今用社会资本理论探讨教师科研的成果不多，但它们关于社会资本的理论建树为本书提供了方向性指导。这一理论前面也进行过许多论述。

3. 资源依赖理论。诞生于20世纪40年代的资源依赖理论属于组织理论的分支之一，也是其重要流派，后来广泛应用于管理学的组织关系研究和经济学的资本理论研究之中，并与新制度主义理论一起成为支撑管理学发展的重要理论。其主要代表人物是杰弗里·普费弗（Jeffrey Pfeffer）与萨兰奇克（Gerald Salancik）。

资源依赖理论认为，各组织之间的资源存在极大的不平衡性，资源之间不能完全自由流动，有些资源是无形的，无法在市场上明确定价和进行交易，如组织才能、营销技能等，它们以行业内认同为衡量尺度，这些无形资源可能比机器设备等有形资源更难获取，也能在运行中带来更大的竞争优势。同时，它无法从市场上通过简单交易而实现购买。由于组织目标是不断提升的，对资源的需求也会步步提高，任何组织要想拥有所需要的一切资源几乎都不可能，总会形成在资源与目标之间的差距。因此，为了获得这些资源，组织就会同控制着这些资源的其他组织进行互动和交流，从而导致组织对资源的依赖性。因为这种依赖性，组织会（1）试图控制他们的环境，并计划对偶发事件作出预案；（2）努力搭建与其他组织的关系；（3）尽量减少对市场的依赖和对其他组织的依赖。

尽管资源依赖理论更多的是针对组织来探讨资源，但个体的资源获取模式也遵循了基本相同的准则。教师在科研过程中，既要对自身的资源给予充分地发掘和利用，也要积极利用外在资源。正是那些有价值的、稀缺的、不可替代的资源存在发掘和有效利用的不同，导致了教师即使人力资本大体相当但科研绩效存在较大的差异。因为资源有限性，这些资源不足以供应所有人和组织使用，所以那些依赖于资源并充分利用资源的教师便可以有较大的发展空间，并对其他缺乏资源的个体或组织产生影响。

4. 社会支持理论。这一理论形成于20世纪70年代，最早是生理学、心理学方面的术语，用来指称与身体健康心理健康有关的社会帮扶关系。后来，社会支持开始突破心理学界限，逐渐被其他学科关注与研究，尤其在经济学、管理学、社会学等方面。由于认识和研究角度不同，不同的学者对社会支持概念给予了不同定义。国外学者如索茨（Thoits，1994）将社会支持定义为重要的他人如家庭成员、朋友、同事、亲属和邻居等为某个人所提供的帮助功能。这些典型的功能包括社会情感帮助、实际帮助和信息帮助。考伯将社会支持区分为情感性支持、网络支持、满足自尊的支持、物质性支持、工具性支持和抚育性支持。韦尔曼运用因子分析方法，将社会支持分为感情支持、小宗服务、大宗服务、经济支持、陪伴支持5项（Wellman and Woltley，1989）。库恩等（1973）将社会支持区分为归属性支持、满足自尊的支持、物质性支持和赞成性支持4种。①

在本书中，社会支持理论成为教师社会资本转化为科研绩效的中间解释力量和替代变量，笔者也正是依据韦尔曼等的社会支持的分类方式，得出了教师科研绩效形成中的各种驱动力。

（二）相关要素的解释

1. 整体结构的安排构想。在探讨教师科研绩效的形成过程中，主要要考虑三个大的问题，一是有哪些要素影响着教师科研绩效？二是这些影响要素中什么是核心要素？三是核心要素是如何影响教师科研绩效的，其内在机制如何？这里所讲的核心要素不是指对目标产生决定性影响的要素，而是指围绕研究重点所要探索的要素。以本书为例，我们不能否定，影响教师科研绩效的决定性要素是人力资本因素，但本书要研究的重点不是人力资本如何影

① 杨海龙，楚燕杰．社会资本与“互构”的社会支持［J］．理论导刊，2007（7）：42－43.

响教师科研绩效，而是要研究社会资本如何影响科研绩效，因而本书理论框架的设计分为核心圈要素和中间层、外层要素三部分。核心圈以教师的个体社会资本要素为主体，研讨其对教师科研绩效的关系及影响机制，本书的研究假设和假设验证主要在这个层面展开。中间层讨论的是组织社会资本及人力资本对教师科研绩效的影响作用。外层主要是社会资本和人力资本以外的影响因素，它们与社会资本及人力资本要素相互补充、相互依存，共同影响科研绩效，如图 5 -2 所示。

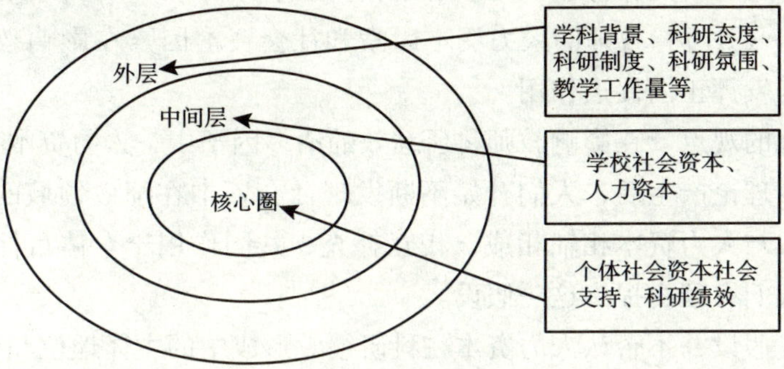

图 5 -2　研究的层次结构安排

2. 各部分的关系。如前所述，影响教师科研绩效的因素很多，但概括起来可以分为三类因素：人力资本因素、社会资本因素、其他因素。人力资本因素是教师科研绩效形成的内在因素、决定性因素，教师科研数量和质量首先取决于教师的学术水平、知识、见识的高低。社会资本要素可以为教师科研提升提供外部和内部的支持，但更多的是一种外在因素，通过对社会资本的投入，教师可以获得更多的社会支持，它对教师的人力资本是一种有力的补充，科尔曼、林南等对这方面都形成过很多结论，笔者在前面也对此进行过比较和分析。其他因素包括教师的其他主客观因素如教师的学科背景、教师对科研的态度等对科研绩效的影响也是显而易见的，不重视科学研究的教师，即使人力资本再丰富，他也没有积极性在科研的人力资本或社会资本方面去投资，他的科研产出也有可能很低。而原来社会资本匮缺的教师因为某种需要加大对社会资本的投入，从而获得更多的社会信任、社会支持之后，感受到了使用社会资本的好处，可能改变对科研的态度。所以说这三种因素之间相互影响，同时共同作用于科研绩效。

另外，在核心部分中，主要探究教师社会资本的不同方面获得了哪些社会支持，这些支持如何在科研绩效形成中发挥作用。不同的社会资本对科研绩效的不同指标分别产生哪些影响，其内在机理如何，这是研究框架设计的内涵理念。

第二节 社会资本影响科研绩效的假设构建

根据以上对研究目标和研究假设的相关因素分析，便可形成以下假设。

假设一（H1）：教师的人力资本因素和社会资本因素在影响教师的科研绩效中共同发挥正向促进作用。

按传统的观点，在影响教师科研绩效的诸多因子中，人力资本独挑大梁，但社会资本理论产生后，人们开始不断发现社会资本在绩效领域的贡献，认为社会资本与人力资本相辅相成、相互补充，共同作用于个体目标或组织目标。因此我们有理由提出这一假设。

但这一假设并不否认人力资本在科研绩效形成中的主体地位和决定作用，因为科研绩效首先是人们知识、智慧和技能转化的结果，离开这些人力资本要素，科研产出无从谈起。因此在这一命题下做出一个推论。

推论一（H1a）：在教师科研绩效形成中，人力资本的作用大于社会资本的作用。

同时，根据现实生活中存在着两个个体之间人力资本基本相当，但科研绩效却有很大差异的情况，我们认为非人力资本因素影响很大，其中社会资本因素发挥着重要作用。因此，在这一命题下做出了推论二。

推论二（H1b）：在其他条件（包括人力资本）一定的情况下，社会资本对科研绩效有较显著的正向作用。

据此，就需要进一步讨论社会资本对教师科研绩效有哪些影响，分别从哪些方面，通过什么途径来影响的，前面的分析已经涉及，教师的社会资本主要由三个要素组成：社会团体、社会网络、网络摄取，这三个要素分别代表教师社会资本的不同方面，这也就有了假设二、假设三和假设四。

假设二（H2）：教师的社会团体资源对其科研绩效有较显著的影响。

科尔曼、林南和边燕杰等相关学者的研究已经告诉我们，个体社会资本量的大小与其所拥有的团体数量密切相关，也与个体在团体中的位置紧密相连。笔者认为，在教师科研业绩形成中也遵循这样的逻辑，教师参与的社会团体数多和教师在团体中位置高的话，其获取的外部支持就多一些，在科研项目上的获取机会就大些，否则相反，因而做出两个推论。

推论一（H2a）：教师社会团体的数量多少与教师所获得的科研绩效呈正相关。

推论二（H2b）：教师在团体和组织中所处位置与其科研项目的获取及科研绩效具有正相关关系。

假设三（H3）：教师的社会关系网络状况与教师的科研绩效显著相关。

网络资源越丰富，获得科研信息和科研项目的机会越大，从而影响科研绩效。而社会关系网络状况与网络规模的大小、网络中成员之间的联系频次以及关系强弱有关。如前所述，格兰诺维特和林南都认为异质性网络也就是弱关系网络更能带来丰富的社会资本，由此得出三个推论：

推论一（H3a）：网络规模的大小与教师获取科研信息的多少以及科研支持的机会成正比，网络规模越大，科研绩效越高。

推论二（H3b）：网络成员之间的联系紧密程度与科研支持成正比，联系越多，信息量越大，同时信任度越高，也就是说，网络密度越大，科研绩效越高。

推论三（H3c）：强关系网络比弱关系网络对科研绩效的影响更显著。

假设四（H4）：教师的网络摄取即教师的人际关系利用是教师获得科研社会支持的最重要因素，对其科研绩效有显著影响。

林南和边燕杰把社会资本分为拥有的和使用的两种，认为社会资本镶嵌于社会网络结构中，仅仅拥有远远不够，还必须拿来使用。社会资本不是越用越少、越用越枯竭，而是越用越多，具有“滚雪球”效应（弗兰·汤克斯，2002）。而这种摄取和使用又与摄取的类型、途径有密切关系，根据科尔曼和林南等的观点，社会资本更多地存在于那些自发形成的多功能组织中，这些组织大多是一种约定的或联盟性质的社团等非正式组织。由此做出两个推论。

推论一（H4a）：教师动用的社会关系网络类型与其对科研绩效的影响有其显著相关性，非正式网络比正式网络对科研绩效作用更大。

推论二（H4b）：教师动用的网络途径：业缘关系、亲缘关系、友缘关系在教师获得科研的社会支持上存在着明显的差异性。

在前期的研究中笔者还发现，中国文化背景下的社会资本动用方式不同，所产生的效果明显不同，面对面交往中的肢体语言信息、情感语言信息等可以帮助教师增强交往中的认可权重、信任权重，同时使多功能组织的人气氛围更浓，据此，形成假设五。

假设五（H5）：教师人际交往的方式不同，获得科研社会支持的力度相应不同，面对面交往比非面对面交往对科研绩效的作用更大。

在分析了社会资本三要素对科研绩效的各自作用之后，我们希望了解这三个要素作为一个整体对构成科研绩效的几个主要因素的影响是如何形成的，作用大小怎样，也就是说，社会资本在使用过程中为教师带来内部和外部两方面的社会支持，这些社会支持分别作用于教师的不同科研项目和科研指标中，如论文发表、著作出版、课题和经费获取等，但能发挥的效用却有不同，因此，提出假设六。

假设六（H6）：教师的社会资本在科研产出的类型（论文、著作、课题、经费）作用上存在差异性。

本章小结

本章是核心研究的前半部分，主要交代说明从事本书研究所依据的相关理论，以及选择相关要素作为解释变量和被解释变量的理由，同时对参与研究的各指标要素的内涵和关系给予阐释，构建了本书研究的理论框架，并在此基础上形成了研究假设。

由于先前的研究者在探讨影响教师科研绩效的社会资本因素时，还没有人从实证的角度提供测量教师社会资本的有效方法，但给出了个体社会资本的一些观测维度，如社会团体、社会网络、网络摄取等，并进一步指出了各维度的考察指标，如团体规模、网络密度、关系人的地位特征等（张文宏，2003；赵延东，2005），因而本书的测量构架以此为基础。

为了探究教师科研绩效的影响因子，我们设计了六个大的假设，其间包含九个推论，用来支撑假设。在六大假设中，有五项是用来探讨个体社会资本与教师科研绩效相互关系的核心假设，其余一项为探讨人力资本和社会资本对科研绩效的共同作用。在后面的研究中，将采用定量研究和定性研究相结合的方法，对这些假设给出结论。

第六章　社会资本影响科研绩效的实证分析

第一节　变量的测量与数据获取

一、研究方法

相对于人力资本来说，社会资本的内涵和外延的把握难度更大，但社会资本既然是一种资本，就应该是可以测量的。然而，迄今为止对社会资本的测量尤其是个体社会资本的测量还非常不成熟，因而，本书在研究社会资本理论的应用时采用了社会科学研究最基本的一些方法。

（一）文献分析法

文献研究是一种通过收集和分析现存的，以文字、数字、符合、画面等信息形式出现的文献资料，来探讨和分析各种社会行为、社会关系及其他社会现象的研究方式。本书在进行文献分析时主要采用了三种分析形式：一是内容分析，即是对相关学者的论文、著作及研究成果的直接研读和整理。二是二次分析，也就是对其他研究者先前所收集的原始数据或评述进行的再次分析和研究。三是现存统计资料分析，主要集中于对哪些由国家和政府部门所编制的统计数据如《全国高校社科（科技）统计数据》《中国教育统计年鉴》等进行分析。通过文献查询多方面了解和把握国内外对于社会资本理论的研究和应用，把握国内外对于教师科研产出的研究现状。

（二）问卷调查法

亦称“书面调查法”。是用书面形式向调查者发出简明扼要的征询单

（表）来间接搜集研究材料的一种调查手段。在考察社会资本影响科研绩效时，主要是根据研究假设和研究框架设计问卷，问卷所涵盖的问题包括教师的基本情况、教师的科研产出的情况（近三年）、科研产出高低的影响因素（人力资本因素、社会资本因素、其他因素）、教师对社会网络资源的看法、教师行为倾向选择、教师扩大科研产出的措施因素等；并在访谈和试问卷的基础上，对问卷进行项目分析、探索性因素分析、验证性因素分析等信度、效度检验，剔除了一些不合格题项。问卷调查在全国 11 所高等院校的 1100 名教师中展开。

（三）统计分析法

通过相关性分析、差异性比较分析、回归分析等，实证检验社会团体、社会网络、网络摄取等因子及亲缘、友缘、业缘关系，与高校教师科研产出的相关性和影响高校教师科研产出中的差异度，实证检验不同层次和不同类型高校的教师在科研产出上的不同社会资本状况。

（四）定性分析法

以文字来描述或表达社会生活中的人物、人物的行为、态度，以及各种社会生活实践的一种方法。为了对问卷调查中所得出的一般性结论和差异性结论的成因有更深入的了解，笔者在问卷调查之后，又选择了一所一般本科院校（S 大学）作为个案学校进行研究，试图对社会资本影响教师科研的动力机制上做出更多的解剖，并对一般大学和重点大学在影响差异上寻得更多的原因。

定性分析的资料来源于笔者在 S 大学所作的访谈和实地考察。在近 20 天时间里，深度访谈了 12 位教师，并对 10 位教师进行了自由访谈。同时，通过走访 S 大学的人事处、科研处等单位对该大学的师资结构和科研状况有了基本的了解。在第五章中我们会专门对个案学校的访谈情况进行研究。

二、问卷的设计

本书的内容属于高校教师社会资本层面的研究，所需数据无法从公开资料中获得，因此数据收集采用了问卷调查的方式。问卷调查主要是要探测教师科研行为中的社会资本的使用情况，即对教师个体社会资本进行测量。这是一个富有挑战性的问题，以往国内外的研究几乎没有关于教师社会资本测量的完整的资料，而这种测量牵涉到教师科研中的社会资本包含哪些方面，即测量指标如何构成，所以问卷设计之初做了大量的探索性工作。

由于单个题项一般只能度量狭窄的概念，而社会资本含有抽象而复杂的内容，因而测量时需要设计群组多个题项。在变量的测量题项具有一致性的情况下，多个题项比单个题项更能提高信度（Churchill，1979）。因此，在问卷中我们通过设计多组题项和多个题项对研究中所涉及的解释变量和被解释变量进行了测量，以提高度量的信度和效度。根据许多学者（Churchill，1979；Dunn，Seaker，1994）的建议，问卷调查题项应考虑以下流程设计：（1）通过文献查阅和与有关人士的调查、访谈形成的题项要点和结构。（2）与学术界专家讨论。（3）向业界人士征询意见。（4）通过预测试检验和修正题项，最终形成问卷。依此建议，本书的问卷设计经历了以下阶段：

（一）国内外文献研究和概念内涵探索

在明确问卷调查的大体方向之后，为了先熟悉和了解一些基本的情况，以便对各种问题的提法和可能的回答有一个初步认识，并没有马上动手去列调查的问题，而是通过阅读大量的有关组织与个体社会资本、社会支持和科研绩效的相关理论和研究文献，借鉴与吸收与本研究相关的内容和观点，对抽象的社会资本概念有了更深刻、更全面的理解。在此基础上形成了问卷的大体框架。

（二）征求业界人士的意见

在文献阅读和框架确定之后，针对框架问卷在笔者周边的学者中进行咨询和交流，这些学者包括数位教授、副教授以及近20位博士生、硕士生，还包括国外访问学者，向他们征求对框架问卷的题项设计、题项措辞和问卷格式等方面的意见。

最初的问卷设计是根据教师交往中所形成的业缘关系、友缘关系和亲缘关系，把教师的社会资本也相应地分为业缘社会资本、友缘社会资本、亲缘社会资本，这是受了张峰（2005）、何芳玲（2008）等的启示，但通过与专家交谈很快发现，这三个方面难以全面概括教师社会资本对其科研的影响，后来受科尔曼、林南、边燕杰等人关于社会资本理论研究成果的影响，以及中国学者边燕杰、张文宏、李煜、赵延东、罗家德等人在个体社会资本测量中的启示，明确了应吸纳科尔曼和林南研究社会资本的视角，从“社会团体”“社会网络”“网络摄取”这三个方面来考察教师本身的社会资本，同时还要考察教师所依存的高校组织的社会资本，以及与社会资本因素密切相关的人力资本因素。

（三）定向访谈

为了对社会资本的这三个核心考察指标的合理性进行进一步证实，笔者根据研究需要和问卷内容拟出了6个主要问题，在8名学者中开展了访谈问卷，访谈成员及基本情况构成如表6－1所示。

表6－1　访谈成员基本情况构成

姓名	性别	教育背景	职称	专业	所在学校
L×	男	博士	副教授	金融学	湖南大学
Q××	男	博士	副教授	通信工程	东南大学
C××	女	博士	副教授	物理	兰州大学
C××	男	博士后	副教授	土木工程	南京航空航天大学
L××	女	博士后	教授	电子工程	华中科技大学
C××	男	博士	教授	金融学	湖南大学
Z××	男	博士	教授	信息工程	陕西师范大学
W××	女	博士	讲师	生物工程	厦门大学

从访谈对象的构成可以看出，这是一批国内重点大学的中坚力量，全部具有博士学位，作为国家公派访问学者，应该也是每个重点大学的科研骨干力量或新生力量，他们对教师科研的影响因素问题感受颇深，对笔者修正问卷给予了重要帮助。访谈的题目是：

1. 您认为影响教师科研绩效的非人力资本因素有哪些？目的在引导受访者将科研绩效的影响因子集中到社会资本上来，以便谈话的针对性更强。

2. 您参加的社会团体或组织对您的科研提供过哪些帮助？根据科尔曼和林南的观点，社会团体数量的多少影响个体的社会资本存量大小。

3. 对您科研帮助最大的是哪些人？他（们）是如何帮助你的？这个问题要探究的是科研绩效形成中关键人的类型、作用、支持形式、支持路径以及受访者与关键人的联结方式。

4. 您本人或身边的人有没有通过交往沟通或动用社会资源促进科研的事例？这个问题是希望进一步探求人际交往在教师科研中的主体作用究竟有多大，它想得到的是教师的某项科研成果主要是因为动用了社会资源关系，如果不动用就可能难以获得，或者在人力资本因素基本相当的情况下，动用社会资源与不动用社会资源对科研产出的影响差别。

5. 在教师科研产出的主要指标论文、著作、课题三项中您觉得哪项更难？您有什么改进的办法或建议？本题想考察的是教师科研的瓶颈在哪里？如何来突破这一瓶颈？这一问题更多的是为论文的政策建议部分提供依据。首先找到共同的难题，然后根据已经有所突破的、有较丰富科研成果的高职称教授的感想和经验来告诫年轻的教师在未来从事科研时要注意哪些问题，怎样在科研进程中少走弯路。同时对社会资本作为人力资本的补充在教师科研中的重要作用给予再次证明。

6. 您觉得有哪些好的人际交往方式可以帮助教师提高科研？这一问题跟第 5 题一样，更多的是为政策建议部分提供依据。它假定的前提是好的人际交往对教师科研有所帮助，这一假定建立在前文问卷调查的研究结论之上。探讨的是如何形成良好的人际交往。科尔曼认为，良好的交往可以在交往者之间或交往的团体中建立“期望和信任”以及“有效规范与惩罚”（1990），而这些就是社会资本的主体。当信任和有效规范建立之后，相互支持和团体内聚力就会提升，个体行为成功的可能性大大增强；林南则把人际交往的模式分为“工具性行动”和“情感性行动”。前者为达到某种目的的有指向的人际交往方式，后者为维系长久的情感关系或友谊关系而进行的交往活动，他倾向于人们更多地维系“情感性交往”。具体到一所一般本科院校，在人际交往上要保持什么样的好做法，权威学者的说法可以为我们提供一些参考。

访谈采取预约的形式，一般是在受访者办公室进行，每位访谈者的访谈时间约为 45 分钟。访谈对问卷中多数因子的效度有了简要的验证，同时也对部分设计的修改提供了启示。

（四）确定问卷初稿

根据初步研究得出的理论框架和对访问学者的访谈，最初的问卷被设计成四部分，第一部分基本信息，由 13 道填空题组成。第二部分封闭式问卷，采用里克特七等级量表模型，由 44 个单项选择题组成。第三部分半开放式非等级量表问卷，由 8 道选择题组成。第四部分其他，由 5 个题组成。

（五）试用

问卷设计成型后，并没有用它来直接做正式调查，而是先进行了试用检验。检验方法是采用非随机抽样方法选择了 S 大学工商管理学院的 40 名教师作为小样本，进行初测。初测前对样本选择做出了具体要求，如要求职称比例、年龄比例各占 1/3，同时考虑性别比例和有学术职务、行政职务的样本比例。初测共发放问卷 40 份，回收问卷 32 份。

（六）偏差的避免与问卷调整

由于本调查问卷大多数题项均采取 Likert 七点量表来表示，受试者回答问题主要建立在主观评价之上，因此可能会导致问卷结果随意性和出现偏差的问题。福勒（Fowler，1988）认为，导致问卷应答者对题项做出非准确性回答的原因主要来自四个方面：（1）应答者不知道问卷的背景和所提问题答案的相关信息。（2）应答者对所提问题的答案不知晓、无法回答。（3）虽然知道某些问题答案的信息，但涉及个人隐私或其他敏感问题应答者不想回答。（4）应答者从整体上不能理解所问的问题。

虽然我们无法完全消除以上四个因素可能导致的问题，但仍在问卷设计中采取了以下一些措施尽量降低它们对获取准确答案的负面影响。（1）为防止第一种原因所带来的问题，结合本问卷涉及内容面宽的实际情况，本问卷的发放对象绝大多数为有过科研经历的高校专任教师，其中以具有讲师及以上职称的教师为主。（2）为防止第二种原因带来的问题，结合本书研究的需要，问卷题项所涉及的数据型问题部分以近三年的科研情况和人际交往情况为主，以尽量避免因为遗忘而信息不准。（3）为防止第三种原因即敏感性、自愿性带来的问题，本书在问卷的卷首语即向应答者明确，本问卷纯属学术研究目的，内容没有对错之分。另外，为了避免涉及回答者的隐私，我们设计的某些问题都是从群体层面来考察，而不是询问教师本人。（4）为防止第四种原因带来的问题，本调查问卷的设计经历了预测试阶段，从之前听取来自学术界专家的意见到预测试，对问卷的表达方式和遣词造句进行了斟酌修改，以尽量排除题项难以理解或所表达的意思不够明确的可能性，如“网络规模”最初被人们误解为“计算机网络规模”，经修正后变为“人际网络规模”。

（七）问卷内容

除了修改文字和相关要素外，还根据初测结果对问卷的部分内容进行了调整。在第一部分，增加了教师任职年限的填空题，因为年限大多与教师的社会资本积累成正比。在第二部分的封闭式问卷中，采用主因子分析方法，对重复的问题进行了合并，把 44 个题合并为 42 个。第三部分也合并了一个内容重复的多选题。第四部分增加了 4 个题（其中 2 个为承接题，只有在回答“是”的情况下才做），增加这部分题目，是觉得初测对有些问题了解得不够，如体现教师社会资本的“关键时候可动用的人数”“是否能寻找到关键人给予重要支持”“以哪种方式找到”“在给予帮助的人中最高的行政职务或学术职务是什么?”等。

最后形成的问卷分为四个部分：第一部分基本信息，包括被调查人姓名、学历、学校层次、职称以及发表论文、著作、所获取的科研经费总额、担任学术职务。第二部分人力资本与社会资本对科研绩效影响，采用封闭式提问，共分为 3 大部分，5 小分类，42 个项目，每个项目采用 7 级评定法。第三部分网络摄取对科研绩效影响，该部分对第二部分内容做进一步延伸性探索，共 104 个项目。第四部分其他，共 9 个项目，每个项目采用开放式提问。

问卷总体设计以定量为主，结合了部分定性的内容，大部分题项是按李克特量表法进行设计的，其中有教师本人科研方面工作情况和产出情况的收集，也有对某种事物的态度或看法的陈述（李怀祖，2004），要求被调查者实事求是地对每一个问题给出客观的评判，进而通过数据分类和统计分析，得出相关的研究结论。

三、数据获取

本书的研究总体为国内本科院校的全体教师，不包括专科学校、成人高校、民办高校的教师。样本为总体中的 1100 名教师代表，样本框为被测学校的专任教师数。为了保证调查结果具有较高的信度和准确度，笔者在不同类型、层次的高校教师群体中发放问卷，并且教师自身条件分布层次也不同，如教育背景、职称、职务等。同时，为了尽可能考虑到所选样本的地区代表性，样本对象来自广东、湖南、安徽、河南、河北、吉林、陕西、北京等多个地区。面向教师群体的问卷发放 1100 份，选择了 13 所高校，其中重点本科院校6所，一般本科院校7所；综合类院校3所，多科类学校4所，单科类学校6所。问卷对象分两个层面，一是有较多科研产出的教授博士层，主要考察科研产出的影响因素。二是年轻教师，主要考察他们对科研产出获得的看法及未来为科研产出的投入性向选择。抽样方法为分层随机抽样，即每所学校的抽测对象中，兼顾性别因素、职称因素、职务因素等。

四、问卷的发放与回收

为了问卷调查工作能够顺利展开，笔者于调查前的上一年度就对拟调查的学校做了基本了解，并在各学校确定了问卷调查操办委托人，委托人一般为该校的骨干教师或中层以上教学管理人员，其中包括两位校级领导。调查表以电子邮件的形式寄发到各被调查学校，由委托人根据本校情况确定采用纸质问卷还是电子问卷形式。通过邮件方式回收的问卷中，鉴于部分被调查者可能存在马虎思想，则要求委托人在恰当的时候与他们通过电话交流，提醒他们按时完成问卷，缩短了回收周期，对于所填问卷内容不完整或填写内容明显不符合要求的，则予以剔除。上述各项措施最大限度地保证了问卷调查数据具有较高的质量。大部分问卷在两个月之内以电子邮件或特快专递的方式返回。具体发放和回收情况如表6-2所示。

表6-2　问卷分布及发放与回收情况

序号	学校名称	所在区域	学校类型	学校层次	发放问卷（份）	回收问卷（份）	回收率（%）
1	北京××大学	北京	多科性	重点	60	27	45
2	北京××学院	北京	单科性	一般	75	56	75
3	首都××大学	北京	多科性	一般	25	16	64
4	××大学	河北	综合性	重点	98	95	97
5	河南××大学	河南	多科性	一般	147	105	71
6	安徽××大学	安徽	单科性	一般	35	29	83
7	长春××学院	吉林	单科性	一般	121	110	91
8	湖南×学院	湖南	单科性	一般	80	72	90
9	中国××大学	北京	单科性	重点	114	59	52
10	××大学	湖南	综合性	重点	80	51	64

续表

序号	学校名称	所在区域	学校类型	学校层次	发放问卷（份）	回收问卷（份）	回收率（%）
11	广东××××大学	广东	单科性	一般	98	61	62
12	西安××大学	陕西	多科性	重点	60	42	70
13	湖南××大学	湖南	综合性	重点	107	92	86
小计					1100	815	74.1

五、变量的测量

（一）自变量

任何一个系统（或模型）都是由各种变量构成的，当我们分析这些系统（或模型）时，可以选择研究其中一些变量对另一些变量的影响，那么我们选择的这些变量就称为自变量。本书中的自变量包括人力资本因素自变量和社会资本因素自变量，人力资本因素的自变量因子为学历、职称、职务等，社会资本因素自变量的因子为教师参加的团体数量、个人在团体中的位置、社会网络规模的大小、网络密度、关系强弱度、网络类型、网络使用的指标、网络对象的位置等。

（二）因变量

本书中的因变量是指科研绩效。如前所述，教师科研绩效所包含的指标较多，而社会科学和自然科学领域对科研绩效的考察点又有不同，如《全国高校社科统计资料汇编》《全国高校科技统计资料汇编》就把科研产出分为两大类：一类为自然科学类科研成果，另一类为人文、社会科学类科研成果。自然科学类的科研成果的指标体现为科技课题、出版科技专著、发表学术论文、成果获奖、技术转让、知识产权授权数、专利出售，共七项；人文、社科类科研成果的指标体现为课题数、出版专著、发表论文、应用成果，共四项。因此，这里为了兼顾自然科学类和社会科学类，采用提取公因子的形式把高校教师科研绩效产出的考察指标确定为科研课题数、出版专著、发表论文、经费四项。

经费作为因变量的观测因子在四个因子中起着综合性的作用，前三个因子科研课题、专著和论文的绩效高低既可以通过其自身数量表现出来，也可以通过经费高低表现出来；另外，同一科研项目的重要程度和难易程度通常是用经费的高低来体现，科研难度大、科研质量要求高的项目往往经费资助大，因而，经费作为因变量的因子不仅可以反映科研绩效中的数量大小，也可以反映其质量高低。

为了考察教师科研绩效的大小，有必要将这四个因子的量合并到总因子中来，用公式表示为：

$$\sum p = \sum i + \sum w + \sum a + \sum f$$

其中，$\sum p$ 代表教师科研绩效总值，$\sum i$ 代表科研课题绩效值，$\sum w$ 代表专著绩效值，$\sum a$ 代表论文绩效值，$\sum f$ 代表经费绩效值。教师的科研绩效总值等于这四项绩效值的总和。

那么，每一项科研子项目如何计算分值、然后又如何加权计算总分值呢？本书主要从两个方面来测算：一是通过问卷由被测对象提供近三年所发表的论文数、所出版的学术专著数、所获得的科研课题数以及科研经费数。二是借鉴某重点大学实施已久的科研工作量折算办法进行加权折算。

由于科研项目管理从国家到各省都没有归口到一个统一的部门，因而项目的分类也比较复杂。为方便计算，在设计问卷时我们进行了简单的归类，如科研课题只分了国家级课题和省部级课题以及横向课题三类，没有再细分为重大课题、重点课题、一般课题或青年课题等，但在折算时会对系数加以考虑；著作不再分类，只按册来计算；论文也只分国家核心期刊和一般期刊两类，然后把在国外学术期刊发表的论文算在核心期刊之列，同时计算被国外 SCI、EI、ISTP 等检索的文章以及被国内 CSSCI、CSCI 等检索的文章，获得的科研经费按经费额度大小分等级计分。

归属于不同类别的科研绩效子指标，其绩效量的单位不同，为了统到一起，我们采用了中南地区某重点大学 H 大学的科技工作量的计算办法。H 大学是国内外知名的老牌综合大学，建校近百年，是国家首批“211”和“985”的高校，该校从 20 世纪 90 年代即开始试行对教师的科研工作量进行总体核算，以作为教师职称评定和晋级等的依据，该办法在 2013 年进行修订之后，一直使用至今。

1. 科技项目（见表6-3）。

表6-3　H大学人文社会科学科技工作量计算办法（2013年修订）

项目类别		基本分	系数
国家级	重大项目	20	5.0
	重点项目		3.0
	一般项目		2.0
省部级	重大项目		2.0
	重点项目		1.5
	一般项目		1.3
厅局级			1.0
横向协作			0.8

注：本办法涉及专利发明、成果获奖以及其他方面工作量计算，作者引用时有节选。

2. 论文、著作（见表6-4）。

表6-4　H大学论文、著作工作量计算办法

类别		基本分	系数
收录与引用	影响因子（I_F）≥3.0的SCI、SCIE收录 新华文摘全文收录	20	2.0
	SCI、SCIE、EI、SSCI、A&HCI收录的论文（篇） 新华文摘摘要		1.5
	ISTP收录的论文（篇） 中国社会科学文摘全文收录（篇）、CSSCI收录（篇） 新华文摘目录收录		1.0
	SCI、SSCI他人引用的论文（次/篇） 高校文科学术文摘全文或摘要收录（篇） 中国社会科学文摘摘要、人大复印资料全文或摘要收录		0.5
论文	*Science*和*Nature*杂志发表的论文（篇）		100
	SCI、SSCI期刊源期刊（篇）		1.5
	校定重点期刊（篇）（中，英文版）		1.0
	核心期刊、国外期刊、国际会议论文集发表的论文（有国际标准刊号）、国际、国内会议特邀报告		0.5

续表

类别				基本分	系数
著作	专著	学术专著	按每万字计算	20	0.6
		其他专著	按每万字计算		0.5
	编著、工具书及画册		按每万字计算		0.4
	编、译著、科普	主编	按每万字计算		0.2
		参编	按每万字计算		0.1

注：分值 = 基本分 × 权重。

根据 H 大学的这一折算标准，可以获得各子项的折算系数 r，折算系数为该项系数的均值 $\bar{r}$，如国家级课题的系数 r 等于重大课题系数加上重点课题系数加上一般课题系数除以 3，再乘以标准分，即（5 + 3 + 2）÷ 3 × 20。论文按等级不同照此推算，著作不再计算字数，统一按系数乘以标准分计算。

这样，前面的公式可变为：

$$\sum p = \sum i \times ri + \sum w \times rw + \sum a \times ra + \sum f \times rf$$

其中，ri、rw、ra、rf 分别表示课题、著作、论文、经费的系数，即科研绩效总量等于各子项绩效乘以它们的系数后相加而成。

据此也可得出各子项的系数和具体计算公式如下：（1）A_1 国家级核心期刊论文数系数为 1，A_2 一般期刊论文系数为 0.5，A_3 被 SCI、EI、ISTP 检索的论文数系数为 1.5，A_4 被国内 CSSCI、CSCI 检索的论文系数为 0.5；（2）B_1 著作数的系数为 5；（3）C_1 国家级课题数系数为 3.3，C_2 省部级课题数系数 1.6，C_3 横向课题数系数 0.8；（4）D_1 1 万 ~ 20 万元科研经费的系数为 1，D_2 20 万 ~ 50 万元科研经费的系数为 2，D_3 50 万 ~ 100 万元科研经费的系数为 3，D_4 100 万元科研经费的系数为 4。

这样科研绩效计算公式为：

$$P = \frac{A_1 + 0.5A_2 + 1.5A_3 + 0.5A_4 + 5B_1 + 3.3C_1 + 1.6C_2 + 0.8C_3 + D_1 + 2D_2 + 3D_3 + 4D_4}{12}$$

第二节　学历、职称、职务与科研状况

本书数据分析分为两个部分，第一部分为描述性统计，包括被调查对象

的描述性统计、样本科研绩效的描述性统计、影响科研绩效各因素的描述性统计、社会资本相关因素的描述性统计。第二部分为推论统计，包括信度检验、效度检验、因子分析、相关分析、回归分析。所有统计均采用 SPSS17.0 对数据进行处理。

一、被调查对象的描述性统计

本书采用问卷调查方式，在北京、河北、河南、安徽、吉林、湖南、广东、陕西等地区的 13 所高校进行随机问卷调查，共发放问卷 1100 份，回收问卷 815 份，有效回收率 74%，其中 285 份问卷由于未及时回收、未填写相关内容或者出现大面积雷同等，被视为无效问卷。问卷设计主要目的是为了调查影响高校教师科研绩效的社会资本因素。问卷的结构主要根据上面的分析框架得到，分为四个部分，第一部分是调查样本基本情况；第二部分是社会资本对科研绩效影响，其中社会资本分为个人社会资本、组织社会资本、人力资本，主要通过七级打分制进行评价；第三部分是网络摄取对科研绩效的影响，主要通过友缘、亲缘、业缘对科研绩效影响程度进行测量。第四部分采用开放式提问进一步探讨社会资本对科研绩效影响。

在本书中采用对比研究方法，调查样本分布情况如表 6－5 和表 6－6 所示。

表 6－5　　被调查者的个人情况统计

被调查者背景资料		人数	百分比（%）
性别	男	475	58.3
	女	340	41.7
学校类型	综合类	238	29.21
	单科类	387	47.48
	多科类	190	23.31
学校层次	一般	449	55
	重点	366	45

表 6－6　　　　被调查者的个人情况统计

被调查者背景资料		人数	百分比（%）
学历	博士以上	158	19.3
	硕士	525	64.3
	学士	128	15.8
	专科	4	0.5
职称	正高	159	19.5
	副高	260	31.9
	中级	349	42.9
	初级	47	5.8
	无	0	0
职务	副厅级以上	16	2
	正处级	74	9.1
	副处级	206	25.2
	科级	136	16.7
	无	383	47

调查样本的性别为：男高校教师475人，占58.3%，女高校教师340人，占41.7%，教师所处学校层次中来自一般高校449人，占55%，重点高校366人，占45%。在调查学校类型中，综合类238人，占29.20%，单科类387人，占47.29%，多科类190人，占23.31%，总体来看，调查样本分布中单科类院校相对较多。

二、样本科研绩效描述性统计

如表6－7所示，教师所处学校层次中，重点大学教师发表的核心论文数约为2.90篇/人，非核心论文数约为3.13篇/人，一般大学教师发表的核心论文约为2.49篇/人，非核心论文约为2.57篇/人，合计起来重点大学教师发表的核心及非核心论文人均数约为6.03篇/人，一般大学教师约为5.05篇/人，由此可以看出，重点大学教师所发表的论文人均数高于一般大学。

表 6-7　　近三年论文产出与样本分布情况对照

项目	样本分布		论文 核心（2178 篇）	论文 非核心（2299 篇）	论文 合计（4477 篇）
学校层次	重点	366	1061	1147	2208
	一般	449	1117	1152	2269
学校类型	综合类	238	765	825	1590
	多科类	190	595	759	1354
	单科类	387	818	715	1533
职称	正高	159	489	714	1203
	副高	260	947	1081	2028
	中级	349	708	457	1165
	初级	47	23	45	78
	无	0	0	0	0
学历	博士及以上	158	987	848	1835
	硕士	525	1087	1343	2380
	学士	128	163	206	369
	专科	4	7	9	16
	无	0	0	0	0
职务	副厅及以上	16	84	72	156
	正处	74	177	239	416
	副处	206	631	496	1127
	科级	136	476	658	1134
	无	383	807	834	1641

在教师所处的学校类型中，综合类大学教师发表的核心论文数约为 3.21 篇/人，多科类大学教师约为 3.13 篇/人，单科类发表的论文数约为 2.11 篇/人，可见多科类学校教师发表的核心论文人均数高于其他类别。非核心论文的发表人均数量分别为，综合类大学约为 3.47 篇/人，多科类约为 3.99 篇/人，单科类约为 1.85 篇/人，可见多科类学校教师发表的非核心论文人均数也高于其他类别。核心及非核心论文总数发表的人均数量分别为，综合类

大学约为6.68篇/人，多科类约为7.12篇/人，单科类约为3.96篇/人，可见多科类学校教师发表的论文人均数也高于其他类别。从总体上看，多科类教师对论文产出的贡献率最高。

在教师不同职称中，核心论文的人均发表数分别为：正高约3.13篇/人、副高约为3.64篇/人、中级约为2.03篇/人、初级约为0.49篇/人、无职称的没有，可见副高职称的教师核心论文人均产出数最多，其他依次为正高、中级、初级、无职称。非核心论文的人均产出数分别为：正高约为4.49篇/人、副高约为4.16篇/人、中级约为1.31篇/人、初级约为0.96篇/人、无职称的没有，可见正高职称教师的非核心论文人均产出数最多，其他依次为副高、中级、初级、无职称。从论文总人均产出数来看，副高职称教师对论文产出的贡献率最高。

在教师不同学历中，核心论文的人均产出数量分别为：博士及以上约为6.23篇/人、硕士约为2.07篇/人、学士约为1.27篇/人、专科约为1.75篇/人、无学历的没有，可见博士学历的教师的核心论文人均产出数最多，摇摇领先于其他学历的，而专科学历的略高于本科学历的。非核心论文的人均产出数量分别为：博士及以上约为5.36篇/人、硕士约为2.55篇/人、学士约为1.60篇/人、专科约为2.25篇/人、无学历的没有，也是博士学历教师的非核心论文人均产出最多，专科学历的也略高于本科学历的。

在教师不同职务中，核心论文的人均产出数量分别为：副厅及以上约为5.25篇/人、正处约为2.39篇/人、副处约为3.06篇/人、科级约为3.50篇/人、无职务的约为2.11篇/人，可见副厅即以上职务的教师的核心论文人均产出数最多，其他依次为科级、正处、副处、无职务的教师。非核心论文的人均产出数量分别为：副厅及以上约为4.50篇/人、正处约为3.23篇/人、副处约为2.01篇/人、科级约为4.84篇/人、无职务的约为2.18篇/人，可见科级职务教师的非核心论文人均产出最多。从论文总数上来看，副厅及以上职务的教师的人均产出数量最多，约为9.75篇/人。

如表6-8所示，教师所处学校层次中，重点大学教师出版的著作数约为1.54部/人，一般大学教师约为0.43部/人，所以重点大学教师所出版的著作人均数高于一般大学。

在教师所处的学校类型中，综合类大学教师出版的著作数约为1部/人，多科类大学教师约为1.11部/人，单科类约为0.79部/人，可见多科类学校教师出版的著作人均数略高于其他类别。

在教师不同职称中，不同职称教师出版的著作人均数量分别为：正高约1.24部/人、副高约为1.17部/人、中级约为0.66部/人、初级约为0.49部/人、无职称的没有，可见正高职称的教师著作人均产出数最多，其他依次为副高、中级、初级、无职称。

表6-8　　近三年出版著作与样本分布情况对照

项目	样本分布		著作（共计756）	项目	样本分布		著作（共计756）
学校层次	重点	366	564	学历	博士及以上	158	221
	一般	449	192		硕士	525	366
学校类型	综合类	238	239		学士	128	162
	多科类	190	211		专科	4	7
	单科类	387	306		无	0	0
职称	正高	159	197	职务	副厅及以上	16	120
	副高	260	304		正处	74	145
	中级	349	232		副处	206	253
	初级	47	23		科级	136	120
	无	0	0		无	383	117

在教师不同学历中，著作的人均产出数量分别为：博士及以上约为1.39部/人、硕士约为0.69部/人、学士约为1.26部/人、专科约为1.75部/人、无学历的没有，可见专科学历的教师的著作人均产出数最多，其他依次为博士及以上、学士、硕士，这可能与专科样本数量偏少有关。而硕士学历的教师中青年教师居多，与只有学士学历或专科学历但教龄较长的老师相比科研产出要少些。

在教师不同职务中，著作的人均产出数量分别为：副厅及以上约为7.50部/人、正处约为1.96部/人、副处约为1.23部/人、科级约为0.88部/人、无职务的约为0.31部/人，可见副厅即以上职务的教师的著作人均产出数最多，其他依次为科级、正处、副处、无职务的教师。

如表6-9所示，教师所处学校层次中，重点大学教师参与总课题数为1064个，人均拥有课题2.9个，一般大学人均课题1.02个，所以重点大学参与课题率高于一般大学，但相差比率近两倍。

表 6-9　　　　近三年参与课题与样本分布情况对照

项目	样本分布		课题 国家级（422 个）	课题 省部级（682 个）	课题 横向（518 个）
学校层次	重点	366	253	457	354
	一般	449	169	125	164
学校类型	综合类	238	237	198	134
	多科类	190	128	299	207
	单科类	387	57	185	177
职称	正高	159	135	278	263
	副高	260	220	269	128
	中级	349	47	99	105
	初级	47	20	35	21
	无	0	0	0	0
学历	博士及以上	158	140	245	195
	硕士	525	225	359	262
	学士	128	52	72	88
	专科	4	5	6	7
	无	0	0	0	0
职务	副厅及以上	16	77	108	98
	正处	74	201	218	229
	副处	206	126	256	129
	科级	136	18	100	62
	无	383	0	0	0

在教师所处的学校类型中，对比人均参与课题数上，多科类高校教师人均参与课题数量最多（3.34 项/人），其次为综合类高校教师（2.39 项/人），再次为单科类高校教师（1.08 项/人）。从参与课题类别上，综合类高校教师参与国家课题远高于其他类型高校，多科类高校教师参与省部级课题高于其他类型高校，从总体上看，多科类教师参与课题率最高，其次为综合类教师，最后为单科类，但在国家课题参与方面，综合类教师贡献率比其他类型高校教师高。

在教师不同职称中，无任何职称没有，副高以及中级所占人数比重最大，分别为 260 人（31.9%），349 人（42.9%），呈倒 U 形，在对比人均参与课题数量上，正高教师人均参与课题数量最多（4.25 项/人），其次为副高

(2.37 项/人)，再次为初级职称（1.62 项/人)，最后为中级职称（0.72 项/人)，其中副高职称参与国家课题最多，为220个，所占比重为52.06%。从总体上看，通过对比研究，正高职称教师参与课题贡献率最高，其次为副高，再次为中级职称，最后为初级职称，其中正高与副高参与课题贡献差率相比其他职称较小。

在教师不同学历中，对比人均参与课题数上，专科学历教师人均参与课题量最多，为4.5个/人，其次为博士学历，为3.67个/人，再次为硕士学历1.65个/人，最后为学士学历1.61个/人。

在教师不同职务中，没有任何职务教师所占人数比重最大，为383人(47%)，依次为副处206人（25.2%)，科级，136人（16.7%)，正处74人(9.1%)，副厅及以上16人（2%)。在调查样本中，没有任何职务的教师近三年参与课题为零，科研绩效为无。

在对比人均参与课题数上，副厅及以上最多，为17.69个/人，正处8.76个/人，副处2.48个/人，科级1.32个/人，人均参与课题数量多少与职务高低相对应，职务越高则参与课题贡献率越高，其中两极分化极大，副厅及以上教师所占人数最少，但参与课题贡献率最高，相反，无职称人数最多，但参与课题为无。

从表6-10经费的分布情况来看，明显向重点大学、高职称、高职务、高学历的教师倾斜，大部分集中在1万~50万元，拥有50万元以上科研经费的教师只占总样本的6%，没有任何科研经费的教师只有4名，主要集中在专科学历的教师中，而教授和副厅级及以上的人员科研经费主要集中在10万元以上。

表6-10　近三年科研经费与样本分布对照

项目	样本分布	科研经费							总计
		0	1万元以下	1万~10万元	10万~20万元	20万~50万元	50万~100万元	100万元以上	
学校层次	重点大学	1	35	59	132	97	40	2	366
	一般大学	3	143	100	107	87	9	0	449
	合计	4	178	159	239	184	49	2	815
学校类型	综合类	0	72	78	53	17	16	2	238
	多科类	4	59	45	46	21	15	0	190
	单科类	0	27	26	150	156	28	0	387
	合计	4	178	159	239	184	49	2	815

续表

项目	样本分布	科研经费							总计
		0	1万元以下	1万~10万元	10万~20万元	20万~50万元	50万~100万元	100万元以上	
职称	正高	0	4	12	39	73	29	2	159
	副高	0	22	37	123	63	15	0	260
	中级	2	107	110	77	48	5	0	349
	初级	2	45	0	0	0	0	0	47
	合计	4	178	159	239	184	49	2	815
职务	副厅级及以上	0	0	0	1	9	5	1	16
	正处级	0	3	9	20	21	20	1	74
	副处级	0	26	30	86	55	9	0	206
	科级	0	30	27	30	37	12	0	136
	无	4	119	93	102	62	3	0	383
	合计	4	178	159	239	184	49	2	815
学历	博士及以上	0	15	54	32	49	6	2	158
	硕士	4	151	79	154	105	32	0	525
	学士	0	12	26	49	30	11	0	128
	专科	0	0	0	4	0	0	0	4
	无	0	0	0	0	0	0	0	0
	合计	4	178	159	239	184	49	2	815

如果把科研绩效的四项主因子论文、著作、课题、经费综合在一起考虑，再来看学校层次、学校类型、教师职称、职务、学历等因素对科研绩效的整体作用，我们会发现一些集中局势和差异趋势：

第一，重点大学在论文发表上尽管比一般大学要高，总体高出约20%，但相比于著作出版和科研课题数来看，在后两者上的差距更大，都高出了近两倍。这基本上反映了当前高校科研的实际情况，一般大学的教师可以在省市一级学术期刊上发表文章，但要著书立说或与重点大学去同台竞争省部级或国家级科研课题时，他们就显得势单力薄、斩获甚微。

第二，从学校类型来看，多科类院校的科研绩效不仅明显高于单科类院校，也略高于综合类院校，这可能由两个因素导致，一是当前多科类院校与综合类院校的实际学科区分并不明显，而多科类院校具有行业优势。二是从学校样本来看，多科类院校整体科研实力较强，因而他们的科研统计数据要强于综合性大学。

第三，从样本的职称结构和学历结构来看，与他们的科研绩效基本呈正态吻合状态，即学历或职称越高，科研绩效越高。即使在论文发表中出现了副教授的论文数高于教授的情况，但综合著作和科研课题，则教授的人均科研绩效要高于副教授。学历上的趋势则比职称更明显，也就是说，不同学历之间科研绩效的差异更大，博士学历的教师对比硕士、学士学历的教师来看，科研绩效遥遥领先。专科学历的教师由于样本偏少，只有 4 个，科研产出因为个别人的绩效偏高而出现了一些偏差。

第四，从职务因素来看，职务高低与科研绩效的大小呈正相关。很明显的是，在高校中具有厅级职务的教师科研绩效最高，这可能也与两个因素相关，一是根据中国高校的干部任用模式，高校中拥有厅级职务的教师往往首先是在职多年的教授或学术精英，“教而优则仕”“科研优则仕”是高校教师发展的轨迹之一。二是中国高校的行政管理职能和教学科研职能没有明确分开，管理者是教师，他们照样要按期完成教学任务和科研任务，但不可否认，他们在完成科研任务时，手头拥有可用来交换的社会资源和社会资本，可以帮助他们获得项目和合作对象。

样本统计中还发现了另外一个有趣的现象，在被调查的 815 个问卷填写者中，有 383 人没有任何职务，他们获得的国家级和省部级科研项目总数为零，这是一种令人难以置信的结果，但考虑到被调查者中中级及以下职称的人数占了一半，而仅有中级职称者要获得省部级及国家级课题非常困难的现实情况，我们对这一数据还是予以保留。从这其中，可以看出职务因素对科研课题获取有很重要的关系。

三、影响科研绩效的描述性统计

问卷第四部分第一题要求被试将可能影响科研绩效的几项内容进行排序，现将结果统计如表 6 – 11 所示，在参与调查的 433 人中，大多数人认为前三位的影响因素为个体学术水平、个体社会关系网络资源和个体兴趣及重视程度。有 213 人认为个体学术水平对科研绩效的影响最大，占调查总体的 49. 19%，有 111 人认为排在第二位的是个体学术水平，占调查总体的 25. 64%，有 105 人认为排在第二位的是个人兴趣与重视程度，占调查总体的 24. 25%，有 112 人认为排在第三位的是个人兴趣与重视程度，占调查总体的 25. 87%，有 78 人认为排在第三位的是个体社会关系网络资源，占调查总体的 18. 01%。

表 6 – 11 影响科研成果的因素排序情况统计

排序	个体学术水平		个体社会关系网络资源		个人兴趣与重视程度		制度因素		环境因素		教学工作量饱满程度		其他	
	频次	百分比（%）	频次	百分比（%）	频次	百分比（%）	频次	百分比（%）	频次	百分比（%）	频次	百分比（%）	频次	百分比（%）
第一位	213	49. 19	109	25. 17	53	12. 24	15	3. 46	23	5. 31	19	4. 39	1	0. 23
第二位	111	25. 64	101	23. 33	105	24. 25	46	10. 62	33	7. 62	29	6. 70	8	1. 85
第三位	55	12. 70	78	18. 01	112	25. 87	69	15. 94	61	14. 09	56	12. 93	2	0. 46
第四位	22	5. 08	45	10. 39	83	19. 17	114	26. 33	111	25. 64	49	11. 32	9	2. 08
第五位	22	5. 08	34	7. 85	34	7. 85	111	25. 64	87	20. 09	95	21. 94	50	11. 55
第六位	7	1. 62	44	10. 16	14	3. 23	38	8. 78	56	12. 93	143	33. 03	131	30. 25
第七位	3	0. 69	22	5. 08	32	7. 39	40	9. 24	62	14. 32	42	9. 70	233	53. 81

注：参与本题排序调查的有效人数为 433 人。

四、社会资本相关因素的描述统计

在进行推论统计时，本书所依据的数据主要是问卷调查中封闭式问卷部分的等级分值，除此之外，我们设计了一些相关问题，主要用于补充说明影响高校教师科研绩效的因素中无法用统计方法分析的各因素，进而对相关假设进行进一步说明和解释。

如表 6－12 所示，在对比重点高校教师与一般高校教师人均担任的学术职务数量中，从总体上看重点高校教师人均担任学术职务只略高于一般高校教师，为 1.24 项/人比 1.04 项/人，相差比率较小，但实际上重点高校教师学术兼职的 65% 是在国家级或省部级学术团体中，而一般高校教师的学术兼职只有 43% 是在这一层次，其余部分是在市级或校级的学术兼职。

表 6－12　　近三年承担的学术职务与样本分布情况对比

项目	样本分布		学术职务			
			国家级（204 个）	省部级（290 个）	市级（233 个）	校级（337 个）
学校层次	重点	366	128	167	51	107
	一般	449	76	123	109	161
学校类型	综合类	238	113	139	110	363
	多科类	190	74	94	72	112
	单科类	387	17	57	51	94
职称	正高	159	84	16	101	171
	副高	260	59	57	73	61
	中级	349	22	12	14	29
	初级	47（5.8%）	0	0	0	11
	无	0	0	0	0	0
学历	博士及以上	158	82	195	102	239
	硕士	525	83	81	103	76
	学士	128	19	12	27	18
	专科	4	1	2	2	2
	无	0	0	0	0	0

续表

项目	样本分布		学术职务			
			国家级（204 个）	省部级（290 个）	市级（233 个）	校级（337 个）
职务	副厅及以上	16	38	71	78	66
	正处	74	94	133	126	92
	副处	206	65	72	28	157
	科级	136	5	12	0	22
	无	383	0	0	0	0

在对比综合类、多科类和单科类高校教师人均担任学术职务数量中，从总体上看，综合类高校教师人均担任学术职务数量最高（3.05 项/人），其次为多科类教师（1.85 项/人），最后为单科类高校教师（0.57 项/人）。其中综合类高校教师人均担任国家级、省部级、市级和校级职务数量都最多，依次为多科类和单科类高校教师。

在对比不同职称教师人均担任学术职务数量中，正高职称教师人均担任学术职务数量最多（3.28 项/人），其次为副高（0.96 项/人），再次为中级职称和初级职称（0.22 项/人），初级职称教师所担任学术职务全部是校级，共 11 项，并且正高职称人均担任学术职务数量与其他职称相差较大。其中正高职称教师人均担任国家级、省部级、市级和校级职务数量都最多，依次为副高、中级、初级职称。

在对比不同学历教师人均担任学术职务数量中，博士学历教师人均担任学术职务数量最多（3.91 项/人），硕士为 0.65 项/人，学士为 0.58 项/人，专科 1.75 项/人。专科学术职务数偏高也与样本偏少有关。

在对比不同职务教师人均担任学术职务数量中，副厅级教师人均担任学术职务数量最多（15.81 项/人），其次为正处（6.01 项/人），再次为副处（1.56 项/人）、科级（0.29 项/人），最后为没有任何职务（0 项）。并且副厅级教师人均担任学术职务数量比其他职务相差大，出现两极分化现象，没有任何职务人数有 383 人，占 47%，却没有一个担任相关学术职务。

从以上可以看出：第一，重点大学的教师学术兼职的数量与一般大学教师相差无几，但层次明显要高，国家级、省部级的学术兼职以重点大学的老师为主来承担，而一般大学的教师更多承担市级和校级学术兼职。第二，与在科研绩效统计中不同的是，综合性院校教师的学术兼职要高于多科类院校。

第三，职务越高的教师学术兼职也越多，没有任何行政职务的教师同样没有任何学术兼职。

如表6－13所示，在对比重点高校教师与一般高校教师人均参与的社会团体数量中，从总体上看，重点高校教师人均参与社会团体数量略高于一般高校教师，为2.01项/人比0.90项/人，相差一倍以上。

表6－13　近三年参加的社会团体与样本分布情况对比

项目		样本分布	社会团体	
			学术（744个）	非学术（398个）
学校层次	重点	366	489	248
	一般	449	255	150
学校类型	综合类	238	326	146
	多科类	190	249	120
	单科类	387	170	131
职称	正高	159	189	94
	副高	260	37	140
	中级	349	162	117
	初级	47	16	47
	无	0	0	0
学历	博士及以上	158	485	110
	硕士	525	230	240
	学士	128	28	45
	专科	4	0	2
	无	0	0	0
职务	副厅及以上	16	98	35
	正处	74	215	238
	副处	206	381	120
	科级	136	48	5
	无	383	1	0

在对比综合类、多科类和单科类高校教师人均参与社会团体的数量中，从总体上看，综合类高校教师人均参与社会团体数量最高（1.98项/人），其次为多科类高校教师（1.94项/人），最后为单科类高校教师（0.78项/人）。

在对比不同职称教师人均参与的社会团体数量中，副高职称教师人均参与社会团体数量最多（1.99 项/人），其次为正高（1.78 项/人），再次为初级职称（1.34 项/人），最后为中级职称（0.8 项/人），其中副高与中级职称人均参与团体数量相差较大。并且副高教师在人均参与学术团体数量上远高于其他职称教师，为 1.45 项/人，与初级职称相差比率为 1.11 项/人。

在对比不同学历教师人均参与社会团体数量中，博士及以上学历教师人均参与社会团体数量最多（3.75 项/人），其次为硕士（0.9 项/人），再次为学士（0.57 项/人），最后为专科（0.5 项/人），从上可以得出，博士及以上学历与其他学历教师人均参与团体数量相差很大，其中以人均参与学术团体数量相差最大。

对比不同职务教师人均参与社会团体数量中，副厅级教师人均参与学术团体数量最多（8.31 项/人），其次为正处（6.12 项/人），再次为副处（2.43 项/人）、科级（0.39 项/人），最后为没有任何职务（0.0026 项/人）。并且副厅级教师人均参与社会团体数量比其他职务相差大，其中没有任何职务教师只有一人次参与学术团体，无人参与非学术团体。

从表 6－14 中，将“几乎不交往”“很少交往”选项归为低频率，“交往一般”选项为中度频率，“交往较多”“交往密切”选项归为高频率，为了科研在高校教师与人员交往广泛程度方面，在调查样本 815 人中，有 586 人认为家人或亲戚交往广泛程度最低，选择“几乎不交往”“很少交往”人次最多，占调查总人数 71.9%。其次，与同事交往广泛程度最高，483 人选择“交往较多”与“交往密切”，所占样本比重为 59.3%。综观表 6－14，参与的人员认为在科研方面与业缘人群交往程度最为广泛，其次为友缘人群，再次为亲缘人群。

表 6－14　　高校教师与各类型人员科研交往广泛程度

人员类型	几乎不交往		很少交往		交往一般		交往较多		交往密切	
	频次	百分比（%）	频次	百分比（%）	频次	百分比（%）	频次	百分比（%）	频次	百分比（%）
家人或亲戚	400	49.1	186	22.8	105	12.9	91	11.2	26	3.2
同学	88	10.8	213	26.1	324	39.7	112	13.8	72	8.8
朋友或老乡	126	15.5	313	38.4	202	24.8	139	17	24	3
领导	86	10.5	176	21.6	295	36.2	200	24.6	55	6.7
同事	40	4.9	99	12.2	191	23.4	395	48.5	88	10.8
老师	64	7.9	136	16.7	217	26.6	271	33.3	117	14.4
科研管理或编辑	88	10.8	88	10.8	187	22.9	236	29	121	14.9
其他业内人士	193	23.7	193	23.7	135	16.6	219	26.9	66	8.1

从表6－15可以得出，将选项“一次”“没有”归为低频率，“2～3次”“4～5次”归为中频率，“5次以上”归为高频率，在高校教师为了科研每学期与各类人员直接交往，包括见面、吃饭、聚会等方面，在参与调查的815人中，有579人认为与家人几乎没有联系，所占样本71%，在与各类人员直接交往中，与家人交往次数最少，其次为同学，有487人认为几乎没有交往。再次在交往为高频率中（4次以上），有234人认为同事为科研交往最为频繁，所占样本28.7%，204人认为与科研管理或编辑交往为高频率，所占样本25%，有200人认为与其他业内人士交往为高频率，所占样本24.5%。综观表6－15，为了科研每学期与业缘人群直接交往次数比友缘、亲缘人员要多，但在业缘人群中，领导、同事、老师、科研人员、其他业内人士交往频次相差不大，区分度不高。

表6－15　高校教师为了科研与下列人员见面聚会次数

人员类型	没有		1次		2～3次		4～5次		5次以上	
	频次	百分比（%）	频次	百分比（%）	频次	百分比（%）	频次	百分比（%）	频次	百分比（%）
家人或亲戚	436	53.5	143	17.5	126	15.5	55	6.7	46	5.6
同学	295	36.2	192	23.6	192	23.6	72	8.8	55	6.7
朋友或老乡	297	36.5	226	27.7	210	25.8	43	5.3	29	3.5
领导	169	20.7	226	27.7	229	28.1	128	15.7	55	6.7
同事	117	14.3	227	27.8	236	28.9	131	16.1	103	12.6
老师	145	17.8	200	24.6	272	33.4	102	12.5	86	10.5
科研管理或编辑	210	25.8	162	19.9	229	28.1	109	13.4	95	11.6
其他业内人士	229	28.1	179	22	197	24.2	150	18.4	50	6.1

从表6－16可以得出，将选项“一次”“没有”归为低频率，“2～3次”“4～5次”归为中频率，“5次以上”归为高频率，在高校教师为了科研每学期与各类人员间接交往，包括电话、邮件、口信等方面，在参与调查的815人中，有600人认为与家人几乎没有间接联系，所占样本73.5%，其次为同学，有461人认为几乎没有交往。再次是在间接交往为高频率中（4次以上），有333人认为同事为科研交往最为频繁，所占样本40.9%，有307人认为与老师交往为高频率，所占样本37.7%，有243人认为与其他业内人士交往为高频率，所占样本29.8%。综观表6－16，为了科研每学期与业缘人

群间接交往次数比友缘、亲缘人员要多，但在业缘人群中，与直接交往相比，领导、同事、老师、科研人员、其他业内人士交往频次相差较大，并且通过表6－17、表6－18比较，高校老师在科研方面与相关人员交往过程中更倾向于间接联系。

表6－16　　高校教师为了科研每学期以电话、口信等方式与下列人员沟通次数

人员类型	没有		1次		2～3次		4～5次		5次以上	
	频次	百分比（%）	频次	百分比（%）	频次	百分比（%）	频次	百分比（%）	频次	百分比（%）
家人或亲戚	477	58.5	122	15	161	19.8	33	4.1	12	1.4
同学	172	21.1	289	35.4	198	24.3	114	14	33	4
朋友或老乡	161	19.8	269	33	195	23.9	133	16.3	48	5.9
领导	104	12.8	229	28.1	229	28.1	186	22.8	57	7
同事	93	11.4	152	18.7	233	28.6	121	14.9	212	26
老师	91	11.2	161	19.8	245	30.1	196	24	112	13.7
科研管理或编辑	139	17	183	22.5	267	32.8	156	19.1	59	7.3
其他业内人士	188	23.1	167	20.5	252	30.9	121	14.9	81	9.9

表6－17　　各类人员对您科研项目获取的帮助力度

人员类型	几乎没有		很小		一般		较大		很大	
	频次	百分比（%）	频次	百分比（%）	频次	百分比（%）	频次	百分比（%）	频次	百分比（%）
家人或亲戚	398	48.8	186	22.8	157	19.3	37	4.6	31	3.8
同学	182	22.3	265	32.5	188	23.1	133	16.3	37	4.6
朋友或老乡	285	35	183	22.5	192	23.6	118	14.7	24	3
领导	79	9.7	217	26.6	219	26.9	210	25.8	81	10
同事	142	17.5	151	18.5	179	21.9	181	22.2	156	19.1
老师	93	11.4	176	21.6	218	26.7	217	26.6	104	12.8
科研管理或编辑	114	14	174	21.3	245	30.5	162	19.9	107	13.1
其他业内人士	212	26	120	14.7	288	35.3	119	14.6	67	8.2

注：在表中从各类人员对科研项目获取帮助力度方面，亲缘给予帮助最小，其次为友缘，而业缘帮助力度最大。调查样本815人中有584人认为家人帮助力度最小，所占72%，其次有285人认为朋友或老乡帮助较小，所占样本35%，再次为同学，有447人认为同学对其帮助较小，占样本55%。在业缘中，337人认为同事对其帮助力度最大，所占41%，其次为老师，321人认为老师对其帮助最大，所占样本39%，再次为领导，有291人认为领导对其项目获取帮助力度最大，所占样本36%。

表6－18　　各类人员对您科研成果发表帮助力度

人员类型	几乎没有		很小		一般		较大		很大	
	频次	百分比（%）	频次	百分比（%）	频次	百分比（%）	频次	百分比（%）	频次	百分比（%）
家人或亲戚	455	55.8	134	16.4	133	16.3	71	8.7	8	1.2
同学	229	28.1	297	36.5	160	19.6	81	9.9	41	5
朋友或老乡	177	21.7	269	33	207	25.1	115	14.1	40	4.9
领导	112	13.8	267	32.8	167	20.5	157	19.3	103	12.6
同事	117	14.4	205	25.2	204	25.1	112	17	142	17.5
老师	95	11.7	174	21.3	229	28.1	190	23.3	117	14.3
科研管理或编辑	99	12.2	208	25.5	178	21.9	227	27.8	93	11.4
其他业内人士	221	27.1	131	16.1	255	31.3	120	14.7	78	9.6

注：在高校教师科研成果发表方面，亲缘给予的帮助力度最小，其次为友缘，而业缘给予的帮助较大。参与调查的815人中，有589人认为家人或亲戚在这方面给予的帮助力度较小，占调查总人数的72%。其次为同学，有526人认为其帮助较小，占调查总人数的64.54%。再次为朋友或老乡，共有446人认为提供的帮助较小，占调查总人数的54.7%。在业缘中，科研管理或编辑人员给予的帮助最大，有319人认为他们给予的帮助较大，占调查总体的39.2%，其次为老师，有306人认为帮助较大，占调查总体的37.6%，再次为同事和领导，分别有281人、260人，分别占调查总体的34.5%和31.9%。

如表6－19所示，在高校教师的科研成果评奖方面，亲缘给予的帮助最小，其次为友缘，业缘给予的帮助较大。参与调查的815人中，有619认为家人或亲戚在这方面给予的帮助较小，占调查总体的75.9%。其次为同学、朋友或老乡，分别有526人、446人认为他们在科研成果评奖方面给予的帮助较小，分别占调查总体的64.6%和54.7%。而业缘中同事给予的帮助最大，共有304人认为其给予的帮助较大，占调查总体的37.3%，其次为老师，有273人认为作用较大，占总体的33.5%。

表6－19　　各类人员对您科研成果评奖帮助力度

人员类型	几乎没有		很小		一般		较大		很大	
	频次	百分比（%）	频次	百分比（%）	频次	百分比（%）	频次	百分比（%）	频次	百分比（%）
家人或亲戚	447	54.9	171	21	124	15.3	35	4.3	31	3.8
同学	291	36.6	231	28.3	164	20.1	84	10.3	31	3.8
朋友或老乡	241	29.6	265	32.5	177	21.7	82	10	40	4.9

续表

人员类型	几乎没有		很小		一般		较大		很大	
	频次	百分比（%）	频次	百分比（%）	频次	百分比（%）	频次	百分比（%）	频次	百分比（%）
领导	134	16.4	204	22.5	267	32.7	166	20.4	55	6.8
同事	148	18.2	135	16.6	224	27.5	192	23.6	112	13.7
老师	141	17.3	179	22	214	26.3	164	20.1	109	13.4
科研管理或编辑	200	24.5	187	22.9	179	22	152	18.7	86	10.6
其他业内人士	257	31.6	165	20.2	165	20.2	120	14.7	95	11.7

如表6－20所示，从亲缘、友缘、业缘的三个维度看，这三类人群分别为高校教师科研绩效提供不同方面的科研支持。具体情况如下：家人或亲戚等亲缘关系主要给予精神上支持和提供宽松的工作环境，其中有494人选择精神支持选项，占调查总体的60.6%，269人选择提供宽松的工作环境选项，占调查总体的33%。同学、朋友或老乡等友缘关系主要提供精神上的支持和信息，其中350人认为朋友或老乡能够为高校教师提供信息，占调查总体的42.9%，346人认为同学能够为其提供信息，占调查总体的42.4%，260人认为同学能够给予其精神上的支持，占调查总体的31.9%，222人认为同学能够给予其精神上的支持，占调查总体的27.2%。而业缘关系中的各相关群体给予的帮助相对较多，且覆盖的方面较广，其中领导主要给予的帮助为提供信息、提供学术建议和宽松的工作环境，选择人数分别为270人、231人和200人，分别占调查总体的33.1%、28.3%和24.6%。同事主要提供信息、直接参与合作以及提供学术建议，支持人数分别为360人、293人、286人，分别占调查总体的44.2%、35.9%和35%。老师主要是提供信息、学术建议和精神上的支持，支持人数分别为305人、290人、213人，分别占调查总体的37.4%、35.6%和26.1%。科研管理或编辑人员主要是提供信息、给予宽松的工作环境以及给予学术建议，支持人数分别为338人、186人、178人，分别占调查总体的41.5%、22.8%和21.9%。其他业内人士则主要是提供信息、精神支持及项目上的决定性帮助，支持人数分别为275人、186人和183人，分别占调查总体的38.8%、22.8%和22.5%。

表 6－20　　各类人员对高校教师科研支持主要方面

人员类型		项目上给予决定帮助		给予宽松工作环境		精神支持		提供信息		提供学术建议		直接参与合作		经济支持	
		频次（%）	百分比（%）	频次（%）	百分比（%）	频次（%）	百分比（%）	频次（%）	百分比（%）	频次（%）	百分比（%）	频次（%）	百分比（%）	频次（%）	百分比（%）
家人或亲戚	是	135	16.6	269	33	494	60.6	114	14	33	4.1	11	1.4	90	11.2
	否	680	83.4	546	67	321	39.4	701	86	782	95.9	804	98.6	725	88.8
同学	是	86	10.5	157	19.3	226	27.7	344	42.2	139	17	37	4.6	8	1.8
	否	729	89.5	658	80.7	589	72.3	471	57.8	676	83	778	95.4	807	98.2
朋友或老乡	是	81	9.9	78	9.6	260	31.9	350	42.9	196	24	38	4.7	24	3
	否	734	90.1	737	90.4	555	68.1	465	57.1	619	76	777	95.3	791	97
领导	是	164	20.1	200	24.6	196	24	270	33.1	231	28.3	83	10.2	86	10.6
	否	651	79.9	615	75.4	619	76	545	66.9	584	71.7	732	89.8	729	89.4
同事	是	84	10.3	79	9.7	209	25.7	360	44.2	285	35	293	35.9	50	6.1
	否	731	89.7	723	90.3	606	74.3	455	55.8	530	65	522	64.1	765	93.9
老师	是	167	20.5	83	10.2	213	26.1	305	37.4	290	35.6	103	12.6	62	7.6
	否	648	79.5	732	89.8	602	73.9	510	62.6	525	64.4	712	87.4	753	92.4
科研管理或编辑	是	174	21.3	186	22.8	148	18.2	338	41.5	178	21.9	77	9.4	121	14.9
	否	641	78.7	629	77.2	667	81.8	477	58.5	637	78.1	738	90.6	694	85.1
其他业内人士	是	183	22.5	76	9.3	186	22.8	316	38.8	124	15.2	55	6.8	38	4.7
	否	632	77.5	739	90.7	629	77.2	499	61.2	691	84.8	760	93.2	777	95.3

从给予科研支持的不同方面来看，在项目上给予决定性支持最多的是其他业内人士，在给予宽松的工作环境上给予支持最多的是家人或亲戚，给予最多精神支持的也是家人或亲戚，提供信息和直接参与合作最多的是同事，给予学术建议最多的是老师，给予经济支持最多的是科研管理或编辑人员。

第三节　社会资本影响科研绩效的机理分析

一、项目筛查

本书对第二部分封闭式问卷进行项目筛查的标准有两个：（1）因子负荷值小于0.4。（2）项目同时在两个及两个以上因子负荷达0.4以上。根根据筛查标准，对预测结果进行初步的因素分析，通过斜交旋转，删除对任一因素的负荷量小于0.4的项目。

二、信度检验与效度检验

第二部分封闭式问卷的信度和效度是考查问卷测量的可靠性和有效性，在对问卷进行数据分析前，必须考察其信度和效度，只有数据达到统计学的信度、效度要求，其分析结果才具有说服力。

（一）前测问卷的信度效度分析

1. 信度。所谓信度即是测量数据与结论的可靠程度，即测量工具能否稳定地测量到他要测量的事项程度。

在无复本又不准备重测的情况下，通常采用折半法以估计信度，按题目的单、双数分成两半记分，再根据各个人的两部分的总分，计算其相关系数，就得到折半信度Rhh。

2. 效度。所谓效度就是正确性程度，即测量工具确能测出其所要测量的特质的程度。效度越高即表示测量结果越能显示其所测量的对象的真正特质。效度检查，在理论研究中通常采用构建信度，即了解测量工具是否反映了概念和命题之间的内部结构。

理论假设一般是陈述两个变量之间的具有相关关系。但是测量同一个概念可以用多个指标，如果不同指标的测量都反映出理论假设的关系，那么测量就具有构建信度。因此，如果要测量的因变量与所测量的自变量之间是呈正相关，则这一测量两标配具有构建信度。

3. 信度与效度的关系。信度低，效度不可能高。信度高，效度未必高。效度低，信度有可能高。效度高，信度必然高。

4. 辨别力。辨别力是检查问卷各个自变量对因变量的区分程度。

变量辨别力的测量，即用每一个变量所得分的最高的25%与最低得分的25%之间的比值，如果比值大于1，那么此题目即具有辨别力，如果比值小于1，那么这个题目就是必须删除的。

在进行前测工作中，在湖南×学院教师中共发放问卷40份，回收32份，有效回收率80%，将前测数据输入SPSS17.0中进行信度、效度检验，得出数据如表6-21所示。

表6-21　　前测数据信效度

题目	一级指标	二级指标	信度	效度	辨别力
Q1	人力资本		0.621	0.511	1.357
Q2			0.474	0.325	1.134
Q29			0.313	0.328	1.672
Q30			0.557	0.594	1.428
Q31			0.964	0.637	1.670
Q32			0.346	0.726	2.013
Q33			0.277	0.735	1.634
Q6	个人社会资本	社会团体	0.641	0.634	1.815
Q7			0.733	0.468	1.684
Q8			0.819	0.561	1.351
Q9			0.954	0.347	1.234
Q10			0.466	0.534	1.261
Q11		社会网络	0.563	0.526	1.264
Q12			0.627	0.357	1.362
Q13			0.778	0.394	1.762
Q14			0.692	0.298	1.267
Q24			0.913	0.269	1.861
Q25			0.964	0.638	1.326
Q26			0.677	0.453	1.854
Q27			0.554	0.732	1.502
Q28			0.662	0.613	1.367

续表

题目	一级指标	二级指标	信度	效度	辨别力
Q15	个人社会资本	网络摄取	0.826	0.586	2.031
Q16			0.384	0.576	1.537
Q17			0.564	0.591	1.629
Q18			0.736	0.751	1.326
Q19			0.862	0.369	1.548
Q20			0.742	0.591	2.034
Q21			0.698	0.624	1.529
Q22			0.284	0.334	0.897
Q23			0.336	0.461	0.736
Q39			0.317	0.842	1.536
Q40			0.466	0.793	2.063
Q41			0.374	0.843	2.034
Q42			0.932	0.346	1.076

通过对第二部分与第三部分各个变量的试调查数据分析，可见各个测量变量的信度、效度与辨别力基本都达到问卷设计的基本目的，也就是从数据来看，信度、效度与辨别力都较高，但 Q22、Q23 的辨别力小于 1，分别为 0.897、0.736，且综合二者的信效度来看，得分较低，因此将其剔除。本问卷能够达到预期的调查结果。

在计算过程中，只对第二、第三两部分共计 51 道题目进行相关信效度检验。第一部分个人基本信息和第四部开放性问题不单独进行检验，而是将相关数据融入第二部分之中。

（二）后测问卷的信效度检验

1. 信度检验。本书采用 Cronbach's alpha 的一致性系数（α 系数）来分析问卷信度。a 系数越接近于 1，表示信度越高。一般而言，信度系数在 0.70 以上为统计学可接受的标准。经检验，问卷各变量的 Cronbach's alpha 系数分析结果如表 6－22 所示。

表 6－22　问卷的信度系数

变量	Cronbach'α 系数
人力资本	0.8565
个人社会资本	0.8362

由表6-22可以看出，问卷的Cronbach's alpha系数都达到了0.80以上，问卷具有较高的信度。

2. 效度检验。

（1）内容效度。内容效度表示一个测验实际测到内容与所要测量的内容之间的吻合程度，它反映了测量内容或测量指标与测量目标之间的适合性和逻辑相符性。对问卷来说，项目取样的代表性问题是内容效度的主要考察方面。项目的内容取样对所要测量的内容或行为领域的代表程度决定着测验内容效度的高低。测验的内容效度较高，才能根据被试的测量分数对总体做出推论。否则，这种推论将是无效的。

为了保证本量表有较可靠的内容效度，本书做了如下工作：第一，对所要测量的内容做了明确、具体、详细的定义。第二，专家评定。在专家评定这个环节，主要是请业内教授、博士对我们编制好的项目，按照操作定义对项目内容的代表性逐个进行评定，根据专家评定的结果和建议对项目进行修订，以进一步保证项目内容的合适性和代表性。

（2）建构效度。建构效度分为两种：收敛效度与区别效度。收敛效度是指相同概念里的项目，彼此之间相关度高。区别效度是指不同概念里的项目，彼此相关度低。关于衡量建构效度的方法，克林格（F. N. Kerlinger, 1986）提出：①个别项目分数和总分的相关系数，作为验证量表的建构效度指标，当每一项个别项目与总分相关系数显著时，则代表该量表具有良好的建构效度，而当个别项目与总分的相关系数不显著时，则应将个别项目去除。②因子分析法。同一构面中，因子负荷值越大（通常为0.5以上），表示收敛效度越高；每一个项目只能在其所属的构面中，出现一个大于0.5以上的因子负荷值，符合这个条件的项目越多，则量表的区别效度越高。

在建构效度方面，本书采用克林格以上的做法，首先采用因子分析法来验证问卷的建构效度。因子分析的目的是用少量因子代替多个原始变量，采用因子分析法中的主成分分析法，因子的旋转方式利用直交旋转，即方差最大旋转方式。并将特征值大于1作为因子提取的标准。在做因子分析之前，需要使用KMO（Kaiser-Meyer-Olkin）样本测度来检验数据是否适合做因子分析。KMO越接近1，越适合作公共因子分析。KMO过小，不适合作因子分析。KMO在0.9以上，非常适合；0.8~0.9，很适合；0.7~0.8，适合；0.6~0.7，不太适合；0.5~0.6，很勉强；0.5以下，不适合。下面对人力资本、个人社会资本和组织资本进行因子分析以检验。

①人力资本。对人力资本的 7 个题项进行因子分析以检验其建构效度。结果如表 6－23 所示。

表 6－23　　人力资本各指标因子载荷值及 KMO 检验结果

变量	题　项	因子载荷值	KMO 检验结果	
人力资本	1 知识等人力资本因素在科研产出中的作用	0.816	KMO 统计量	0.836
	29 职称高低对科研项目的获取的影响程度	0.768		
	30 职务高低对科研产出的影响程度	0.665		
	31 行政职务对科研产出的影响程度	0.846		
	32 学术职务对科研产出的影响程度	0.631		
	33 学历高低对科研产出的影响作用	0.853	（显著性）Sig.	0.000

表 6－23 中的因子载荷值数据和 KMO 检验结果显示，人力资本因子对其下面设置的 8 个题项也具有较大的影响，且具有单维度的特点，KMO 值为 0.836，Bartlett 统计值的显著性概率为 0.000，各题项的因子载荷系数均大于 0.5（最大值为 0.862，最小值为 0.631），表明具有很好的建构效度。

②个人社会资本。对个人社会资本进行因子分析，初步验证个人社会资本的评价指标体系的结构效度。结果如表 6－24 和表 6－25 所示。

表 6－24　　个人社会资本一阶因子载荷值及 KMO 检验结果

变量	题　项	因子载荷值			KMO 检验结果
		社会团体	社会网络	网络摄取	
社会团体	6 您参加的学术团体或组织的数量	0.778			KMO 统计量 0.895
	7 您参加的非学术团体或组织的数量	0.757			Bartlett 球度检验 699.739
	8 您在学术团体或组织中的位置	0.752			
	9 您在非学术团体或组织中的位置	0.656			
	10 您所参加的团体或组织内的信任与合作程度	0.639			（显著性）Sig. 0.000

续表

变量	题　项	因子载荷值			KMO 检验结果
		社会团体	社会网络	网络摄取	
社会网络	11 您的人际网络规模的大小		0.878		KMO 统计量 0.853
	12 您与同事、科研管理人员的交往频率		0.773		Bartlett 球度检验 628.325
	13 您与身边一般朋友的交往频率		0.744		
	14 您与身边亲密朋友的交往频率		0.701		
	24 人际交往和关系网络对您论文发表的支持		0.682		
	25 人际交往和关系网络对您著作出版的支持		0.655		
	26 人际交往和关系网络对您高档次的论文发表和著作出版的支持		0.586		
	27 人际交往和关系网络对您的纵向课题和经费获取的支持		0.542		
	28 人际交往和关系网络对您的横向课题和经费获取的支持		0.523		（显著性）Sig. 0.000
网络摄取	15 您利用非正式网络获得科研项目的可能性			0.854	KMO 统计量 0.885
	16 您通过学术圈内人员获得科研项目的可能性			0.828	Bartlett 球度检验 753.285
	19 您通过同事、领导、老师、学术圈人士、科研部门责任人、编辑出版责任人等业缘关系获得科研项目的可能性			0.801	
	18 您通过同学、朋友、老乡等友缘关系获得科研项目的可能性			0.776	
	17 您通过家人、亲戚等血缘关系获得科研项目的可能性			0.752	
	20 与相关人员面对面的交往对科研支持的作用			0.741	（显著性）Sig. 0.000
	21 与相关人员非面对面的交往对科研支持的作用			0.725	
	22 能找到愿意给您提供科研帮忙的直接责任人的可能性			0.687	
	23 某些关键人对您的科研帮助作用			0.662	

表 6－25　　一阶因子在个人社会资本上的因子负重

个人社会资本的一阶因子	因子负重
社会团体	0.819
社会网络	0.860
网络摄取	0.946
累计解释总体方差变异	76.583%

表6－24中的因子载荷值数据和KMO检验结果显示，社会网络对其下面设置的9个题项具有较大的影响，且具有单维度的特点，KMO值为0.895，Bartlett统计值的显著性概率为0.000，各题项的因子载荷系数均大于0.5（最大值为0.778，最小值为0.639），表明具有很好的建构效度。社会团体对其下面设置的5个题项也具有较大的影响，且具有单维度的特点，KMO值为0.853，Bartlett统计值的显著性概率为0.000，各题项的因子载荷系数均大于0.5（最大值为0.878，最小值为0.605），表明具有很好的建构效度。网络摄取对其下面设置的9个题项也具有较大的影响，且具有单维度的特点，KMO值为0.885，Bartlett统计值的显著性概率为0.000，各题项的因子载荷系数均大于0.5（最大值为0.908，最小值为0.554），表明具有很好的建构效度。

从表6－25输出结果来看，衡量个人社会资本的三个二阶因子经过因子分析合并为一个因子，累积了解释总体方差变异的76.583%，且经计算该因子的Cronbach内部一致性系数（α系数）达到0.9108。说明测量具有较高的一致性程度而且内部结构良好。我们将合并、浓缩之后的这个因子命名为“个人社会资本”。结果表明本书采用的个人社会资本评价指标体系结构效度良好。

三、社会团体、社会网络、网络摄取与科研绩效

为验证研究构思中各变量之间的相互关系，应用了Pearson相关分析的方法。本书涉及的显著性水平，带有*表示在0.05水平上显著，带有**表示在0.01水平上显著。

（一）教师的人力资本、社会资本与科研绩效的相关分析

在问卷中，教师的人力资本主要以其学历、职称、职务来衡量，社会资

本主要以教师参加的社会团体的多少、个人在社会团体中的位置、人际网络规模的大小、人际交往的频率、关系强弱、人际网络类型等来考察，科研绩效的因子为论文、著作、课题、经费四项。通过分析得出结果见表6－26。

表6－26　人力资本、社会资本与科研绩效的相关分析结果

	人力资本	个人社会资本	科研绩效
人力资本	1.000		
社会资本	0.451 *	1.000	
科研绩效	0.749 **	0.685 **	1.000

注：* $P<0.05$，** $P<0.01$。

从表6－26可以看出，人力资本和社会资本在0.01的显著性水平上与科研绩效正相关，相关系数分别为0.749和0.685。社会资本与人力资本在0.05水平上显著相关，相关系数为0.451。说明教师的人力资本因素和社会资本因素在影响教师的科研绩效中存在着明显的相关性，且人力资本的相关性更明显。

人力资本与社会资本的相互关系以及对个人目标达成的作用，在很多学者那里都得到过论证。阿尔钦和德姆塞（Alchian and Demsetz，1972）强调人力资本的合作效率，认为人力资本靠单个个体所起的作用较小，只有通过协作和发挥团队精神才能得到充分释放，而这也恰好证明了社会资本对人力资本的形成具有协同效应。迪菲里皮和亚瑟（DeFillippi and Arthur，1998）认为，人力资本与社会资本是互相依赖的，经由知识分享与转移这个自我强化的过程，组织成员愿意继续参与不同的方案，并在这过程中再度拓展以及累积组织的人力以及社会资本；科尔曼（Coleman，1988）、博特（Burt，1992）、塔西和戈沙尔（Tasi and Ghoshal，1998）等学者认为，不论资本的形式如何，其重要的功能都在于形成资源和创造财富，但社会资本不但可以用来发展人力资本，社会资本也可扩增财力资本。刘丽珍（2007）认为，社会资本对个体人力资本能够进行有效连接和整合。项保华（2007）提出，社会资本为人力资本产生和提升环境条件和动能。刘晓菁（2009）指出，人力资本由个体的素质要素和能动性大小而确定，个体人力资本作用的发挥最终取决于个体所处的社会环境。闫庆友（2013）研究发现，通过共享价值和社会规范的渗透作用，不但节约物质资本的投入、提升人力资本的效率和促进技术创新的发展，而且还促进社会资本的本身积累。

当然，个人社会资本同时也受到个人人力资本的影响。个体人力资本的存量能促进社会资本的产生和积累，因为受过良好教育和培训的个体往往能够进入资源丰富的社会圈子和团体中（边燕杰，2004），更容易接近高层次的人员，从而关系网络也会更加广发少年，构筑更多的社会资本；同时，具有良好的个人特质和态度等会得到更多人的信任，便于关系网络的建立。

这些学者的观点为我们探讨人力资本和社会资本的关系提供启示，在对科研绩效的影响过程中，两者发挥着协同作用，共同从事财富与资源的织造与再生，不过我们的研究中进一步得出了人力资本比社会资本对科研绩效具有更大的相关性。

（二）社会资本与科研绩效的相关分析

如前所述，教师社会资本在本书研究中界定为三个观测因子：社会团体、社会网络、网络摄取，三个因子下分别由一组问卷来考察（见表6－27）。

表6－27　个人社会资本及其一级指标之间的相关分析结果

	社会团体	社会网络	网络摄取
社会团体	1.000		
社会网络	0.431**	1.000	
网络摄取	0.468**	0.561**	1.000
个人社会资本	0.756**	0.824**	0.851**

注：* P＜0.05，** P＜0.01。

将个人社会资本及其一级指标做相关分析，分析结果显示，个人社会资本与其各指标、各指标之间相相关系数均达到了极显著的水平，从一个侧面反映了个人社会资本各指标的归属较好，内部一致性较高。比较而言，一级指标网络摄取与个人社会资本的相关性较社会团体和社会网络要大。

将个人社会资本一级指标与科研绩效及其指标做相关分析，表6－28的分析结果显示，科研绩效的各个维度和社会资本的各个维度存在极显著相关，其中网络摄取对各科研绩效指标的相关性最大，达到了0.628，其次为社会网络（相关系数为0.605）、社会团体（0.584）。说明了教师社会资本的三个核心指标社会团体、社会网络和网络摄取对其科研绩效都有显著影响，这其中又以网络摄取更为重要。相对于著作、课题、科研经费来说，论文与个人社会资本的三个一级指标的相关最低。

表 6-28　　个人社会资本一级指标与科研绩效及其指标的相关分析结果

	社会团体	社会网络	网络摄取
论文	0.368 **	0.435 **	0.446 **
著作	0.573 **	0.567 **	0.682 **
课题	0.482 **	0.526 **	0.669 **
科研经费	0.406 **	0.618 **	0.742 **
科研绩效	0.584 **	0.605 **	0.628 **

注：* $P<0.05$，** $P<0.01$。

正如林南（2001）所指出的那样，“社会资本应该给为某个目的而行动的个体提供好处。在这种情况下，互动是实现行动目标的手段。这里的任务是了解行动如何与互动联系在一起，在目的性行动中能动作用如何在社会资本的动员过程中变得突出。”笔者认为，这也是林南社会资本观的精髓所在，社会资源本身不是社会资本，只有在“动员”和“摄取”中才能变成社会资源。即使教师拥有较丰富的社会团体资源或学校网络资源，但他不去有效利用的话，这些资源不会自发地发挥作用。通过分析，可以明显看出，教师的社会团体资源与其科研绩效有较显著的相关性，教师的网络资源与其科研绩效有较显著的相关性，教师的网络摄取即教师人际网络关系的利用与教师的科研绩效有显著的相关性。这些结论在后面的回归分析还将做进一步验证。

（三）社会资本与具体科研产出形式的相关分析

将社会资本与科研绩效的具体产出形式进行相关检验，结果如表 6-29 所示。

表 6-29　　社会资本与具体科研产出形式的相关分析结果

科研产出形式	个人社会资本
核心期刊	0.482 **
一般期刊	0.518 **
被 SCI/EI/ISTP 检索	0.204

续表

科研产出形式	个人社会资本
被 cssci/csci 检索	0.226
著作	0.405 *
国家级课题	0.513 **
省部级课题	0.655 **
横向课题	0.688 **
科研经费	0.672 **

注：* $P<0.05$，** $P<0.01$。

结果发现，除了被 SCI/EI/ISTP 检索、被 cssci/csci 检索与社会资本的相关没有达到显著水平，其他形式的科研产出均与社会资本具有显著的相关。其中与横向课题的相关系数最大，达到了 0.688，与科研经费和省部级课题的相关都达到了 0.60 以上。但相对而言，国家级课题、核心期刊的相关度要低一些。

论文被检索与社会资本的相关不显著表明了两种状况，一是论文被检索过程是科研成果的再次认定过程，跟教师的社会资本甚至人力资本的直接投入联系不大，如果说教师在论文中有社会资本投入，更多的是在论文发表前，体现在发表过程中。二是论文检索的标准和原则对教师来讲更难以把握，因而更难以投资。由此对假设六的推论一给予了初步检验：教师社会资本对高质量的论文发表影响作用不大。

而对国家级课题、核心期刊的相关度要低一些也说明了社会资本作用的有限性，在高水平的学术成果中，其结晶要素是智慧、技术等，社会资本只能起到辅助作用。反过来，社会资本对省部级课题、横向课题和科研经费的获取显著相关，从而部分地验证了假设六的推论二。这几项因子关系也说明了教师社会资本在科研产出类型作用上存在着差异性，验证假设六。

（四）社会团体数量、教师在团体中所处的位置与科研绩效的相关分析

结果显示，教师参与的社会团体数量与其在团体中所处的位置没有显著相关。教师参与的社会团体数量与其科研绩效存在 0.05 水平上的显著相关，而教师在团体中所处的位置与其科研绩效的相关达到了 0.01 水平的极显著相关（见表 6-30）。

以往也有一批学者把注意力放在社会网络中个人所处的位置，并把它看

作是社会资本要素的主要结点，博特（1992）和林南（2001）是这种探讨的典范。通过确认个人在网结中的位置，以及这个位置与网络中最重要位置的距离，这其间就好像一座“桥梁”，在获取更多的、不同的和有价值的信息方面，“桥梁”的占据者有可能处于竞争性优势。

表 6－30　社会团体数量、团体中所处的位置与科研绩效的相关分析结果

项目	社会团体数量	团体中所处的位置	科研绩效
社会团体数量	1.000		
团体中所处的位置	0.316	1.000	
科研绩效	0.451 *	0.759 **	1.000

注：* $P<0.05$，** $P<0.01$。

参加社会组织可以获得社会资本，在科尔曼那里也有过论述，为某一目的建立的组织，可以服从于其他目的，因而形成了可以使用的社会资本。以性质划分，此种社会资本的形式可能为义务与期望，信息网络、规范以及权威关系。一般情况下社会资本是人们因别的目的从事活动的副产品。然而，在特定的情况下，社会资本是行动者投资的直接产物，这些投资者期望取得投资效果（科尔曼，p366），他对多功能的社会组织（appropriable social organization）和有意创建的组织（intentional organization）进行了具体分析，给出了身处社会组织中的个体能够获得社会资本的结论。但是，他没能对组织中不同个体获得的社会资本的大小做进一步研讨。

本书依据科尔曼的理论探讨教师在社会团体中获得的社会资本对其科研绩效的影响发现，相对于团体数量的多少来说，教师在团体中所处的位置更重要，也就是说，个体参加了多功能的社会组织或有意创建的组织之后，在组织中并不是平均享有社会资本，而是那些处于组织结构上端的人更能获得优质社会资本，并对目标达成产生更大的作用。林南在研究社会资本理论时，发现并探讨了这一现象，那些拥有好的先赋位置、占据着好的位置的行动者，也将有好的机会获取和使用拥有好的资源的社会关系。这个命题与传统的结构理论是完全一致的，他反映了行动者的结构优势，并将这个结构性效应扩展到社会资本中（林南，p63），本书的研究与林南的观点是基本吻合的，从而也初步检验了假设二的两个推论：教师的参加社会团体的数量与其科研绩效正相关，教师在团体和组织中所处的位置与其科研绩效高度正相关。

（五）网络规模、网络密度与科研绩效的相关分析

网络规模主要以网络成员的多少来衡量，网络密度则用网络成员之间联系的紧密程度（交往次数）来考察。

表6-31的结果显示，网络规模和网络密度与科研绩效的相关均在0.01水平上极显著。其中网络密度与科研绩效的相关系数达到0.738，网络规模与科研绩效的相关系数达到了0.657。

表6-31　　网络规模大小与科研绩效的相关分析结果

项目	网络规模	网络密度	科研绩效
网络规模	1.000		
网络密度	0.216	1.000	
科研绩效	0.657**	0.738**	1.000

注：* P<0.05，** P<0.01。

网络规模和网络密度反映的是教师社会关系网络状况，网络规模包含教师社会关系网络单位的多少和单位中有连接的成员的多少，主要是从量的角度考察。网络密度包含于团体中成员的交往频度及关键的时候能够动用的人数，主要从质的方面考察。结果显示，网络规模和网络密度与科研绩效的相关均在0.01水平上极显著。说明教师的科研产出与教师社会关系的交往广度和深度密不可分。

四、控制人力资本变量的偏相关分析

（一）社会资本与科研绩效的偏相关分析

偏相关分析是指当两个变量同时与第三个变量相关时，将第三个变量的影响剔除，只分析另外两个变量之间相关程度的过程。

国内外关于人力资本对科研绩效影响研究的丰富成果让我们看出，人力资本在绩效中的作用是不容置疑的，也就是说，在探讨社会资本对科研绩效的影响研究时，离不开人力资本因素影响的大前提。鉴于此，本书采用偏相关的统计方法，在控制人力资本对科研绩效的影响之后，探讨社会资本对科研绩效的实际影响效果。具体结果如表6-32所示。

表 6-32　社会资本与科研绩效偏相关分析结果

项目	个人社会资本	科研绩效
社会资本	1.000	
科研绩效	0.438*	1.000

注：* P<0.05，** P<0.01。

从表 6-32 可以看出，控制了变量人力资本之后，社会资本与科研绩效虽然达到了 0.05 水平的显著相关，但相关性明显降低（相关系数从 0.685 降到 0.438）。结果可能表明：社会资本对人力资本有非常强的依附性、共生性。社会资本只有在人力资本发挥作用的情况下才会对科研绩效产生更深刻地影响，反过来可以说，撇开人力资本因素，单靠社会资本发挥作用时，对科研绩效的影响力则大打折扣。它在客观上也表明，在控制了人力资本因素后，社会资本对科研绩效有显著的正向作用，为此，假设一中的推论二得到验证。

（二）团体数量与科研绩效的偏相关分析

根据前期的访谈笔者发现了两个有趣的现象，一是社会团体对教师的科研有较显著的影响。一般来说参加的社会团体越多，对科研的影响也越大，而科研绩效高的教师参加的社会团体也较多。二是教师在社会团体中所处的位置不同，影响差异较大。处于上端位置的教师，如在学术性组织或行政组织中担任要职，对科研成效影响显著，而若是处在团体的下端位置，则影响不大或几乎没有影响。换句话说，教师参加团体的数量即使再多，不能在团体中成为有影响的人物的话，最多也只能从团体中获得一些学术信息，而在团体中担任角色（即位置强度大），信任和声望的作用就大，同时自己能够拥有和支配的资源更优质和更多，因此而获得的科研绩效也越明显。

鉴于此，本书采用偏相关的方法，控制团体位置这一变量的影响，讨论团体数量对科研绩效的实际影响。统计结果如表 6-33 所示。从表 6-33 可以看出，控制了变量团体位置之后，团体数量与科研绩效虽然达到了 0.05 水平的显著相关，但相关性比较低（只有 0.241），而且相关性下降较明显（相关系数从 0.551 降到 0.241）。结果表明一般的社会团体可以增加教师的社会资本，但这种社会资本对教师科研的帮助是有限的，它只有在教师成为团体中的活跃分子，或在团体中担当一定的角色之后才会很好地发挥作用。

表 6－33　　团体数量与科研绩效的偏相关分析结果

项目	团体数量	科研绩效
团体数量	1.000	
科研绩效	0.241*	1.000

注：*P<0.05，**P<0.01。

五、教师交往关系强弱的 T 检验

为了探讨人际交往方式之间，强、弱关系之间，正式网络与非正式网络之间带来的社会资本和科研绩效的差异，本书采用 T 检验的方法进行统计分析。

（一）人际交往方式（面对面交往与非面对面交往）对科研绩效影响的 T 检验

表 6－34 的结果显示，教师两种不同的人际交往方式——面对面的交往与非面对面的交往方式，其所带来的社会资本及其科研绩效的差异在 0.01 水平上有统计学显著性，面对面的交往方式所带来的社会资本和科研绩效要显著大于非面对面的交往方式，验证了假设五。

表 6－34　　人际交往方式带来的科研绩效的差异比较

项目	面对面交往		非面对面交往		T
	M	S	M	S	
个人社会资本	117.44	19.97	98.97	16.19	7.68**
科研绩效	2.246	0.538	0.953	0.486	6.95**

注：*P<0.05，**P<0.01。

华中科技大学的学者张峰（2005）曾经用描述性统计得出过直接交往比间接交往获得的社会资本更多的结论，这里用 T 检验再次证明了面对面的交往所产生的社会资本和对科研绩效的影响都是非常显著的。这也印证了中国文化传统中“脚步为亲”“人到人情到”的道理。即使在资讯相当发达的今天，可以做到“秀才不出门，也知天下事”，但面对面的交往仍然是一种最有效的社会资本投资。

（二）强关系网络与弱关系网络对社会资本和科研绩效影响的 T 检验

教师的强弱关系网络主要以交往频次和熟知程度来体现，在亲缘关系、友缘关系、业缘关系中都存在强关系网络和弱关系网络。

表 6 - 35 的结果显示，强关系网络与弱关系网络所带来的社会资本与科研绩效的差异达到了 0.01 水平上的极显著。其中强关系网络所带来的社会资本和科研绩效要显著地大于弱关系网络所带来的社会资本和科研绩效。

表 6 - 35　　强关系网络与弱关系网络带来的社会资本和科研绩效的差异比较

项目	强关系网络		弱关系网络		T
	M	S	M	S	
个人社会资本	135.36	13.58	97.43	15.94	9.81 **
科研绩效	3.518	0.426	1.628	0.449	7.35 **

注：* $P<0.05$，** $P<0.01$。

"弱关系"理论是由美国社会学家格兰诺维特（Granvotter）1974 年提出来的。他认为人际关系网络中存在不同等级程度的关系模式，那种交往最密切、接触最频繁的模式是一种"强关系"模式，这种模式主要存在于亲人和知心朋友之间，但另外还有一种"弱关系"存在更为广泛，也更值得研究。格兰诺维特认为："强弱关系在人与人、组织与组织、个体与社会系统之间发挥着根本不同的作用。强关系维系着群体、组织内部的关系，弱关系则在群体、组织之间建立了联系纽带。"他从四个维度来测量关系的强弱："一是互动的频率，互动次数多的为强关系，反之则为弱关系；二是感情力量，感情较强较深为强关系，反之则为弱关系；三是亲密程度，关系密切为强关系，反之则为弱关系；四是互惠交换，互惠交换多而广为强关系，反之则为弱关系。"① 格兰诺维特等人研究发现："当个人运用他们的个人网络找工作时，他们更经常或更有效地是通过弱关系而非强关系得到与之相配的工作"②。博特在他提出的结构洞概念中对"弱关系强度"论点作了更详细的说明并使之定型化 。后来，林南（Lin，1982，1990）强调了超出某个组织或群体的弱关系中包含了很多资源，如其他人拥有的权力、财富和声望，这些资源无法在群

① 周长城．经济社会学［M］．北京：中国人民大学出版社，2005：100.

② 边燕杰．找回强关系：中国的间接关系、网络桥梁和求职［J］．国外社会学，1998（2）.

体内的强关系中取得，只有在把不同地位的人联系起来的弱关系中摄取。格拉诺维特和林南的系统阐述表明：强关系在促进资源和地位获得过程中不太有效，因为它们一般不能把不同的社会界限或等级层次连接起来。

边燕杰在中国职业流动研究中借鉴了强弱关系理论方法，用熟识程度来测量关系的强度。他把亲属和朋友以及熟识程度高的关系界定为强关系（Bian，1994，1997，1999：255－278）。通过实证，他得出了求职渠道是通过个人网以及个人最熟知和密切的朋友关系形成的，也就是说是通过强关系而非弱关系建立的，在这一关系结构中，求职者所能找到的强关系个人或组织的地位越高，他能够获得的岗位级别或单位级别就越高，当求职者与给予职位的个人和组织没有关系时，或仅有表面的交往时，在求职过程中，他们想方设法寻找一个与双方关系都密切的中间人来进行桥接，而这些桥接往往很有效。也就是说，他的结论与格兰诺维特以及林南的正好相反。

张文宏和阮丹青在对“城乡居民社会支持网”的研究中，发现亲属和朋友对城乡居民的财务支持和精神支持都很重要（张文宏、阮丹青，1999）。而张其仔对晋江的调查也发现，强关系在人们的投资过程中，对人们的经济行为起着举足轻重的作用（张其仔，1999）。

本书的研究结果，同样证实了边燕杰、张文宏等人的研究结论，验证了假设三中的推论三：强关系网络比弱关系网络对教师的科研绩效的作用更显著。

中国文化是以血缘、宗族为基础的，费孝通先生把以个人为中心所组建的关系网络称为“差序结构”。在网络最中心的是个人，在个人周围是家庭成员，家庭成员外围是家族成员与其他亲朋好友，以此按亲疏关系层层往外推开，构成了朋友群体和社会大众这种以亲戚亲属为中轴，再以朋友关系为单元构建的网络，实际就是“一根根私人联系所构成的网络”（费孝通，1998），通过差序结构层层传递可以使用较远端的资源。高校教师群体的强关系网主要分布在与自己交往密度较大的亲戚、同事和朋友之中，这些关系能够为教师的科研绩效带来更大的帮助，也是符合中国人情社会中的现实情况的。

（三）正式网络与非正式网络对科研绩效影响的 T 检验

正式网络主要指组织网络途径，如学校、政府的科研管理部门等，非正式网络主要指非官方网络系统。

表 6－36 的结果显示，非正式网络与正式网络所带来的社会资本和科研绩效

的差异达到了0.01水平上的极显著。其中正式网络所带来的社会资本和科研绩效要显著地小于非正式网络所带来的社会资本和科研绩效。这说明非正式网络在教师科研绩效的形成中发挥着更重要的作用，假设四的推论一得到验证。

表6-36　　正式网络与非正式网络带来的社会资本和科研绩效的差异比较

项目	正式网络		非正式网络		T
	M	S	M	S	
个人社会资本	96.32	9.34	128.42	10.48	-6.67**
科研绩效	1.546	0.361	3.426	0.305	-5.61**

注：* $P<0.05$，** $P<0.01$。

边燕杰在探讨求职的网络结构时认为，求职过程是通过个人网、更多的是通过强关系而非弱关系建立起来的（边：找回强关系：中国的间接关系，网络桥梁和求职，国外社会学，1998），他通过对天津市郊区求职者的调查发现：等待分配的求职者并不真正地“等待”，而是运用它们的关系网与分配工作的实权人物（或“控制代理人”）联系以期寻求最好的结果（边燕杰，1998），当控制代理人要求某单位在招工时接收其指定的人员，招工单位被“容许招收某些自己所偏爱的候选人”，两者之间的人情交换就达成了。

笔者在研究教师科研绩效形成过程中也发现了同样的情况，教师在科研活动中，仅靠学校科研部门或政府科研主管部门不足以达到教师所需要的信息和资源要求，还得大量依赖与朋友、同事之间的非正式途径，另外，在科研组织功能不健全的情况下很多科研活动纯粹是一种个人行为，如论文发表和著作出版，绝大多数是由教师本人联系杂志社和出版社，课题申报即使由单位组织，但科研信息的获取、科研团队的组建等也都是个人的事情，单位只给予一些建议和协调。而招标课题以外的横向科研课题及经费的取得，很多也是教师凭借个人作用或团队作用在非正式网络体系中达成。在正式网络不顺畅、信息不对称的科研环境中，教师利用个人关系网络各显神通、寻求科研支持是一种很普遍的现象。

六、高校差异、教师社会网络差异的方差分析

为探讨不同高校层次之间、高校类型之间、教师动用的网络途径之间、教师所处团体中的不同位置之间带来的科研绩效的差异，本书采用方差分析

的方法进行统计分析。这种方法是将 k 个处理的观测值作为一个整体看待，把观测值总变异的平方和及自由度分解为相应于不同变异来源的平方和及自由度，进而获得不同变异来源总体方差估计值，通过计算这些总体方差的估计值的适当比值，就能检验各样本所属总体平均数是否存在差异。

在做各个方差分析之前，都进行了方差齐性检验，以下所有方差检验中方差均满足齐性要求。

（一）不同高校层次对于社会资本的方差分析

对不同层次的高校教师的社会资本进行方差分析，探讨其中的差异情况。方差分析结果如表 6－37 所示。

表 6－37　　高校教师的社会资本方差分析

项目	平方和 SS	自由度 df	均方	*F*	Sig.
组间	3981.655	1	3981.655	10.115**	0.002
误差	258214.534	656	393.620		
总变异	262196.188	657			

注：* P<0.05，** P<0.01。

结果显示，不同层次的高校教师的社会资本存在显著的差异，其中重点院校的教师所掌握的社会资本要比一般院校的教师多。

从前面的描述性统计中已经得知，重点大学的教师科研绩效普遍高于一般院校的，尤其在高质量的论文、国家级课题、学术著作等项目上差异更大，而在相关分析中我们也已经得出社会资本对科研绩效有显著的相关性，因而可以说，重点大学与一般大学相比，由于社会资本的大小不同带来了科研绩效的差别。

重点大学教师的社会资本更丰富、科研绩效更高缘于两方面的因素：

一是个体的关系强度和网络位置。重点大学的教师在需要寻求社会帮助时，由于自身所处的位置和声誉等影响力，获得对方支持的力度也会更大；而相比于一般大学的教师来看，重点大学的教师在科研项目获取、科研成果评定上的竞争标准是一致的，属于同台竞争，而他们参加的学术团体相对较多、社会网络资源相对较丰富，在学术交流和科研合作中能够寻求到更多的机会，也就是说，他们的网络位置相对较优越。林南对这种现象曾进行过分析，一些研究已经指出了关系强度的天花板效应（ceiling effect）：在等级制的顶层及其附近，强关系往往会导致成功的地位获得（Lin，Ensel and

Vaughn，1981；Erickson，1995，1996）。最弱的关系很明显是没有用的（Bian，1997；Bian and Ang，1997），因为没有强度的关系式不能刺激交换的，社会关系的功用更加依赖于行动者在社会网络或等级制结构中的位置。战略位置或附近的位置，如桥梁或结构洞，可能为行动者获得异质的和丰富的资源提供了竞争优势（林南，2001）。

二是组织社会资本的影响。重点大学的教师不仅自身关系较强和网络位置优越，还拥有随时可以动用的丰富的组织社会资本，这些社会资本由学校声誉、学科优势、学校的社会关系网络信息平台、学校与政府及社会各部门的关系状况所组成，相比较而言，重点大学在这些方面都比一般大学具有优势，这给身处其间的教师带来好处。对这方面的问题将在第七章的个案研究中做进一步的分析。

（二）不同高校类型对于社会资本的方差分析

对三种不同类型的高校：综合类、多科类、单科类高校教师社会资本进行方差分析和多重比较，并用 SNK 法进行多重比较，结果如表 6－38 和表 6－39 所示。

表 6－38　　高校类型教师社会资本对科研绩效的方差分析

变异来源	平方和 SS	自由度 df	均方	*F* 值	Sig.
组间	3652.438	2	3652.438	5.83 **	0.000
误差	208529.684	655	468.573		
总变异	248267.657	657			

注：* P<0.05，** P<0.01。

表 6－39　　高校类型社会资本的多重比较（*SNK* 法）

高校类型	平均数 $\bar{x}_i$	单科类 $\bar{x}_2$	多科类 $\bar{x}_3$
综合类 $\bar{x}_1$	124.051	25.703 **	11.405 **
多科类 $\bar{x}_2$	112.646	14.298	
单科类 $\bar{x}_3$	98.348		

注：* P<0.05，** P<0.05。

结果显示，不同类型高校教师社会资本存在显著差异。通过进一步多重比较发现，在 0.01 水平上，综合类高校教师的社会资本要显著地高于单科类高校教师的社会资本；在 0.05 水平上，综合类高校教师的社会资本要显著地高于多科类高校教师的社会资本，多科类高校教师的社会资本要显著地高于单科类高校教师社会资本。由此验证假设七的推论二。

学校类型的不同带来了高校教师的社会资本和科研绩效的不同，其影响机制与学校层次差异对科研绩效的影响机制大体相同，综合性大学和多科性大学具有较强的学科优势，这些优势可以帮助老师不仅在本领域的科研中开拓得更深更广，而且可以在一些边缘学科和交叉学科以及学科融合中获得更多的科研探索的机会，提升他们的科研绩效。

（三）教师动用的网络途径与科研绩效的方差分析

对三种动用不同的网络途径：业缘关系、亲缘关系、友缘关系所导致的科研绩效进行方差分析和多重比较，并用 SNK 法进行多重比较，结果如表 6-40 和表 6-41 所示。

表 6-40　　三种网络途径对于科研绩效的方差分析

变异来源	平方和 SS	自由度 df	均方	*F* 值	Sig.
组间	73.20	2	73.20	5.83 **	0.002
误差	62.80	655	3.144		
总变异	136.00	657			

注：* P<0.05，** P<0.01。

表 6-41　　三种网络途径对应的科研绩效的多重比较（*SNK* 法）

网络途径	平均数 $\bar{x}_i$	友缘关系 $\bar{x}_3$	亲缘关系 $\bar{x}_2$
业缘关系 $\bar{x}_1$	4.338	0.481 *	2.720 **
亲缘关系 $\bar{x}_2$	1.618	-2.239 *	
友缘关系 $\bar{x}_3$	3.857		

注：* P<0.05，** P<0.01。

结果显示，三种网络途径的动用所导致科研绩效存在显著的差异。通过多重比较发现，业缘关系动用所导致的科研绩效显著地高于其他两种途径，友缘关系动用所导致的科研绩效显著地高于动用亲缘关系所导致的科研绩效，证实了假设四的推论二和推论三。

华中科技大学的张峰曾对高校教师的三种社会资本进行研究，得出的结论是教师对亲缘社会资本的投资远远高于业缘社会资本和友缘社会资本；平均 70.4% 的教师认为和亲缘团体交往广泛或非常广泛，业缘团体和友缘团体分别为 56.32% 和 12.45%；平均 42.3% 的教师认为和亲缘团体比较经常或很经常出去吃饭，业缘团体和友缘团体分别为 19.16% 和 10%；平均 69.35% 的被调查教师认为自己经常拜访或者打电话问候亲缘团体，业缘团体和友缘团体分别为 27.75% 和 14.85%，所以他认为亲缘社会资本是教师最重要最看重最主动维系的社会资本（张峰，2005，P.17）。而本书的研究则认为业缘关系动用所导致的科研绩效显著地高于其他两种途径。问卷调查中当问及“为了科研与三类人员交往的广泛程度”时，在调查样本 815 人中，只有 14.4% 的人与家人或亲戚交往广泛；其次为友缘群体，交往广泛的占 22%；而与同事交往广泛程度最高，占 59.3%。

一般来说，人们与家人和亲属的交往最普遍、最深刻，但这些交往更多的是体现在生活方面，若是从科研的角度来看，教师寻求业内人士的帮助作用大于家人的帮助是显而易见的，因为科研是一项业务性很强的工作，正如我们在问卷中所发现的那样，家人和亲属更多地只能给予精神支持和外围帮助，而业内人士则可以从提供信息、提供学术建议、直接参与合作、在项目上给以决定性支持或帮助联系关键人、提供经济支持等多方面给予帮助。

（四）教师所处团体中的位置与科研绩效的方差分析

对教师在团体中所处的三种位置：上端位置、居中位置、下端位置所带来的科研绩效进行方差分析和并用 SNK 法进行多重比较，结果如表 6-42 和表 6-43 所示。

表 6-42　三种位置对于科研绩效的方差分析

变异来源	平方和 SS	自由度 df	均方	*F* 值	Sig.
组间	80.316	2	80.316	6.342**	0.000
误差	59.482	655	4.281		
总变异	139.798	657			

注：* $P<0.05$，** $P<0.01$。

表 6-43　三种网络位置对应的科研绩效的多重比较（*SNK* 法）

网络途径	平均数 $\bar{x}_{i.}$	下端位置 $\bar{x}_2$	居中位置 $\bar{x}_3$
上端位置	5.419	3.333**	1.798*
居中位置	3.621	1.535*	
下端位置	2.086		

注：* $P<0.05$，** $P<0.01$。

结果显示，教师所处团体位置的差异所导致科研绩效存在显著的差异。通过多重比较发现，教师处在团体的上端所带来的科研绩效在0.01水平上要显著地高于处于下端位置所带来的科研绩效；教师处在团体的上端所带来的科研绩效在0.05水平上要显著地高于处于居中位置所带来的科研绩效；教师处在团体的居中位置所带来的科研绩效在0.05水平上要显著地高于处于下端位置所带来的科研绩效。由此可见，教师所处的位置状况对科研绩效会产生显著的影响，位置越高，对科研绩效的影响越大，处于下端位置时对科研绩效几乎没有影响。

七、人力资本、社会资本对科研绩效影响的回归分析

通过相关分析的结果，可以判断各变量之间是否存在关系，关系的大小与方向。回归分析进一步指明了关系的方向，可以判断变量之间是否存在因果关系。作者通过对数据进行回归分析，对因果关系予以验证。本书用因子分析得到的因子得分作为变量进行主成分回归分析，可以彻底消除多元回归中多重共线性问题。

（一）人力资本、社会资本对科研绩效的回归分析

相关分析显示，教师的人力资本、社会资本和科研绩效存在较大相关，然而，人力资本、社会资本对科研绩效的贡献大小尚不明确，因此本书以人力资本以及教师社会资本的两个指标个人社会资本和组织社会资本为自变量，科研绩效为因变量，建立关于科研绩效的逐步回归方程，探讨它们之间的关系。

由表6-44输出结果可以看出，Tol值为0.142，表明回归模型基本不存在多重共线；因为问卷为大样本（样本数大于30），因此在检验异方差性时选用了昆茨法，计算出的F值为3.158（Sig. =0.000），表明方程基本不存在异方差性。两个自变量中都进入了回归模型。该回归方程解释了总体变异的64.3（调整后的决定系数R），整个回归模型的拟合度较好，回归模型F检验值为36.148，说明该回归模型能较好解释科研绩效。两个自变量的T值所对应的显著性概率均小于0.05，即两个因子的系数都与科研绩效有显著影响，均应作为解释变量出现在方程中，而常数项的T显著性概率大于0.05，表明常数项与科研绩效没有显著影响，故不出现在方程中。

表 6-44 人力资本、社会资本与科研绩效的回归分析结果

进入回归方程的变量	回归系数	标准回归系数	T 值	显著性水平	
人力资本	0.489	0.576	6.510	0.000	R^2：0.675；调整后的 R^2：0.643；F：36.148；Tol：0.142（Sig. =0.000）
社会资本	0.243	0.324	4.375	0.007	
常数项	0.418		1.581	0.118	

注：a 预测变量：（constant），人力资本；b 预测变量：（constant），人力资本，社会资本；f 因变量：科研绩效。

从该回归分析中可以看出，自变量教师人力资本和社会资本与因变量科研绩效之间存在着较明显的线性关系，这再一次证明了假设一及其推论一的观点，教师人力资本和社会资本在影响其科研绩效中共同发挥正向促进作用，而人力资本的作用要大于社会资本的作用。

（二）人力资本、个人社会资本各二级指标与科研绩效的回归分析

以科研绩效为因变量，以团体位置、团体数量、网络密度、网络规模、异质性、业缘关系、友缘关系、亲缘关系、非正式网络为自变量，并将其全部引入回归方程，建立探讨它们之间的关系。

由表 6-45 输出结果可以看出，网络密度和网络规模进入了回归方程：Tol 值为 0.251，VIF 值为 3.984，表明回归模型基本不存在较严重的多重共线性；因为问卷为大样本（样本数大于 30），因此在检验异方差性时选用了昆茨法，计算出的 F 值为 3.328（Sig. =0.000），表明方程基本不存在异方差性。该回归方程解释了总体变异的 74.9%（调整后的决定系数 R^2），整个回归模型的拟合度较好，回归模型 F 检验值为 59.262，说明该回归模型能较好解释科研绩效。除常数项外，所有自变量的 T 值所对应的显著性概率均小于 0.05，故都能引入回归方程中。

从团体数量和团体位置的回归结果可以看出假设二教师的团体资源对科研绩效有显著影响及其推论得到验证。

从网络密度、网络规模、异质性三个因子的回归结果可以看出假设三教师的社会关系网络与教师的科研绩效显著相关得到验证。

从业缘关系、友缘关系、亲缘关系、非正式网络四个因子的回归结果可看出假设四教师的网络摄取与教师的科研绩效相助相关得到验证。

表 6-45　　人力资本、个人社会资本各二级指标与科研绩效的回归分析

自变量	回归系数	标准回归系数	T 值	显著性水平	
人力资本	0.512	0.501	0.659	0.000	R^2：0.751；调整后的 R^2：0.749；F：59.262；Tol：0.251 VIF：3.984 （Sig. =0.000）
团体位置	0.434	0.418	4.047	0.000	
团体数量	0.212	0.206	4.420	0.000	
网络密度	0.335	0.324	4.261	0.000	
网络规模	0.283	0.272	1.944	0.052	
异质性	0.158	0.164	4.983	0.000	
业缘关系	0.466	0.452	3.753	0.000	
友缘关系	0.371	0.343	5.445	0.000	
亲缘关系	0.280	0.277	2.724	0.007	
非正式网络	0.326	0.312	2.254	0.025	
（常量）	0.203		0.739	0.460	

注：a 预测变量：（constant），人力资本；b 预测变量：（constant），社会资本各主因子；f 因变量：科研绩效。

不可否认，在教师的人力资本和社会资本对其科研绩效产生影响的同时，科研绩效也反过来对教师的人力资本和社会资本产生影响。科研绩效高，人力资本的提升更快，同样，科研绩效高、个人的学术声望高，教师参加学术团体的数量可能更多，在团体中所处的位置可能更优越，人际网络资源更丰富。现实中存在着互为因果的状况，本书主要探讨社会资本的变化如何带来科研绩效的变化，因而自变量社会资本和因变量科研绩效之间的关系是相对稳定的明确的。

另外一点值得说明的是，影响教师科研绩效的因素除了人力资本和社会资本之外，教师的学科背景、科研态度、科研制度、科研氛围、学校类型、有关的教育政策等都可能对教师的科研绩效产生直接或间接的影响，而且这些因素之间也有可能存在相互的作用。为此从理论上讲，都应该将其作为变量引入回归方程。然而，由于这些因素影响的广泛性和内在作用机制的复杂性，很难在一个回归模型中作深层次的、全面地分析和讨论。因此，本书以上所作的回归分析都是在本书限定的研究范围之内，基于本书研究的视角，重点探讨了个人社会资本及其二级维度变量对科研绩效的影响机制。而以上所提及的其他因素对教师科研绩效的影响机制可以在后续研究中作深入探讨，以便进一步明晰影响教师科研绩效的整体作用机制。

本章小结

在前面的章节勾画了研究框架和提出研究假设，本章从实证分析的角度来发现和回答有关问题。为了获得真实有效的结论，采用了规范的定量分析范式和方法，在问卷调查之前先通过访谈和向专家征求意见等形式确定问卷的大体内容，并选择一所学校实施前测，在对前测结果进行信效度分析的基础上调整问卷。问卷调查在13所大学的1100名教师中展开，回收有效问卷815份，用SPSS对问卷进行统计得出相关数据，并用描述统计、相关分析、方差分析、T检验、回归分析等手段对所要研究的问题一一给以检验，得出以下结论：

1. 教师的人力资本因素和社会资本因素在影响教师的科研绩效中共同发挥正向促进作用，假设一得到验证；而在教师科研绩效形成中，人力资本的作用要大于社会资本的作用，同时，在其他条件（包括人力资本）一定的情况下，社会资本对科研绩效有较显著的正向影响，假设一的推论一和推论二得到验证。

2. 教师的社会团体资源对其科研绩效有较显著的影响。教师社会团体的数量多少与教师所获得的社会支持呈正相关；教师在团体和组织中所处位置与其科研项目的获取及科研成果的认定高度相关。

3. 教师的社会关系网络状况与教师的科研绩效显著相关。网络资源越丰富，获得科研信息和科研项目的机会越大，从而科研绩效越高；而社会关系网络状况与网络规模的大小、网络中成员之间的联系频次，以及关系强弱有关。网络规模的大小与教师的科研绩效成正比；网络成员之间的联系紧密程度与科研绩效成正比，联系越多，信息量越大，同时信任度越高；假设三及其推论一、推论二得到验证。

4. 研究发现，弱关系网络并不比强关系网络在科研支持上的效果更大、对教师的科研绩效的作用更强，假设三的推论三被证实。

5. 教师的网络摄取即教师的人际关系利用是教师获得社会支持的最重要因素，对其科研绩效有显著影响，其中教师使用的非正式网络比正式网络获得的社会资本更多，对科研绩效的影响更大；教师动用的网络途径：业缘关系、亲缘关系、友缘关系在教师获得科研的社会支持上存在着明显的差异性；

教师的业缘社会资本是教师获得科研社会支持的最有效的资源。假设四及其推论一、推论二、推论三获得验证。

6. 教师人际交往的方式不同，获得科研社会支持的力度相应不同，面对面交往比非面对面交往所得到的科研信息和科研支持更大。假设五得到验证。

7. 教师的社会资本在科研产出的类型作用上存在差异性，教师的社会资本对高质量的论文发表和著作出版影响不大；教师的社会资本对其课题和经费获取有显著影响，尤其对其横向课题的获取有非常显著的正相关。假设六得到验证。

同时，通过数据统计，也得到以下一些发现。

第一，尽管教师的社会资本对科研绩效有显著的影响，但它对人力资本有高强度的依附性，也就是说，当人力资本对科研绩效的作用大时，社会资本的作用可跟着增大，而人力资本微弱时，仅靠社会资本，则作用明显减弱。

第二，调查显示多科性大学比单科性大学教师科研绩效要高，但社会资本在其间的作用却没有学校层次差异中社会资本的作用那么强，说明学校类型差异所带来的社会资本差异不明显。从另一方面来说，目前多科类大学和单科类大学的界限不分明或者分类有些混乱也是社会资本差异不明显的原因之一。

第三，尽管副教授的整体科研绩效要弱于正教授，但差别不是很大，而且副教授阶段论文发表数要比正教授多，我们发现这与两个因素相关：一是副教授阶段的压力和动力可能比正教授要大，所有的副教授都有晋升正教授的动因，而职称晋升首先是论文数量和质量，著作和课题只要有代表作就够资格，而正教授的科研动力来源于其自身的责任和兴趣，对一部分责任和兴趣减弱的正教授来说，科研绩效会出现明显下降或维持现状；二是副教授发表文章比出版著作和获取省部级或国家级课题更容易，当正教授在论文发表、课题获取、著作出版等方面全面展开的时候，副教授更多的是在这一通道上行进。

第四，业缘社会资本是教师科研绩效提升的主要资源，其中同事、老师、科研部门管理者是教师科研的主要支持力量。

第七章　个案分析

在对国内的13所本科院校的1100名教师进行问卷调查时我们发现，不同高校的教师对科研过程中社会资本的“拥有”和“使用”情况存在较大的差别，而所调查的13所本科院校中一般本科占了多数，为了进一步弄清楚社会资本在某所学校教师科研中的具体运作情况，笔者以H省某一般本科院校（以下简称为S大学）为个案研究对象，通过对该校12名教师的深度访谈和个案分析，希望进一步强化证实本书前面的一些观点和结论，并得出一些新的发现。

第一节　个案学校的科研建设情况描述

一、个案学校概况

S大学是一所以经济学、管理学为主，涵盖经济学、管理学、法学、文学、理学、工学等学科的省属全日制一般本科院校，是教育部本科教学工作水平评估优秀高校。2012年开始招收硕士，2017年成为博士学位立项建设单位。

学校始建于1949年，校园占地1400余亩，现有教职工1300余人，其中，正、副高职称教师418人，具有博士学位的教师271人，享受国务院政府特殊津贴的专家11人。现设有16个教学院（部）、53个本科专业、28个科研机构以及教育部首批批准成立的独立学院。普通全日制在校本科学生近2万人。

二、影响整体科研的师资结构状况

师资结构状况不同，教师的整体科研水平就不同。S大学拥有专任教师

911 名，其中教授142 名，副教授213 名，讲师319 名，具有副高及以上职称的教师占教职工1363 人的30.7%，占专任教师总数的45.8%；中级职称的人数占教职工总数的25.2%，占专任教师总数的41.6%；具有博士学位的271 人，占教职工比例为19.9%；具有硕士以上学历的736 人，占教职工数比例为54%，占专任教师数80.8%；35 岁以下专任教师160 人，占专任教师总数的17.6%，36～45 岁的专任教师409 人，占专任教师总数的44.9%，45 岁以上的专任教师383 人，占专任教师的42%，还有少数新进教师编制人员。

从这些数据可以看出，S 大学拥有一支较为精干的教师队伍，其职称结构、年龄结构相对合理，具有副高及以上职称的教师在专任教师中的比例较高，而学历结构不平衡，高学历教师比例相对偏少。据笔者对S 大学师资结构的构成原因进行了解时发现，该校过去的师资力量不是很雄厚，近年来借助于本科院校教学水平评估和申报硕士学位授予权建设单位的契机，非常重视高水平的师资队伍的建设，实施了教授、博士工程，培养了一大批博士，但由于博士教育的周期相对较长，目前还有近70 位在读博士没有毕业。

三、学校的科研管理状况

S 学校虽然是一所以教学型为主体的省属地方院校，但由于科研指标在该校近年来接连经历的本科教学水平评估和硕士学位点建设两大任务中具有举足轻重的作用，所以学校一直把教师科研放在重要地位。为促使科研成果上水平、上档次，在落实原有各项科研政策的基础上，学校进一步完善了科研管理制度，加大科研奖励力度，鼓励教师出成果，更鼓励教师出高水平成果，着重加大了对国家课题立项结题、在权威刊物发表论文、在权威出版社出版专著的奖励。整体来看对教师科研的奖励措施还是非常具有诱惑性的，从该校2012 年出台的《S 大学科研奖励制度》的部分奖励办法，可见一斑。

学校的教职工主持承担的有经费拨付的国家级科研项目学院按实到经费给予100%的配套资助；立项无资助的国家级科研项目，学院分别给予2 万元经费资助。对于省级自然科学基金项目、社会科学基金项目、软科学基金项目按实到经费的100%给予配套资助。

获国家最高科学技术奖，每项奖励200 万元；获国家自然科学奖、国家科技进步奖、国家发明奖特、一、二、三等奖，每项分别奖励100 万元、50

万元、30 万元、20 万元；获国家社会科学优秀基金成果奖特、一、二、三等奖，每项分别奖励 50 万元、30 万元、20 万元、10 万元。获全国性的基金奖一、二、三等奖，每项分别奖励 30 万元、20 万元、10 万元，不分等级的奖励 20 万元。获以中央（国务院）各部委和省、自治区、直辖市名义颁发的社科（科技）优秀成果特、一、二、三等奖，每项分别奖励 5 万元、4 万元、2 万元、1 万元。

在 A 类权威学术刊物发表一篇论文，奖励 5 万元。在 B 类权威学术刊物上发表一篇学术论文，奖励 2 万元；在 C 类权威刊物上发表一篇学术论文，奖励 0.5 万元。在 CSSCI（中国社会科学引文索引）来源期刊及 CSCI（中国科学引文索引）来源期刊上发表论文，每篇奖励 1000 元。在北京大学图书馆和北京高校图书馆认定的核心期刊上发表论文，每篇奖励 600 元。

被“SCI”（科学引文索引）收录论文一篇，奖励 1.2 万元；被“SSCI”（社会科学引文索引）、“EI”（工程索引）收录论文一篇，奖励 1 万元。被《新华文摘》《中国社会科学文摘》《中国科学文摘》全文转载，每篇奖励作者 8000 元；摘登 2000 字以上、2000 字以下，分别奖励作者 5000 元、2000 元；索目奖励作者 200 元。被《人大复印报刊资料》《高校文科学术文摘》《管理科学文摘》《经济管理文摘》《中国数学文摘》《中国物理文摘》等国内权威二次文献刊物（不含各类丛书）全文转载，每篇奖励作者 1000 元；摘登 2000 字以上、2000 字以下，分别奖励作者 500 元、300 元。

以上奖励办法基本高于同类地方院校。这是学校面临教学科研整体水平上台阶之前的特殊政策。当然，不仅有倾斜性奖励，对教师的年度科研工作任务也做出了具体要求，这些要求体现在该校出台的《S 大学科研工作定量及科时折算办法》之中：

专职教师必须有 20% ~30% 的时间从事科研活动，专职科研人员必须有 20% ~30% 的时间从事教学工作。专职教师和专职科研人员实行科研工作量定额管理。科研工作量计入专业技术人员年度考评表，由科研处会同人事处考核。凡当年未完成定额科研工作量者，不得评为优秀教师、先进工作者；凡连续 2 年没有完成定额科研工作量者，除不得评为优秀教师、先进工作者外，当年不推荐申报高一级专业技术职务；凡连续 3 年没有完成定额科研工作量者，给予高职低聘。

科研工作量采用科时进行计算，科时只作为科研工作的计量单位，不另计报酬。专任教师科研工作量定额为教授：40 科时/年；副教授：30 科时/

年；讲师：20 科时/年；“双肩挑”人员、体育、中文、外语、数学等基础课和艺术类专业专任教师科研工作量减 1/3。正式科研机构专职科研人员科研工作量定额在专任教师基础上加倍。具有非教师系列专业技术职务的人员，其科研工作量定额参照教师系列专业技术职务人员的要求减半处理。

四、该校教师的科研价值取向

在学校的政策倾斜和刚性规定两方面作用下，教师中的绝大多数科研动力和积极性不断提高，一部分教师充分利用教学之余时间从事科学研究，一部分通过在职培训或学历教育扩大学术视野增强教学和科研后劲，还有一部分则通过与业内人士建立广泛的联系，关注科研动态、了解科研信息、向同行求经问道等增强科研敏感度和寻求科研的外部社会支持。

同时，也有一少部分教师科研提升速度不明显。在对 S 大学的实地考察中笔者发现，信息学院的数学系有两位 20 多年教龄的老讲师，也有两位在副教授岗位上已干了 15 年以上，类似情况在该校的体育教学部也存在。通过对他们的自由访谈笔者发现，不是他们不希望把科研搞上去，而是觉得像他们那样的传统基础学科要出科研成果相对较难，而他们一直以来承担的教学任务较多，因而对搞科研有些心灰意冷。

五、该校教师的整体科研情况

近几年，学校教师的科研成果有了较大的提升。2013～2017 年，共承担各级各类科研项目 1257 项，其中，国家社会科学基金重点项目 6 项、一般项目 41 项，国家自然科学基金项目 18 项，国家软科学研究项目 3 项，教育部人文社会科学研究项目 28 项，国际招标项目 1 项，省社会科学基金重大招标项目 14 项。在此期间，学校在国家自然科学基金课题获准立项，国家社会科学重点基金课题获准立项，国家软科学课题获准立项，省社科基金重大课题获准立项等呈现快速发展局面。

2013～2017 年，学校出版学术专著 152 部，发表学术论文 2183 篇，有 30 项研究成果获省部级以上奖励，其中，获省社科成果一等奖 3 项，二等奖 8 项，省科技进步三等奖 2 项、省自然科学三等奖 1 项，涌现出了一批学术档次较高、社会影响较大的科研精品成果。

从纵向来看，取得这些成绩是一个较大的进步，在很多项目上都是一种突破，但从横向上来看，与重点大学相比，却似乎不足为道。然而，以本科教学水平优秀评估为例，评估指标在高校的科学研究上并没有作出区分，迫使一般本科院校在科研目标上向重点大学看齐。而事实上，相对于重点大学来讲，一般大学在教学科研上还是存在着先天不足，他们的学术人力资本普遍不足以与重点大学抗衡，在这种情况下，一般院校的教师就会更重视通过加大社会资本的投入来补偿，也就是更重视人力资本和社会资本的双重投入。这一现象在我们的个案研究和我们对个案学校部分教师的深度访谈中得到了证明。

第二节　访谈过程的安排

一、访谈形式

常用的访谈有结构访谈和无结构访谈两种。无结构访谈是指并不依据事先设计的提纲和固定的程序，而是只有一个访谈的主题或范围，由访谈者与被访者围绕这个主题或范围进行比较自由的交谈。无结构访谈看似没有具体提纲，但需要访谈者事先有效设计，达到形散而神不散的效果，获得丰富生动的定性资料，还需要访谈者通过对受访者回答问题时的体态语态进行洞察，从中归纳和概括出某些结论，这一访谈模式的最大长处就是弹性大，灵活性强，有利于充分发挥访谈双方的主动性和创造性，这种方法在质性研究中用得较多。而结构访谈要求在访谈前对形式与内容设计得更具体，访谈过程和访谈方式都是按标准化程序实施。这样做一方面是为了避免访谈中各种个人要素，特别是个人主观因素影响访谈过程，从而增加访谈过程的客观性和资料的可信度；另一方面也是为了使得访谈资料便于进行统计处理和定量分析。但结构访谈因为缺乏弹性，缺乏灵活性，只能就事论事，无法了解外企信息，也无法对所访谈的问题进行更为深入的讨论。

二、访谈安排

笔者的这次访谈以无结构性访谈为主，同时部分结合使用结构访谈方法。在自由访谈中，主要是无结构访谈，广泛了解教师的科研状况、科研态度、科研中人力资本和社会资本的使用状况等，访谈的时间长短有很大的差异性。同时有目标地专访了12位教师，同样采用无结构访谈，但因为被访者有一部分话语不多，笔者便抽出结构访谈中拟定的部分问题提问，以便访谈顺利进行下去。另外，由于早先在南加州大学中国访问学者中所开展的结构访谈都是以重点大学为主，这次在访谈一般大学时，也希望在某些问题上进行不同层次学校的比较。

访谈安排也分为两类。一类是自由访谈。对这类访谈者不进行特定预约，在上课前后、吃饭前后、开会前后或偶尔相遇的过程中交谈，然后于当天晚些时候记录整理；另一类是专访和深度访谈。笔者于访谈前与受访者电话确定访谈时间，告知要访谈的主要内容，访谈主要在受访者办公室或工作室进行，以避免受访者因为进入访谈者安排的场所而增加陌生感和局促感。访谈时征求受访者意见以确定在笔录的同时是否可以采取手机录音。访谈时通过交流让受访者提供真实想法。

三、访谈内容

访谈形式不同，访谈内容也有所区别。自由访谈中的内容比较集中，主要有：（1）要把科研搞上去，您觉得有些什么好的办法？（2）您怎么看待科研中人际关系的作用？（3）科研中您是如何运用人际关系获得他人的科研支持的？等等。

而深度访谈也是以这些问题为主。同时对谈话拘谨的老师辅以前期结构访谈中使用过的问题。

第三节 访谈样本的特征

一、被访谈对象的基本情况描述

进行自由访谈前没有事先明确访谈对象，而是根据机会来临时确定。10名受访者中一半以上是在共同用餐时得以进行访谈，这部分人以科研经历不丰富的年轻老师为主。另一组是深度访谈对象，共12名。对这部分受访者的选择，笔者进行了较严格的界定。选择以下原则为基础。

1. 代表性原则。访谈前笔者根据该校教师的科研绩效状况，主要考虑了性别因素、学科分布、学历与职称状况、从教年限、学术兼职几个方面的因素。在实际安排的12位被访谈者中，男性8名，女性4名；本科学历的4人，硕士6人，博士2人；讲师3名，副教授2名，教授7名；有一半的教师有校外学术兼职，12名教师占据了该校所有的六大学科门类。

2. 有效性原则。深度访谈的目的不是要回答社会资本对科研有没有影响，而是要回答是如何影响的，其内部运行机制怎样，因而，选取的访谈对象主要是有前期科研成果的教师，从纸质问卷的回答情况来看，讲师与助教层面的教师因为其科研成果较少，很难进一步了解人力资本或社会资本对其科研绩效的影响，因此，本着访谈的有效性，本次访谈的对象选择为有科研成果、从教年限较长、对科研绩效的形成原因有一些感性或理性认识的教授和副教授为主。

3. 客观性原则。谈社会资本对科研绩效的影响时，很多教师认为社会资本中包含了“拉关系、走后门”，因而不敢或不愿将人情交往中的实例详细诉说出来。为了了解被访谈对象的真实想法，访谈前，在寒暄中反复提示仅仅是为科研论文所用，希望提供最原始的想法，并承诺为受访者保守秘密，在论文中不列出被访者的真实姓名、具体单位，以恳切、真挚的态度感染受访者。

从与该校各项实际指标的比较来看，访谈对象的选择比较偏向于高学历和高职称的群体，因为高学历、高职称的教师往往科研绩效相对较高，而深度访谈以此为主体则更能够获取科研绩效形成的深度感知。相关情况见表7－1和表7－2。

表7－1　　深度访谈对象的基本情况

姓名	性别	学科或专业	学历	职称	从教年限	学术兼职	职务
S××	男	工学/计算机	硕士	教授	31年	3项	副处
Z××	男	工商管理	本科	副教授	13年	无	无
X××	男	法学/思想政治	硕士	教授	23年	2项	正处
J××	女	管理学/会计	硕士	教授	24年	4项	正处
W××	男	文学/汉语言	本科	副教授	28年	无	正处
L××	女	文学/工艺美术	硕士	教授	25年	3项	正处
Y××	男	管理学/管理工程	博士	讲师	7年	无	正科
Y××	男	理学/统计学	博士后	教授	16年	1项	无

续表

姓名	性别	学科或专业	学历	职称	从教年限	学术兼职	职务
Z××	女	文学/英语	硕士	教授	25 年	无	副处
Y××	男	文学/艺术设计	本科	副教授	21 年	1 项	无
L××	女	经济学	硕士	讲师	4 年	无	副科
L××	女	旅游管理	硕士	讲师	3 年	无	副科

表 7-2　　受访对象的性别、学历、职称比例及与总体样本的比较

项目	性别		学历			职称		
类别	男	女	本科	硕士	博士	讲师	副教授	教授
频数	7	5	3	7	2	3	3	6
百分数	58.3	41.7	25	58.3	16.7	25	25	50
该校各项实际百分比	53.7	46.3	37.2	41.9	14.3	41.5	34.7	14.5

二、访谈中的总体特点

受访对象是根据该校人事处的师资表随机抽取，基本覆盖了该校的六个学科门类。访谈过程呈现出一些基本特征：

1. 对科研绩效话题饶有兴趣。除两位毕业仅 3～4 年的硕士研究生以外，其余 10 位受访者对科研问题都有话可谈，认为笔者选择高校教师科研绩效提升作为研究主题很有价值，希望有更多的人来关注教师科研发展。

2. 普遍对科研现状不满。不管是科研成果较少的年轻老师，还是在学校中小有名气的教授，都认为自己的科研没有达到应有的高度。同时，他们对学校所处的较低层次感到不满，认为处在这样的学校中无法跟重点大学的老师平等竞争。

3. 谈论人际关系网络对科研的影响时，对目前高校中的普遍现象头头是道、愿意评论，对自身的实例则不愿多谈，需要反复启发。

4. 存在一些认识模糊的现象，少数访谈者把社会资本简单的归结为请客送礼，拉关系、走后门，但当笔者对社会资本进行解释之后，非常认同社会资本的作用。

5. 社会资本对教师科研的影响存在着较大的非均衡性。教师个体之间社会资本的动用相较于人力资本来说差异性较大，教师在从事教学和科研的过程中，人人都在发挥自身的人力资本，但还有一批人社会资本的动用不全面，处在“刚刚觉醒之中”，而那些充分动用的人属于社会资本投资的最大受益者。正如林南所言，人力资本是算术级增长，社会资本是几何级增长。

6. 拥有多个社会兼职的教授们在谈到社会资本对科研的影响时，显然充满了对社会资本的感情色彩和感激之情，感同身受，而没有学术兼职、涉世未深的青年教师则是一脸茫然。

第四节 个案学校社会资本对科研的影响状况及分析

在面对面的正式谈话中，尽管为谈话者准备了三个问题，但核心问题是要了解教师如何运用人际关系网络获得他人的科研支持的，主要体现在以下方面：一是支持对象的构成，二是支持途径与形式，三是对科研产出的作用。

一、不同职称下教师社会资本对科研的影响

实证研究中我们发现，教师社会资本的拥有量与使用量与其职称高低有一定的关系，个案学校的情况如何呢?

1. 职称差异下的社会资本与科研支持。从受访情况来看，可以分为两个阵营，一类是社会资本对其科研影响不明显的阵营，另一类是影响明显的阵营。在12位受访者当中，有2位年轻教师因为从教才3～4年，刚刚获得助教或讲师资格，声称社会资本对科研影响的体验不深刻，但是他们非常看重通过社会资本增长来扩充科研能量。

一位受访者说：

“我一分配过来教学任务就很重，科研做得不多，前两年参与了导师的一个课题，与师兄一起承担其中一个子课题的任务。这4年只发了4篇文章，有2篇是在自己的校报上，另外2篇的档次也不是很高。要说找人帮忙，我到现在既不认识学术名流，也在杂志社或科研管理部门没有熟人，上次申报省级教改课题，也是只找到了导师，不过我晓得他的为人，他鼓励我搞科研，但如果本身质量不高，他是不会强力推荐的。搞科研除了要有学识外，还要有信息和关系。”

该访谈者认识到了科研中社会关系网络的重要性，但由于自身网络资源的贫乏，有一些无奈之感。

另一位年轻受访者则表示，

“我的科研刚刚起步，社会资本因素对我的科研影响不大。我向来不善于利用人际关系，发了3篇文章，没有找过人，有2篇是原来硕士论文的内容，手头还有2篇文章。我面临的首先是要提高自身的科研水平，所以，我这2篇文章现在正在请校内的两位教授帮忙修改和提意见。现阶段主要还是觉得自己的知识和能力都还欠缺，要先学些东西。”

在她表明不善于利用人际关系的同时，她实际上正在运用人际关系帮助提高自身的科研水平，请教授修改论文，从内容上看这是一种人力资本的提升，从形式上看则是社会资源和社会资本的利用。

整体来说，这两位年轻教师在科研过程中能够获得的外界科研支持相对较少，主要是导师或师兄弟，社会关系网络单一和狭窄，支持形式从外部到内部都有，以内部为主，内部支持主要体现在通过科研内容的指导和帮助促使他们提升科研水准，外部支持体现在精神鼓励和推荐，对科研的帮助作用相对较小。

而且他们对科研中人际关系的运用的看法也存在着偏差，认为就是拉关系，走后门，没有把通过协助导师完成科研任务和向名家求教看成是社会资本的因素。

除这两位外，另10位教师则认为人际关系对他们的科研产出帮助很大，但不同职称和是否具有校内外职务在科研帮助的形式和内容上有较大差别：

W老师从教28年，还只有副高职称，他对科研中人际关系等外在因素的影响感受较深：

“如果说学校的那些名教授想拿项目主要寻求校外行家支持的话，我们要想拿到科研项目既要有求于校外学术大家，也要求助于校内的同行和专家，因为教授们的校内评审通过率要高得多，他们的目光可以集中在校外，我们首先要通过校内这一关，校内评审尽管初期是匿名的，但后阶段的会议评审时水准差不多的项目谁能上的话，还是有学术委员会成员的情感因素的作用。要说校外找哪些人的话，至少从我个人情况来看比较多样，同事、领导、学术官员、朋友都找过，去年我为了拿那个省级社科课题，那就真的还费了一番心思，我哥哥的同学是规划办的一位负责人，找到他时，他说愿意帮忙，但先要专家评审组能通过，于是我又通过F大学的一位老师找到他们院长，那院长是评审组成员，都答应帮忙，后来项目确实评上了，不知道是申报的内容本来就不错还是他们谁帮了忙，估计几方面因素都有。有人帮忙和没人帮忙还是不一样，这个课题前年我也报过，但没有去找人，就没有上。去年拿到了这个课题，今年我就有资格申报正高职称了。你问联系形式啊？因为都是熟人相托，只是见面后请客吃了两次便饭。”

以这一个案来看，副教授层面的教师在科研支持上寻求的主要对象已不像年轻老师局限于导师和师友，而是从友缘、业缘和亲缘中广泛寻找，多方利用，科研支持的途径则主要是外部的，表现为科研项目获取中的支持，这种支持对教师来说影响是非常明显的，直接左右着他们能不能构成晋级的资格。

正如这位副教授所言，教授层面的社会资本对科研的影响与副教授的不尽相同。受访者中有一位教授是国家某项目评审委员会的成员，同时是省内多个学术组织的负责人，他谈道：

“每个人搞科研都需要有外界的支持，从我个人的情况来看，寻求支持的目标群体主要在校外，校内的情况你也知道，我挂着这块校学术委员会副主任的牌子，老师和教授都还是很支持我的，但现在我们作为一般院校，拿国家项目和国家课题需要跟全国的同类院校或比我们层次高的学校去竞争，而社会科学还不完全像自然科学，自然科学是很多人做同样的科学攻关，做到哪一步大家比较清楚，社会科学是很多人做不同的事，这就需要我们在不同场合宣传我们的学术思想，要经常把自己的新思想展示出来，我有三方面的资源对我推进科研帮助很大，一是我参加的这些学术组织，二是我在这些组织中的任职，三是不间断的学术交流。那次我在北京参加学术年会，上海的一位同仁碰到我问起我那个国家社科重点课题的进展情况，他说三年前立项的时候他是通讯评审组成员，他一看到申报内容就知道是我的，因为在这之前的一次学术会议上他已听过我这方面的前期研究交流。有了这些社会资源后也不敢怠慢，要利用好。自己也要不断学习，推陈出新，不能吃老本。”

从具有正高职称且科研社会资源丰富的教师身上，我们看到的是参与学术组织以及在学术组织中的位置对科研绩效的影响。这两者要相互结合在一起才能较好地发挥作用。既要多参加学术组织，又要在学术组织中处在较上端的位置，正如林南所言：“对好的社会资本的获取，往往发生在那些占据靠近桥梁位置的个体行动者身上，这个桥梁连接着那些处在相对较高等级制位置上的行动者，因此，网络位置优势取决于可接近的网络资源。”①。在学校与业界的联系上，学校的教授群体比其他的副教授或讲师群体更处于桥梁位置上，在学校的学术等级之中处在上端位置，因而能够获得较多的社会资本。

2. 影响路径。从以上的访谈中我们大体上可以看出个案学校受访者社会资本对科研绩效的影响路径，见表7－3。

表7－3 不同职称下个案教师社会资本对科研的影响路径比较

受访者职称类型	支持对象来源	支持形式	支持方面	与外界联系形式	人际关系影响力	科研产出
中级职称	导师、校内同事	内部支持为主，外部为辅	科研内容指导，适当推荐	狭窄、在学习中交往	弱	小
副高职称	校内外同事、朋友学术界人士	外部支持为主	论文发表、项目获取、	感情交往、通过中间人、请客送礼	较强	较高
高级职称	校外业内人士	外部支持为主	高质量论文、重大项目、成果评奖	学术交往为主	强	高

3. 路径差异分析。从访谈的情况来看，S大学中级职称的受访者在科研过程中能够获得的社会支持对象的来源较单一，因为他们毕业还没有几年，原有的科研大都是在导师的指导下完成，新的科研学术社会关系网络还没有建立起来，联系形式中请客送礼的现象比较少见，当他们需要帮助时，能够寻求的帮助就只有与他们接触最多的原来的导师，以及身边为数不多的同事；同时，只有硕士学历的年轻讲师，要在科研上做出成绩，苦练内功和提高学识水平是当务之急，因而无论来自导师的帮助还是同事帮助更多的是体现在从科研内容上给予指导，如帮助分析科研动态，审阅研究内容等，但毕竟不像是在学生时代，这些指导只能是启示性的和非系统性的，因而可以说这个层面的教师正处在人际关系作用力较弱、科研产出数量和质量都不高的阶段。

而副高层次的受访者在寻求科研支持时所依赖的对象与青年教师的明显不同，他们毕业多年，与导师的联系减弱，这一层次依靠的对象具有多样化

① 林南．社会资本——关于社会结构与行动的理论［M］．上海：上海人民出版社，2001：70.

特征，既有校内同事和校外的学术界人士，也有亲戚和朋友。他们处在对科研中的社会资本的认识不断加深的阶段，因而愿意广泛摄取社会关系网络中的社会资本，为了实现科研目标，他们可以采取直接的或间接的多种方式来增进，善于利用中间人的作用，存在着为科研发展请客送礼的现象。与青年教师层次不同的还有一点是，他们所获得的科研社会支持更多的是外在支持，即是在其科研项目的获取和科研奖项的评定上的支持，帮助改写研究报告或协作完成科研任务的内在支持相对较少。这一时期的人际关系影响力正在不断提升，社会资本对科研产出的作用也在不断加强。

从访谈中可以看到，正高层次的受访者与中级职称及副高职称的教师又有不同，为他们提供科研支持的对象主体已从校内走向了校外，也就是说，他们更多的是与校外同行竞争，同时又更多地依靠校外同行的支持，他们在科研道路上渐入佳境，寻求的也是外在支持，如高质量的论文发表、国家重点或重大项目获取、国家奖项评审中的认可，他们的社会资本的投入方式是以参加高规格的学术组织、在学术组织中担任学术职务、积极开展学术交流等，为科研项目专门去请客送礼的情况少，这一层次的人际关系影响力较强，社会资本对科研产出的作用也最大。

从个案中可以看出，不同职称教师社会资本形式以及社会资本对科研所产生的影响有较显著的差异。年轻教师和低职称教师的社会资本对其科研的影响很微弱，越是高职称的教师，影响作用越明显，感受性也越高。

二、不同职务下教师社会资本对科研的影响

与职称因素一样，在实证研究中我们只对职务因素进行过描述性样本统计，发现不同职务下社会资本对科研有较大影响，在这里我们再来看看个案访谈的情况。

1. 职务差异下的社会资本和科研支持。职称、职务因素尽管属于人力资本的范畴，但当人们拥有这些名分和名望之后，同样可以帮助形成更多的“名望社会资本”（林南，2001），从而容易以双重角色身份影响科研产出。

上文所提到的那位从教28年、只有副教授职称的W××，同时担任了某学院的党政职务，他在谈到职务因素的影响时说：

“就我来看，行政职务对科研的影响也还是存在的。我主编《商业文学概论》的时候，在我们学院网站发帖邀请志同道合者参与编写，与此同时，

另一位副教授也想邀人写一本书，他还是博士，但后面愿意参加我这边的有5人，愿意参加他那本书的只有2人。因为我这边人多，我们只花一年半就把这本书出版了。人们愿意跟我做事，除了爱好，我想跟我是学院的总支书记可能分不开，有位年轻老师平常在学术上都是比较锋芒的，但对我分配的任务却不打折扣，对我的学术观点也基本服从，我又不是学术骨干，不大明白他为什么会言听计从。尽管书的后记中也给他们挂了名，但我觉得他们是给我帮了忙，我内心还是感激的，以后有机会我也会帮他们。”

在这里，行政权力构成了一种无声的影响力，表面看来参与者自觉自愿，但正如书记本人所言，科研中的帮助与合作，可以为提供支持者获得别的方面的潜在回报。正如科尔曼所言：“如果A为B做了某些事情，并且相信B日后会报答自己，A对B便有了一种期望，B对A承担一种义务。可以把这里的义务理解为A持有一张要求B予以偿还的‘赊欠单’。如果A持有许多赊账单，债务人都是与A有联系的各种人，这与金融资本十分相似：赊账单相当于发放信用贷款的凭证，A在必要时刻索回款项，除非B辜负了A的信任，抵赖赊账单上说明的义务。在某些社会结构中，人们总是‘相互服务’。”①

在这个案例中，行政职务对科研的帮助主要体现在科研内容的合作上，提供的是内部支持。在另外一位拥有行政职务的受访者身上，其帮助形式却是外在的，即项目获取上的帮助。下面是某学院院长兼某学会副会长的描述：

“要想在《××》杂志上发表文章一般是较难的，这是我国设计行业最高档次的期刊，以前我投稿只被采纳过一次。今年我省组织的设计学年会邀请了他们主编参加，他们同意就这次年会的内容给我省几所学校一个专版，后来我们学院有几位老师都向《××》杂志投了稿，对方最后只选了我的论文，还明确告诉我，院长论文入选的代表性强一些。但他们也不含糊，前后让我修改了四、五稿。不管怎样，我觉得还是占了便宜。”

而学术职务对科研的影响似乎更明显，一位受访者说：

“我是全国“××管理”专业的教学指导委员会成员，前年我带的学生团队在参加全国高校大学生××设计大赛中获得一等奖，去年我牵头的《××管理》课程获得国家精品课程的称号，为这两项殊荣，我确实把所有的知识和智慧都用上了，但是，我认为如果我不是国家教指委成员的话，以

① 科尔曼，邓方译．社会理论基础［M］．北京：社会科学文献出版社，1999：358.

我们这样一所一般本科院校的层次、以一位普通教授的身份去竞争，成功的概率太小。俗话说‘天时、地利、人和’，一样都不能少，尤其是‘人和’因素非常重要。我们组织班子强化训练和把内容搞扎实的同时，多方求教、求助，才有这样的结果。”

就职务因素对科研的影响这一问题，笔者也询问了两位只有科级职务的老师，一位是副科级主任：

“要说副科级这个头衔在个人的科研中起过什么作用，真还想不起来，这不是一个官衔，在人际交往中也拿不出手。我感觉自己的科研实力还不是很够，不好意思找别人帮忙，现在发文章也不求在高质量的杂志上，先好好探究、慢慢摸索，也希望多参加一些学术会议，了解业内研究的新进展。”

另一位是学生办主任，她说：

“我感觉这个职务不仅不能帮助提高科研，反而有负面影响，因为它白天黑夜要与学生打交道，哪有时间静下心来搞科研啊？与我一同毕业的一位研究生文章发表了好多篇，我正为这件事急呢。您问的职务因素是否能够带来有利的科研资源，我认为最好要在一些学术组织中担任职务。”

从他们的谈话中可以看出，在个案学校科一级的行政职务对教师的科研帮助是微乎其微的。

2. 影响路径。从以上访谈中我们看出个案学校受访教师的不同职务对科研绩效的影响路径，见表 7－4。

表 7－4　不同职务下个案教师社会资本对科研的影响路径比较

职务类型	支持对象来源	支持形式	支持方面	人际关系影响力	科研产出
学术职务	学术界人士	内、外部支持	科研交流、科研合作、项目认可	强	高
行政职务（处级）	同行、下属、业界	内、外部支持	合作、项目认可	较强	较高
行政职务（科级）	无	无	无	很弱	小

3. 路径差异分析。职务因素对科研绩效有一定的影响，但从访谈的情况来看，并不是只要担任了行政职务就会获得科研社会资本，科级职务对教师科研中的社会资本的积累几乎没有帮助，只有担任了处级及以上职务的教师

才能获得较多的科研社会资本。这与高校机构设置和职务分布的现实情况密切相关，高校中相对独立的部门大都是处级部门，直接责任人是处长和副处长或院长和副院长，他们拥有资源的调配权，同时，高校中除行政职务外，还有各种学术性组织，学术权力没有下放到行政性科级人员层面，科级职务在科研中的角色作用自然很微弱。

访谈中还发现，拥有行政职务和学术性职务的教师在科研社会资本的获取路径上，以及这些社会资本对科研的影响作用都存在着差别，拥有行政性职务的处级人员科研支持的对象有同行、下属和业界人士，而拥有学术性职务的人员的科研支持对象主要是学术界人士，因为相对而言行政职务的拥有者能够调动的人力资源相对要广一些，在支持形式上，有行政职务的教师和有学术职务的教师都能够获得外在支持和内在支持，但动因可能不一样。帮助有行政权力的人员完成科研课题，可能有屈于权力的无形压力或存在在科研以外得到某种回报的动机，同时通过行政权力的运用获得的科研支持有时候还要通过中间人，即学术权威或拥有学术职务的人来实现。而那些愿意为拥有学术职务者提供帮助的人往往是因为相互欣赏或志趣相投，如果要获取回报的话，也是学术和科研方面的，因此，拥有学术职务比拥有行政职务对科研产出的作用更大。这与定量分析中所发现的结论基本一致。

由此，我们可以看到，个案学校教师不同职务因素所带来的社会资本有较显著的差异，对科研的影响差异也较明显。低职务（科级）教师的职务因素对其科研的作用几乎没有，而处级行政职务对科研有较强的帮助，这种作用来自内部支持和外部认同，高层次的学术职务对科研的作用非常明显。

三、社会团体对教师科研的影响

在对个案学校的教师的访谈中，笔者发现，那些参加学术团体多、本身的学术兼职多，尤其是在团体中处于较高层位置的人，科研成果一般比较丰富，这类人对社会资本在个人科研绩效的提升中的作用非常认同。他们是学术团体资源和人际网络资源转化为科研绩效的最大受益者。某教授十多年来一直在省级计算机教育专业委员会中担任秘书长，同时是全国计算机教育信息化专业的常务理事，他自称在省内计算机教育行业是“老顽童”了。他以切身体会谈到了参加学术组织、并在其间担任职务对科研的好处：

“这方面的帮助非常大。一是真正运行有效的学术团体对团体中的成员，尤其是主要成员具有较强的引导作用。团体中的管理者都是来自不同单位的专家，在一起可以相互观摩和学习。二是个人的学术地位可以吸引别人多接受自己的观点。很多老师都有观点和想法，但不能引起别人重视，为什么？我认为跟个人的学术地位、学术声誉有关。我们学会每年有两次常务理事会和一次学术年会，我因为是秘书长，每次都有机会宣讲自己的论文，但不能每次拿着老文章去，要有新观点，这就迫使自己去学习钻研，每次宣读后还有辩论，帮助自己改进。另外就是评奖，我在学会中获得过3次一等奖，都不是靠关系。正副会长、正副秘书长，还有常务理事、理事有几十人，参会的会员也有很多文章，一般都是匿名评审。我是被推到这个位置上的，觉得不拿出一些新观点对不起这个会议，每次参会都要提前准备论文。”

正如科尔曼所言，任何一个社会团体都存在着“多功能性”，都是一个多功能组织（appropriable organization）。学术团体的主要功能是促进某个行业学术的共同进步，但处在其间的策划者和组织者因为有更多的机会表现自己，便能够更多地获得他人的信任和认同，根据福山的观点，信任是一种重要的社会资本。这位受访者尽管谈到的大多是个人的努力，但不难看出学术组织中成员对他的认同。

而那些没有参加学术团体和没有学术兼职，或在团体中处于下端位置的被访者则在社会团体对科研的影响作用上的认识非常茫然，甚至觉得几乎没有帮助。下面是笔者在自由访谈中与一位年轻的被访者的对话：

“你参加过哪些学术团体或学术活动吗？”

“……原来参加过省里的管理科学学会，最初是每年参加一次年会，拿点儿资料，听一下别人发言，最多是获得一些信息，对科研好像谈不上什么帮助。”

“不是都要提交论文的吗？”

“参加年会的有两三百人，入选论文集的只有二三十篇，轮不到我们。即使入选了论文集，内部出版，也不能算成果。这种年会我们管理学院就有十几个老师参加，我们副院长是理事，他经常有文章可获奖。我一般只出人，不出文，后来人也不去了，觉得没意思。”

这位被访者虽然参加了学术团体，但他在团体中出工不出力，在按劳取酬的制度下，投入少就会挣得少。其实即使是普通会员，只要积极参与，就会慢慢有所建树。当然，能够处于团体的上端位置固然更好，但上端位置也不是一步达成的。在参与中得到同行的认可，自然会被推举出来在行业协会中承担更重要的职责，学术积淀也会相应地增加。

这与本书前面问卷调查中揭示的某些问题相一致。笔者在设计了社会资本对教师科研绩效影响的纸质问卷后，为了了解问卷的信度和效度，先在个案学校管理学院的40名教师中进行了初测，在回收问卷的32名受测者中，有9名是讲师层次的，在统计他们的问卷时，笔者发现一个明显的特点就是这一批老师在回答社会资本各主因子对科研绩效的影响时，在由少到多的7个级别的选项中，选2、3、4的占了6成以上，与具有副教授以上职称的教师形成明显的区别。

这一访谈结果与本书在第四章的定量研究中所作的相关分析和回归分析的结论基本相同，这也就再一次诠释了本书前面的观点：教师参加的社会团体越多，获得的科研支持越大；位于组织顶端的人比组织末端的人个人声誉更高，社会资本更丰富，科研绩效也更容易形成。

但是如果教师只是象征性地参加个别组织，并在组织中无所作为的话，其获得的社会资本非常有限，对科研的推动力也很小。

四、网络摄取在个案学校教师科研中作用

网络摄取即是网络中人际关系资源的动用，是本书研究的重点。在访谈这一问题时，笔者发现了两个明显趋势。

1. 受访者普遍认为，在现在的背景下，老师做科研已不是纯个人学术问题了，还包括社会资源的占有和动员状况。

这种想法表明了受访者对科研问题的一些深层次思考。一般本科院校的教师整体学术水平普遍低于重点大学的教师整体学术水平，以受访单位（S大学）的高职称教师中的高层次人才与同一地区某重点高校Z的高职称教师中高层次人才的差别就可以看出这一点。2015年，S大学的高职称教师比例为35%，而Z大学的高职称教师比例仅32%，看起来S大学的高职称教师比例比Z大学要高一些。但Z大学的正副教授中，拥有中国科学院院士3人、中国工程院院士13人；兼职院士2人，国家级教学名师5人（全国高校排名第8），博士生导师578人，“长江学者奖励计划”特聘、讲座教授18人，“芙蓉学者计划”特聘教授13人，国务院学位委员会学科评议组成员7人，享受政府特殊津贴的专家501人。S大学除了拥有10名享受政府特殊津贴的专家外，其余指标全部为零。因此，处在科研下端位置的一般本科院校的教

师们在自身的学术水平整体实力不够、学校的组织科研资本不够的情况下，不得不广开科研支持路径，他们在科研项目的平等竞争中依赖于外界支持的紧迫感更强、重视程度更高、动力更足。

“前年我申报了省社科基金课题，当时我不知道在Z大学留校任教的同门师弟也申报了同方向的课题，是导师告诉我的。导师是这个方面的省内专家，那天导师要我们去他办公室，然后给我们两人进行了当面指导，但他明确表示不会偏向我们任何一边，也不会去向别的评委推荐，要我们尽其所能来申报，我的前期成果比我师弟的多，但结果是师弟获得了项目。第二年我把研究内容作了适当调整，差不多是另外一个子课题，申报前还专门就这个问题请教了省内的几名专家，他们给我提出了很多宝贵的意见。然后还请导师帮忙审阅了一次，后来终于立项了。在这件事情上，我有两点体会，一是感觉到同一科研项目在与重点大学的同行竞争时，一般院校很容易失去优势；二是有同行专家的指导，申报的质量会更高，他们当中后来也有做评委的，我估计在评审时对我的课题很认同，所以能够立项。不请专家指导，仅按自己的想法申报，能不能成功就很难说了。”

这是Y博士在访谈中的一段陈述。他博士毕业才三年，在受访学校的年轻学者中刚毕业就能拿到省社科课题已属不易，除了他本身学从名师、积淀了较扎实的学术功底外，他寻求业内专家的指导无疑对其获取项目有重要帮助。

而另一位教授的一段陈述更说明了这一点：

“我是2004年评的副教授，花了9年时间才评上教授。上了副教授后的三年时间里也陆续发过一些文章，但不多，后来尽管各种期刊越来越多了，期刊刊载量也越来越大了，但感觉发文章却越来越难了。三年仅发了两篇。有一次我与一位在杂志社工作的同学偶尔相遇，他问起我的职称情况，并要我传一两自己写的文章给他看看，很快他就给我反馈了一大堆意见，我修改后他推荐给了同行杂志社，那个杂志社最初没能刊发，说没有通过专家匿名评审，我上门向那位责任编辑讨教，说愿意再修改，他便把专家意见全部反馈给我，并提出了他的意见。我修改后终于被刊发了，还被人大复印资料全文转载。两年之内我在那个杂志上发了三篇文章。同学还帮我在别的杂志上每年也发了几篇文章，并没有走特殊关系，都是要通过专家匿名评审，一般都是杂志社提出修改意见。我评上教授的前三年发的文章比这之前六年的文章都多。有人指导、有人关注时，自身的动力就足，文章也越写越好。”

2. 一般院校的教师比重点大学的教师在科研上更注重“动用”社会资本，更注重寻求科研的外部支持，体现了科研目标达成的“补偿性原理”。

访谈对象中有一位教授是H省教育厅常年聘请的项目评审专家，他谈到了做评委时遇到的一些有趣现象：

“我几乎每年都要参加两次以上的课题和成果评审，评审时即使处于半封闭和封闭状态，但还是有人来寻求照顾或支持，有些是领导或同行推荐，有些是申报者本人找上门来。我就发现，越是地市高校的申报者，在这方面越活跃。我们学校又比Z大学、H大学等重点大学的申报者求情的要多些，也有很多是带着他们的代表作或个人资料来的。有位老师研究湘西女书文字，托人把她的代表作给我看了，印象很深，我在成果评定时不仅投了她的票，还在小组上推荐了她。”

也就是说，学校层次类型越低、学校的区域位置越不利的教师个体越希望动用社会资本中的人际关系资源。这种现象在笔者前期对某出国访问学者的访谈中也得到了印证。她是国内某重点工科大学光纤通信专业的副教授和博士后。

“我明白你所讲的意思，科研中肯定要动用社会资源，不能单打独斗，闭门造车。但我们单位是国家重点实验室，我现在做的项目很多都是部委委托的。今年曹锟获诺贝尔奖的项目也是我们的在研项目，我跟着导师做事，团队研究经费今年两千多万，我们都是自愿组合，集体攻关。我自己也主持了一个一百多万的国家课题和两个基金课题。感觉这些年没有在项目获取上去刻意寻求社会关系资源，总有做不完的活。我的导师，对国内外的研究状况非常清楚，你只要问他某个项目，他就会告诉你哪个项目分别是国内或国外哪些人在做，做到了什么程度。”

这位重点大学的受访者反证了这一命题，也就是说，重点大学教师在科研项目的获取和科研进程中，外部社会资源的动用存在着相对偏少的情况。

林南（1999）的社会资源理论认为，社会资源就是那些嵌入个人社会网络中的资源，这种资源不为个人所占有，而是通过个人的直接或间接的社会关系而获取，对它的拥有能使人们更好地实现工具性目标。他同时指出，社会资源只是社会资本的背景状态，只有将社会资源在工具性行动中派上用场，才能转化为社会资本。从上面受访者的表述中可以看出，重点大学的教师由于已经具备一个好的科研资源平台，他们不必苦心地“通过直接或间接的社会关系而获取”，一定时期内，他们可以在社会资本的投入上减少，在人力资本的投入上增加，社会资本更多的是体现在科研进程中团体成员之间的信任和合作上，而一般本科院校的教师则不同，他们首先必须在证明自己具备某种科研能力上投入社会资本以获取科研资源，其次要在科研内容的完成上寻求信任与合作的社会资本。这种“补偿性”的努力缘于以下两个因素的存在：

（1）组织社会资本薄弱。一般本科院校由于在声誉资本、制度资本、文化资本等都较之重点大学有差距，因而教师能够“搭便车”的少，能够利用的有效资源少，更多靠自身各显神通，以个体社会资本的增加补偿组织社会资本的不足。

（2）个体的人力资本转化为科研绩效的能量不足。如前所言，由于一般大学对教师准入的门槛要求低一些，使得教师队伍本身的整体科研素质平台要弱于重点大学，加上一般院校的科研要求相对较低，教师个体的科研人力资本缺乏强有力的竞争力就成了客观的现实。内部能量不足时，通过外部补偿可以获得增进。教师在寻求社会支持的同时，也对行业内信息和要求有了更多了解，然后在学习中填补不足，科尔曼（1994）就对社会资本和人力资本的这种关系进行过论述，他用 A、B、C 分别代表三个人之间的关系，并指出，人力资本存在于各点之中，连接各点的线段代表社会资本。通常情况下，社会资本与人力资本相互补充。

这些补偿行为再一次证实了笔者前面陈述的假设：科研绩效以人力资本为主体，社会资本为科研绩效的提升提供补充，这种补充更多的是在科研项目的获取、科研成果评定等外在要素上。当教师的人力资本不足时，社会资本在一定程度上能够起到补偿作用。由于社会资本和人力资本在教师科研中所发挥作用的方面不同，因而当人力资本和社会资本共同作用于教师科研时，科研绩效会得到最大化。

五、关键人在教师科研中的作用

多数受访者非常认可关键人对教师科研支持的作用。访谈中我们还发现，对高学历教师的科研绩效有重要影响的关键人往往是导师，对低学历教师的科研绩效有重要影响的关键人是同事或朋友。

在对个案学校 12 名受访者所作的访谈中，只有 3 名受访者谈到对他们科研帮助最大的是他们的导师，而这 3 名中有 2 名具有博士及以上学历，其余

9 位受访者认为帮助最大的是同事或朋友的，都是硕士或本科学历。这与最初对 8 位出国访问学者的访谈回答正好相反。8 位访问学者中有 6 位认为帮助最大的是导师。

这种现象的背后蕴含了教师科研的成长背景。高学历的教师大多是在硕士或博士阶段、在导师的羽翼下开始科研起步。有些师从于名牌博导，即使毕业多年了还能享受导师的科研指导和科研支持，甚至受用终身。而那些只读到本科或硕士阶段的高校教师，他们导师的学术地位、学术声望和学术造诣都可能还没有达到显赫的程度，难以对弟子的科研之路起到决定性影响。这些教师只能是在实践中积累科研智慧，在关键时刻，他们寻求科研支持的目标就更具多样性，但同时也集中于在多年工作中建立了友谊的同事和朋友。

Y 博士在接受笔者的访谈中是这样评价导师对他的科研帮助的：

“这些年来影响最大、帮助最大的是我的博士导师。因为在同一个城市，我博士毕业快四年了，现在还一直跟着导师做研究。我无论哪方面有困难他都愿意给予无私的帮助，实验中有难题时他帮助一起解决，申报书他帮助修改。我的省自然科学基金课题、国家青年自然科学基金课题的立项都是得益于他的帮助。导师在国内有些名气，但他不善于经营人脉，大家尊重他和支持他是因为他默默工作，他帮我修改申报书往往要改四五次，直到交稿为止。在与他一起做项目时，只要他想到一个问题，不管白天黑夜，他都会及时打电话过来要求修改或者马上测试。”

而另外一些学历较低，工作经历较长的教师在科研中依靠的是朋友或同事的支持。一位在 S 大学毕业留校任教的受访者说：

“不怕说了丢面子，我原来是专科毕业，是来这儿工作后读的本科和硕士。对我影响最大的还是原来一起共事多年的 N 教授。那时我年轻、什么都不懂，但我愿意学，N 教授很关心我，给了我很多学术指导，我还记得他给我开过好几次阅读书单，要求我每月提交读书心得，又鼓励我读在职研究生，后来又让我参加他主编的教材和课题，我最初发表的文章他都要先帮我修改。N 教授的学识和治学精神一直激励着我。”

不管是哪种形式的支持，受访者都普遍认可在他们的科研历程中曾得到过关键人的支持，而这种支持对他们的科研发展起到了长期的、举足轻重的作用。

在前面的定量研究中，我们得出了相较于友缘社会资本和亲缘社会资本而言，业缘社会资本对教师科研绩效形成的帮助作用最大，这与访谈研究中得出的结论基本一致，但与受访对象的交谈更让我们看到了定量研究中无法发现的问题，即同样在业缘社会资本影响中，因为教师的学历背景不同而起作用的关键人存在差异的现象。高学历教师的主要帮助者是导师，而低学历教师的主要帮助者是同事或朋友。

六、教师社会资本对科研绩效不同因子的影响

在本书的研究假设中，实证分析帮助我们验证了这样的推论：社会资本对教师的论文发表和著作出版的作用较小，对科研课题和科研经费获取的帮助较大，尤其是对横向课题获取的作用明显，访谈中的情况如何呢？

S 大学有位受访者谈到这个问题时感叹不已：

“小时候最崇拜写专著的作家，但现在有些老师为了评教授，出了专著后自己都不愿看。当然，要在那些高档次的杂志上发文章也非常不易。问题是我们学校前些年算科研成果时，一般期刊发表文章都有效，所以觉得拿课题难。但国家社会科学课题、自然科学课题，尤其是自然科学课题是相对公平，要靠实力去争。”

讨论这方面的问题，本来是还想找出教师科研阻碍的主要瓶颈在哪儿，然后为有效克服瓶颈提供政策建议。但通过访谈我们了解到，教师科研的阻力和制约教师科研发展的不仅在于课题立项难以成功，还在于那些看似容易的事情掩盖了科研追求的本质。因为给钱就可以出书、就可以发表文章，因而被很多受访者看做是很容易的事情了。这种“容易”造成了在论文和专著上出现了大量的粗制滥造、简单重复甚至互相抄袭、欺世盗名，不需要调查研究、不需要学习钻研、东拼西凑就可以，造成了很大范围内的科研停滞不前。这也是为什么我国的论文数世界数一数二，而国家学术地位却还是排在近 20 名左右的原因。因而也有另一位访谈者对此愤愤不平：

“我没有研究过社会资本在论文、著作、课题几项中哪项作用最大，只知道现在申请课题项目中好像关系资源要用得多一些。为什么？以论文发表来看，人力资本投入很少，社会资本几乎也不需要投入。一些高档次杂志坚持学术标准，论文发表或专著出版不仅要学识水平高，更要有社会资本的投入，投入到哪些方面？投入到对论文和著作的合作研究或者对这一主题的同行辩论、交流、商榷，吸纳众家之长后的完善修改之中。我们现在在这一块上太缺乏信息沟通和资源交流了。这些是社会资本吗？如果是，那我就认为

社会资本对论文和著作的作用应该与对课题的作用一样，是平等的。现在我国的论文数量庞大，但在国际学术杂志的收录率和引用率都还偏低，与我们在这方面的智力投入和资源投入都不够有关。”

其实，这位访谈者所提到的是，当前社会资本对教师科研绩效影响中还没有被深入揭示的深层次问题，它涉及科研评价体系的革新，当科研绩效在论文发表上的认定更多的不是以数量而是以质量和档次来衡量时，社会资本在这一块的动用就会更多，这些动用以学术讨论和交流为主体。访谈中所揭示的这些现象也是我们在定量研究时无法进行深度挖掘的。

七、学校社会资本对教师科研的影响

在采访中发现，个案学校的受访者普遍对学校的组织社会资本存在着不满意之处。这种不满意又分为两种情况，一是认为学校对教师科研的制度设计不合理，年轻教师的教学工作量大挤占了科研时间和精力，学校内部非主体学科的科研资源配置不够等。二是认为一般本科院校与重点大学之间科研资源分配上存在较大的不公平性。即使是同样水平的教授，重点大学的比一般大学的获得科研项目的可能性要大得多。被访谈对象对身处在一般本科院校经常竞争失利有无奈感，认为是学校组织社会资本不足的原因，但对自己的学校本身并没有多少意见，认为这是先天差异造成。

“去年评教授在学校这一关我就被卡下来了，说我论文数量不够，可我有几篇是国家权威期刊的文章。有些人一年发表十几篇文章，都是省内的一些杂志，大部分不是CSSCI的，我们学校规定的只要是国家承认的普通核心期刊上发表文章都算科研成果，导致了老师追求论文发表数量高的现象。还有，像我们这些搞文科的，每次评课题都吃亏，学校要申硕，课题评审时总是向主体学科经济学、管理学类倾斜，课题走出校门难度很大。”

这是艺术学院的一位老师的访谈。而当笔者就同一问题去访谈该校主体学科管理学的某位教授时，他抱怨的是他所处的一般院校与重点大学在科研项目竞争上的不平等：

“我们学校的市场营销专业是我省第一批立项的省级重点专业，我是创办人之一。那些年全省的市场营销学自学考试教材都是用我们学校编写的，考试大纲和考题也是我们来出，后来Z大学也办了市场营销专业，他们是‘985’学校，实力雄厚，不到十年，他们的名气就比我们大了，那年我们两个学校同时报这个专业作为省级教学成果奖的立项项目，结果获奖的是他们。学校名气大，就容易拿到很多国家项目，他们学院的C教授在全国都知名，国家总理还批示过她的调研报告，他们报的项目的确比我们有内容、有说服力。”

组织社会资本的不同为组织中的个体带来不同的科研绩效影响，重点大学在人财物及学校声誉等各方面比一般大学都具有更高的“动能信任感”和“质量信任感”。也就是说，人们普遍相信重点大学在承担某些项目时比一般大学会产生更大的“动能”，其完成质量也会相应较高。福山将信任定义为“在正式的、诚实和合作行为的共同体内，基于共享规范的期望。”① 他认为信任也是一种社会资本。他在《大分裂》一书中②是这样界定的，“社会资本可以简单地定义为一个群体成员共有的一套非正式的、允许他们之间进行合作的价值观和准则。如果该群体的成员开始期望其他成员的举止行为将会是正当可靠的，那么他们就会相互信任。信任恰如润滑剂，它能使任何一个群体或组织的运转变得更加有效。”他提到“社会资本是由社会或社会的一部分普遍信任所产生的一种力量。它不仅体现在家庭这种最小、最基本的社会群体中，还体现在国家这个最大的群体中，其他群体也同样体现这种资本。社会资本与通过文化机制诸如宗教、传统或风俗等创造和转化的其他形式的人类财富不同。”

也就是说，重点大学获得的信任多，组织社会资本就多。这种丰厚的组织社会资本究竟能够给教师科研带来什么样的影响呢？通过对受访学校的问卷调查和访谈我们发现至少可以产生以下效应：

1. 光环效应。重点大学在人才培养和学术科研上所做出的骄人成绩形成一种光环，在这种光环下，社会会对之做出高信任度的评价，按福山的说法即形成较高的社会资本。这种评价又会辐射到身处其间的每一位教师身上，让教师个体也分享较高的组织社会资本。在教师从事科研项目的申报、评奖时，评审者在学校声望、学校组织社会资本的作用下信任教师个体，从而减少对这类教师的科研实力的搜寻成本和论证成本，即使某个教师还有某方面的不足，也容易得到原谅，认为他所处的团体或组织容易发现这种不足并能够及时地给予纠正和补充。

---

① ［美］福山．信任：社会美德与创造经济繁荣［M］．海口：海南出版社，2001.

② ［美］福山．大分裂：人类的本性与社会秩序的重建［M］．北京：中国社会科学出版社，2002.

2. 期望与暗示效应。希腊神话中的皮格马利翁效应和布鲁姆的实验反映了“期望”在人们成功中的作用。社会民众对重点大学的教师有不同于一般的期望，认为他们应该是教学水平高、科研水平高，这种期望也是一种信任、一种社会资本。“社会资本是现在或潜在的资源的集合体，这些资源与拥有或多或少制度化的共同熟识和认可的关系网络有关，换言之，与一个群体中成员身份有关。他从集体拥有的角度为每个成员提供支持，在这个词汇的多种意义上，它是为其成员提供获得信任的‘信任状’”（布尔迪厄，1986）。在这种信任的期望下，大多数教师不希望形成期望与现实之间的巨大差异，从而自觉或不自觉地去履行重点大学教师的科研职责。

3. 拉动效应。它与暗示效应不同，暗示作用下是主体的自主行动，拉动效应是指外力作用下的被动应承。重点大学教师的科研社会资本的投入主要通过三个方面被拉动：一是学校拉动。笔者在对S大学进行个案研究的同时，也对同一城市的另外一所重点大学H进行过了解，仅科研论文标准，两个学校就有明显的差异。S大学在计算科研成果时，只要是在国家认可的核心刊物上发表的论文都算成果，而H大学则要求在CSSCI、CSCI等认定刊物上发表了才算，这就促使老师在科研产出上的高起点以及为之建立的高平台的资源获取网络。二是团体拉动。重点大学比一般大学拥有更多形式的科研团体，他们从事更多形式的科研活动，这些活动的完成需要大量科研人力资源，身处重点大学的教师，不可避免地被不同科研团体从事科研活动时所吸纳。他们在这样的团体中交换与沟通信息、共同合作完成科研任务，同时也丰富自己的社会资源、增加社会信任。三是角色意识拉动。这一点与前面所讲的暗示效应相同，只是出发点不一样。期望作用下是主动适应与吻合，拉动效应下是不得不为之。所以，大学的定位往往能基本确定教师个体的角色定位。研究型大学中的教师科研人力资本和社会资本都应该比一般大学教师的要高，才能符合角色需要。

4. “搭便车”效应。重点大学组织社会资本丰富，其实也是其先前的教师、学生的个体人力资本、社会资本积淀而成。学校声誉是由管理者声誉、教师声誉、学生（毕业生）声誉构成，某种“光环”下的教师在科研项目申报、科研成果评定时可以搭上学校的“便车”，利用社会对学校的认可获取一般本科院校教师不能获取的资源或机会。正如科尔曼（1994）所说“由于社会资本具有一种经济学上的所谓‘公共品’的性质，易于诱发人们的‘搭便车’心理，因此它常常得不到有效投资。”因为是“搭便车”，因而可以不去投资，这样的投机行为只能在一两次中奏效，这也是为什么有些重点大学的教师依旧是科研“贫困户”的原因，长期坐车不买票，就会被人拒绝上车。“搭便车”如果是为了充分利用组织的“便车”资源，抢占先机、乘胜前进，则会优势愈加明显。

也就是说，重点大学比一般大学“拥有”更多的组织社会资本，而这些资本可以为重点大学的教师带来先天性优势。

第五节　与纸质问卷的结论差异及分析

一、相同结论

通过对个案学校调查，我们得出了一些与纸质问卷中相同的最一般的结论。

1. 科研绩效的形成首先是人力资本高低作用的结果，而社会资本发挥着重要的辅助作用，随着信息社会中社会结构资源在人们事业成就中的作用增强，社会资本的在教师科研中的作用也在与日俱增。

2. 高校教师参加的学术组织越多、教师在学术组织中所处的位置越高，对其科研产出的帮助越大。

3. 教师的社会关系网络资源越丰富，潜在的科研社会支持就越多。

4. 网络资源只有在动用和摄取过程中才能发挥更大的效益。

5. 教师的社会资本对科研绩效的各指标要素的影响存在差异性，对教师科研课题和经费的获取作用更强。

6. 学校层次和类型不同，教师的能够动用的学校社会资本的就不同。重点大学比一般大学、多科性大学比单科性大学能够为教师提供更多的组织社会资本，等等。

二、不同结论

1. 对社会资本利用的重视程度更高。出现这种现象与个案学校的教师学术背景有关。如前所述，S 大学是一所还没有硕士点和博士点的一般本科院校，也是一所以教学为主的学校，该校的学科建设基础不厚，这就从两方面影响了教师学术水平上台阶，一方面是因为没有学科点，不能成为硕士导师或博士导师，一些高水平的教师很难被引进或很难稳定下来；二是已有的教师因为缺乏学科带头人的指引，学术发展相对较慢。也就是说，个案学校的教师人力资本水平相对不高，但是在现有的高校同质化科研体制下，S 大学的教师照样要与其他高校在科研上竞争，这就迫使教师重视寻求在人力资本之外的帮助，如社会关系网络的构建及对网络资源更充分的利用。

2. 校内科研社会资本少、学校社会资本对教师科研的帮助力不够，“搭便车”现象较少，校外社会资本动用较多。高校的社会资本以学校声誉、学校信息网络状况、高校与政府和其他社会组织的关系状况等要素构成，正如在本书第三章所研究的那样，这些要素可以通过两个指标得以考察，一是学校层次，二是学校类型。重点大学比一般大学、多科性大学比一般大学的科研社会资本更丰富，与社会连接具有“强关系”效应，教师更容易受益。S 大学从层次上看属于一般大学，从类型上看属于单科性大学，属于学校科研社会资本贫乏的一类，处于网络位置的下端，“在等级制的顶层及其附近，强关系往往会导致成功的地位获得。最弱的关系很明显是没有用的，因为没有强度的关系式不能刺激交换的”（林南，2001，P93）。因此，一般大学中教师能够搭学校“便车”的少，在获取科研社会资本时常常出现“结构洞”，只好更多地借助于校外社会资本。

3. 非学术性交往中构筑的社会资本多、有意识的构建多。在重点大学中，教师参加某项学术活动的目的往往不是为了构筑社会关系网络，而仅仅是为了宣读论文、在论坛中作学术发言，并在学术活动中获得学术启示，但正如科尔曼的研究发现，在多功能的组织中，社会资本往往成为主要功能服务的副产品，在教师有机会不断发表自己的学术思想的同时，自身的科研社会资本也随着他人对学校和本人的认同程度的加深而得到丰富。因而，在重点大学中，教师的科研社会资本往往在不必有意识的构建中得以无形形成。与重点大学相比，S 大学的教师参加的学术交流相对较少，但他们往往通过参与学校内外的一系列教学活动、社会实践活动、校友活动、与家长的联络活动等获得社会资本；他们深知处在网络位置下端的学校和个人的社会资本不会自发形成，因而他们在这些交往活动中会有意识地构建这种资本。

4. 社会资本不仅对课题和经费获取作用大，对论文、著作等也有帮助。在前面的定量分析中我们得出的结论是，教师的社会资本对教师的课题和经费获取的帮助较大，而对论文和著作的作用较小。但在访谈中我们却发现，对 S 大学的教师来说，社会资本对其论文发表和著作出版都有较大帮助。究其原因，还是与科研的起点平台偏低有关。因为 S 大学的整体科研层次不高，表现出来的教师在中低档次的杂志或出版社发表科研成果的比例要高一些。许多被访者都谈到，越是高级别的杂志或出版社，人情关系的作用越小，而一些档次偏低的杂志和出版机构在科研项目的采用中的人为因素多一些，这需要教师动用关系资源网络，让评审人间接认同和信任。因而出现在论文发表和著作出版中社会资本投入大小不同，产出作用明显不同的情况。

5. 职称和职务差异在对科研绩效的影响作用大，社会资本呈明显的不均衡分布。在深度访谈过程中，出现了所谈内容明显深浅不一的现象，多少让笔者有些惊讶。访谈中的两位年轻老师从教 3～5 年，但当问到社会资本对其科研绩效有什么影响以及是如何影响时，他们基本是一片空白，因为他们还没有有意识地构建科研支持中的人际关系网络，或者即使有这种意识，但因为职称和职务较低、个人资历较浅，不足以形成获取资源或进行资源交换的资本。而在那些高职称和高职务的受访者中，能够用自己的经历就社会资本如何影响科研绩效的方方面面谈得头头是道。学术职务越高、名气越大的教授，社会资本越丰富，在社会资本的使用中如鱼得水，也是社会资本投资回报的最大受益者。

如果说当前高校教师中高级职称的比例占 35% 的话，对社会资本动用得最多的基本上是这一部分人。在他们那里，我们看到了社会资本在闪闪发光。而年轻教师和低职称教师科研中的社会资本的拥有量和使用量都明显偏弱。

第八章　社会资本对课题制科研的作用

教育部科技发展中心发布的数据显示，2017 年全国高等学校获得国家自然科学奖 24 项，占国家授奖项目总数的 68.6%；获得国家技术发明奖通用项目 33 项，占授奖总数的 67.3%；获得国家科学技术进步奖 100 项，占通用项目的 75.8%①。高校占全国科技授奖项目比例的 2/3，说明高等学校已成为我国科研创新的主阵地。即便如此，我国高校科研还是不能满足国家创新驱动发展的需要，本章尝试从课题制模式下教师社会资本的增进和合理运用的视角来探讨如何提高高校教师科研能力。

第一节　科研资源分配变迁中的课题制

新中国成立之后的一个相当长的时期内，我国科研资源一直是采用高度集中的计划型配置模式，改革开放之后，全面启动了科研资源配置制度的改革，20 世纪 90 年代，随着市场经济体制的建立，市场在科研资源配置中的作用日益显现，为了适应这一变化，完善科研课题管理制度体系，2002 年，国家颁发了《关于国家科研计划实施课题制管理的规定》等系列办法，对科研课题的确立、组织管理、经费核算、验收、监督等各环节都做出了明确规定，科研资源从配给制转为申报获取制。

课题制的原则是公平竞争、择优立项，它是一种由科研部门引领的，以课题研究为中心，课题负责人组织科研骨干成员开展科学研究活动的科研管理新模式。这种管理模式具有四个优势：一是实现了课题管理及管理

---

① 中华人民共和国教育部网．高校获 2017 年度国家科学技术奖励情况［EB/OL］．http://www.moe.edu.cn/jyb_xwfb/gzdt_gzdt/s5987/201801/t20180108_323975.html，2018－01－08.

制度的统一。申报获取制改变了过去科研课题多头管理、名目繁杂、体系庞大的局面，规范了各类项目的计划管理，有助于科学研究的协调发展。二是确保了项目立项的科学性。申报获取制采用业内专家评审与政府决策相结合的方式，有效地避免了“行外”评“行内”的局限。三是实现科研人员的集聚和科研资源的优化组合。课题负责人通过与科研管理部门签订研究任务合同书，自主组建研究参与单位和研究团队，有助于各类科研资源的集聚与优化，确保研究任务的顺利完成。四是规范了课题的预算管理。经费预算成为合同书的重要组成部分，有利于建立公开透明的评估预算机制，实现了对经费使用去向的有效监督与管理，从而提高了科研经费的总体效益①。

课题制是当前我国科研人员从事科学研究的主要形式，高校教师是承担国家科研任务的主力军，课题制实施之后，他们可以根据自己的兴趣和优势申报项目，获得经费支持，加快科技创新，其科研积极性得到了激发，科研潜力被有效挖掘，促进了我国科研水平的发展。已有的研究发现，在较长的一段时期内，教师科研更注重智力资本、人力资本的投入，忽视了社会资本在其中的价值，而随着当今科研项目对跨学科、跨部门共同攻关、协作完成提出了更多要求，则需要教师更多地利用社会资源及信任、互惠和合作等社会资本来推进。

第二节　课题制科研中社会资本的功用

社会资本是以信任为基础的作用于社会关系网络所获取的社会结构资源。中外学者尽管对其表述不一，但他们都基本揭示了在个人、团体以及社会的发展中人与人之间的关系以及相互之间的信任、义务、期望和规则的巨大作用，同时揭示了社会关系网络在个人或组织成功中的作用。

在课题制模式下，高校教师科研过程中的社会资本发挥着与人力资本不同的功用，这些功用往往被人们关注得不够。

---

① 中华人民共和国审计署网．科研项目实行课题制管理的思考［EB/OL］．http：//www. audit. gov. cn/n6/n41/c17373/content. html，2009 - 11 - 9.

一、通过拥有和利用社会网络获得科研信息

科尔曼认为，已存在的社会关系是获取信息的主要渠道，个体可以从他的社会关系网络中获取对自己行动有用的信息，从而为行动提供便利。Uzzi（1997）的研究发现，社会资本的结构嵌入让人们有了更多分享知识和情报的机会，成为团队成员集体行动和共同解决问题的黏合剂[①]。高校教师通过所在学校的组织网络、在交往过程中所建构的科研管理机构网络、学术团体网络、个人的人际关系网络等，获取科研发展、科研立项走向等的动态信息，从而帮助个体及时跟进，降低科研信息的搜寻成本和科研热点的捕捉成本。与此相关，参加学术团体多、学术活动多的人往往更容易获得科研立项。

二、通过友缘、业缘关系寻求科研立项帮助或合作

上海社科院林其锬研究员早些年提出了“五缘”文化，即亲缘、地缘、神缘、物缘、业缘，用以研究人际关系。笔者通过近2000份问卷调查发现，我国高校教师的人际关系中，神缘、物缘的关系较淡薄，地缘关系虽然存在，但随着社会的开放，友缘关系更加重要，形成了以亲缘、友缘、业缘为主的“三缘”文化关系。在科研课题的获取过程中，业缘关系既可以帮助教师获取科研信息，也可以作为课题组成员承担项目申请书中某一部分的设计和研究工作。与业内人士长期保持往来关系，一方面可以为自己了解学术前缘动态打下基础，保持良好的科研性导向；另一方面这种感情构筑可在选题、项目申请、课题研究等全过程中得到指导。而与友缘和业缘保持长期关系的过程也是社会资本的投入过程，这种长期投入，换取的是合作、互惠与信任，正如罗伯特·D. 普特南所说的社会资本是社会组织的特征，例如信任、规范和网络，它们能够通过推动协调的行动来提高社会的效率。

三、通过寻找关键人或代理人获得科研帮扶

如前所述，为了解社会资本对高校教师科研绩效的影响，笔者专访了不

---

① Uzzi B. Social Structure and Competition in Inter-firm Networks：The Paradox of Embeddedness［J］. Administrative Science Quarterly，1997（1）.

同高校的20位教师，多数受访者非常认可关键人对其科研支持的作用。一位博士受访者谈到，导师是他科研发展中的关键人。他博士毕业五年了，还一直跟着导师做研究，无论哪方面有困难导师都愿意给予全力支持。导师在国内小有名气，这位弟子的省级自然科学基金课题、国家青年自然科学基金课题的立项都得益于导师的帮助。类似的情况在科研刚刚起步的青年学者中比较普遍。

四、通过自身在网络团体中处于优势位置和为他人提供帮助获得科研支持

林南认为，在不完善的市场条件下，处于某种战略地位或等级位置中的关系人，由于较好地了解市场需求，可以为个人提供以其他方式不易获得的关于机会和选择的有用信息。为了有效开展科研，高校教师不仅需要构建较大的社会网络规模，也需要在网络层级中处于上端位置。上端位置与资源拥有状况正相关，拥有者不仅可以自主消耗优质资源，还可以寻租或交换，换取同行在科研上的其他支持。而那些学术资历较浅、学术地位不高的年轻学者，也愿意以脑力资源、体力资源或情感资源的付出获取回报。另外，处于上端位置的教师更容易被信任和拥戴，吸引中下端成员积极加入他的团队。

五、促进人力资本的增进

教师社会资本是一种隐性资源，它可以增加其他资源的作用和功能。教师拥有较多的科研社会资本之后，为了有效使用这些资源而不被浪费，往往被倒逼增补知识基底、增强学术功力、加大智力要素投入。社会资本强调信任与互惠，这些价值观的背后是个体的团结与协作，其结果会出现人力资本效能“1+1>2”的局面，形成溢出效应，正如项保华、刘丽珍（2007）研究指出，社会资本创造人力资产和提升所必需的场域，实现信息的传递和情感的交流，获得各种可能的社会支持和发展资源，限制机会主义行为的产生。经社会资本的帮助，个体的知识和技能得到了提高和优化[①]。

---

① 项宝华，刘丽珍．社会资本与人力资本的内在关系研究［J］．商业研究，2007（11）．

第三节　课题制科研中社会资本运用的失范

尽管社会资本对教师科研有如此多的功用，但在现实中这些功用往往被利用不当，形成一些负效应，是我们要避免的。

一、社会资本投入方向与目标的偏移

教师科研行为中社会资本的投入方向主要有三个方面，一是科研信息获取所需的人际网络规模的建构。二是社会资本的交换与互惠中建立信任关系。三是以信任为基础的科研合作和社会支持，其目标是以个人的社会资本彰显其在科研领域的社会资源聚集与摄取的潜能以及在科研行为过程中寻求实质性合作以完成跨专业、跨学科、需要理论与实践相结合的科研项目。但是，当下部分高校教师运用社会资本仍然重在拉关系、走后门上，尽管课题制模式下匿名评审让“托人情”越来越难，但还是避免不了。国家级项目“跑关系”有难度，但省部级项目、地方项目“跑一跑”常常有效。尝到甜头的项目获取者会不断地扩大社会资本并把它用在跑项目上，而不是用在整合社会资源去完成项目上。重项目获取、轻项目研究至今仍是高校中教师科研的病症之一。

二、社会资本与人力资本投入的失衡

一般情况下，不论是把社会资本用在人际关系网络的构建上，还是科研项目申报和科研过程的合作上，都会对科研产生正向促进作用，但科研绩效的形成主要依赖人的智力资本与人力资本的投入，在个体的精力与能力有限的情况下，过分注重人际关系构建，花大量时间去捕捉科研信息，招兵买马请他人完成科研项目，自身侧重于获取项目，就难以静下心来搞科研、难以在实际研究中付出知识和智慧。已有研究也表明，科研生产力与社会资本的数量和密度存在倒U形关系，即拥有过高的社会资本会挤占精力，从而影响

其科研投入①。因此，缺少人力资本投入的科研项目也就往往变成虎头蛇尾，要么迟迟不能结题、要么草草结题，出不了多少科研成果，更谈不上原创性成果了。

三、“搭便车”心态下社会资本投入的缺失

不同高校为教师提供的科研社会资本是不一样的。重点大学由于社会声誉高、信息占有量大，因而获得的社会信任、社会支持更为广泛，处于其中的教师就有可能比一般大学的教师在社会交往和寻求社会认同与支持上更有优势，但是，由于社会资本具有的公共物品性质，易于诱发人们的“搭便车”心理，因此它常常得不到有效投资。“搭便车”的现象在重点大学也更加普遍，只是这种“便车”有时是有目的的去“搭”——利用学校的影响力获得个人资源，有时是被动“搭载”——因为他人对学校的信任而获得个人的被认可，这就是组织社会资本中的信任资本起作用的结果。“信任的辐射性”效应让评审专家减少对教师个人信息的搜寻成本以及对教师科研能力的认证成本，直接借助“学校信任”而信任教师。“公共品”存量多的地方，“搭便车”的往往也多，这就抵耗了组织社会资本的作用。正如林南所指出的那样，社会资源只是社会资本的背景状态，只有将社会资源在工具性行动中派上用场，才能转化为社会资本。学校的社会资本如果没有被教师有意识地摄取的话，那还只是一种资源，如果投机式的摄取——“搭便车”，也照样会失去这种资源。与之相反，很多一般本科院校的教师在学校社会资本存量不足、无便车可搭乘的情况下，加大在不同行业和领域中的社会资本的投资、加强关系网络的构建，对科研同样产生较大的影响。

四、社会资本利用中的“圈内人”行为

在对社会资本研究的过程中，亚历山德罗·波茨提出了“消极的社会资本”的概念。消极后果体现在四个方面：排斥圈外人、对团体成员要求过

---

① Mcfadyen, M. A, Cannella, A. A. Social Capital and Knowledge Creation: Dimminishing Returns of the Number and Strength of Exchange Relationship [J]. Academy of Management Journal, 2004 (5).

多、限制个体自由以及用规范压制优秀人才①。在科研项目评审时，处于同一学科的评审组成员之间相互熟悉、了解各自的研究方向，即使在匿名评审阶段，对方不打招呼，也能凭申报书内容判断出研究项目属于某位同行，因而可能在评分时予以倾斜，这种“圈内人”之间的“互惠”行为容易成为“行规”甚至“潜规则”，在科研资源是紧缺资源的情况下，“圈外人”能获取分配的资源就会有限。科尔曼指出，社会网络的封闭性增加了系统内部行动者之间的依赖程度，对规范的建立有好处。但封闭容易形成对外界信息的抵制，信息不对称性增强，这对处于下层的竞争者不利，他们要想获取资源，必须借助于行业圈中的关键人的帮助，这些关键人往往就变成了学术权力寻租人。即使有学术潜质的新生代要想脱颖而出也要首先接受限制个体自由的行规，经受行业内学霸垄断下可能出现逆选择的现实。

第四节　课题制模式下社会资本的良性运作

一、充分发挥社会资本在科研生产中的正效应

与其他形式的资本一样，社会资本是生产性的，“它也需要投资——即使不投资金钱，至少也要投资时间和精力”②。而这种社会资本的投资和社会资本的生产性在过去长期被人们所忽视。林南通过长期研究发现，社会资本和人力资本一样能促进个人职业成就。个体只有通过知识共享，个人的知识和组织里其他个体的知识互补性才会增强，因此，其人力资本的价值才能充分体现。顾琴轩（2009）的研究也表明，个体社会资本对创新行为的影响大于个体人力资本的影响。一方面，能力再强的个体，也需要通过和他人的相应人力资本结合才能掌握核心知识和技能，借助资源的杠杆来实现个体人力资本的价值。另一方面，个体也完全可以通过积累社会资本来弥补自身人力

① [美] 亚历山德罗·波茨．社会资本：在现代社会学中的缘起与应用 [A]．李惠斌，杨雪冬译．社会资本与社会发展 [C]．北京：社会科学出版社，2000.

② [比利时] C. 格鲁特尔特，T. 范·贝斯特纳尔．社会资本在发展中的作用 [M]．黄载曦等译．西安：西安财经大学出版社，2004.

资本的不足，从而增加科研产出①。

当然，重视社会资本在科研中的作用，不是把社会资本投入到为科研项目获取的“拉关系、跑项目”中，而是要发挥社会资本的正能量，社会资本能够为教师科研提供信息支持、智力支持、合作互助，促进人力资本的增殖，产生生产性效益。

二、积极培植良好的“三缘”关系，尤其是业缘关系

社会资本是一种网络关系资源，如同我们的人际关系，它不会由于使用而枯竭。弗兰·汤克斯曾指出，社会资本的积累会产生“滚雪球”效应，利用越多，价值也越大。良好的亲缘关系为教师科研提供有效的助推力，减少心有旁骛；友缘关系的维系便于教师构建更广泛的科研联系，业缘关系的广阔与深厚则直接影响科研的进步程度，而要增强“三缘”关系，交往和感情投资是关键要素，积极参加学术交流、形成广泛的信任与互惠是主要途径。

近几年，国家对课题申报负责人及课题组成员不能同时承担两个以上在研课题的规定，让高校的一些申报者出现了“成员荒”的现象，即申报课题时找不全合适的课题组成员，这些成员要么是自己有在研课题，要么是已经参加了其他课题项目。“成员荒”的背后，实际上是高校教师业缘关系淡薄、社会资本不足的表现。过去在科研领域“单打独斗”较多，没有构筑较好的科研团队，当身边仅有的几位同事不能加入时就会束手无策。

三、加强高校社会资本与个人社会资本的融合

在一定程度上，教师社会资本量的大小与教师所处的学校的社会资本量的大小密不可分。一般来说，学校社会资本存量大的，教师社会资本存量大的可能性要高得多。相对于教师走出校外、依靠校外的社会资本来促进科研，则直接利用所在高校的社会资本能够为教师科研带来更简捷、更便利的效应。高校的社会资本主要由学校的声誉、学科优势、学校信息网络、学校与政府及其他社会组织的关系等构成，较高的组织社会资本能够为身在其中的个体

---

① 顾琴轩，王莉红. 人力资本与社会资本对创新行为的影响——基于科研人员个体的实证研究[J]. 科学学研究，2009（9）.

带来信任感、荣誉感，当这些个体去寻求组织外的科研合作和科研支持时，容易出现“爱屋及乌”效应，即由于相信这个有声望的组织而相信组织中的个体，从而使合作的可能性大大增强。

四、高校要为教师社会资本的增进搭建平台

教师拥有丰富的社会资本，就会在科研方向的把握上更清晰、科研团队的组建上更便捷、科研支持与合作上更牢固、科研成果的转化与推广上更容易被发现和认可，因此高校应该注重这方面平台的搭建。一是鼓励教师加强与社会团体、学术行业协会和组织等的联系，扩大自身的科研网络规模。二是培育科研创新团队，让教师科研能力在协作和相互促进中得以提升。三是通过增强与社会各部门尤其是科研部门的交往，增进与外界科研信息的沟通等形式为教师科研提供指导和服务，并产生“拉动效应”，让教师在一种浓厚的学术环境中发展。

综上所述，社会资本是高校教师课题制科研不可或缺的要素。尽管高校教师科研课题的获取与完成主要依赖其智力水平和学术水平，但如果能够借助于社会资本，则如同为教师科研增加了“润滑剂”和新的动能，产生“如虎添翼”的功效。

本章小结

课题制作为当前普遍实行的一种以课题研究为中心、课题负责人组织科研骨干成员开展科学研究活动的科研组织和管理模式，在科研活动中引入责权利相统一的原则，通过公平竞争、择优立项来配置科研资源。课题制既实现了课题管理及管理制度的统一，规范了课题预算管理，又能确保项目立项的科学性，同时实现科研人员的集聚和科研资源的优化组合。社会资本是以信任为基础的作用于社会关系网络所获取的社会结构资源，是一种隐性资源。

社会资本是高校教师课题制科研不可或缺的要素。在课题制模式下，高校教师社会资本在其科研行为过程中发挥了重要的正面效应，具体表现为：通过拥有和利用社会网络获取科研信息；通过友缘、业缘等关系寻求科研立项帮助或合作；通过寻找关键人或代理人获得科研帮扶；通过自身在网络团

体中处于优势位置和为他人提供帮助获得科研支持；促进人力资本的不断增进。社会资本对高校教师课题制科研既有正面效应，也有负面效应，其负面效应的主要表现为：社会资本投入方向与目标的偏移；社会资本与人力资本投入的失衡；“搭便车”心态下社会资本投入的缺失，社会资本利用中的“圈内人”行为。

我们要加强对高校教师社会资本在课题制科研中的作用机理研究，最大限度地减少社会资本的负面影响，发挥社会资本的正向作用，从而促进课题制模式下社会资本的良性运作。首先，要充分发挥社会资本在科研生产中的正效应，为教师科研提供信息支持、智力支持、合作互助，促进人力资本增值，产生生产性效益；其次，要积极培植良好的亲缘、友缘、业缘“三缘”关系，尤其是业缘关系，形成广泛的信任与互惠；再次，要加强高校社会资本与个人社会资本的融合；最后，要搭建好高校教师社会资本的增进平台。

第九章　大学教师“双重忠诚”

第一节　“双重忠诚”的偏斜与失衡

在现代职场，任何一个职业都要求从业者有高度的职业忠诚，这是从业者成功履行职责实现个人职业发展的前提，也是社会组织实现其目标和价值的基础。大学教师作为一个职业群体，有其自身的职业属性，其职业忠诚表现出独特的对学科与院校“双重忠诚”的特性，忠诚于学科即是忠诚于自己的专业和学术追求，忠诚于院校则是忠诚于自己所在的大学组织，积极参与组织的公共事务。“双重忠诚”对教师科研有一定的影响，但它在很多时候很难保持一种平衡，忠诚于学科的教师往往对院校的忠诚度降低，而且一般认为忠诚于学科要超过忠诚于院校①。

“双重忠诚”的现象在专业技术要求较高的领域似乎普遍存在，比如律师行业、医生行业、科技开发行业等。但由于大学组织比其他组织具有更大的松散性，造成教师的迁徙更容易，在高校人才竞争的大环境下教师群体中出现了很多“升职即走”的现象，他们在获得了高级职称或高级荣誉后，便流向更好的学校，或被同类学校高薪挖走。于是，现实中便出现了学科忠诚度高的往往组织忠诚度低、组织忠诚度高的则学科忠诚度低的“忠诚冲突”现象。这种忠诚中的失衡和偏斜，尽管促进了教师的职业流动性，但有可能造成大学学术机体的不稳定和脆弱，也会对高校组织构成伤害，形成强者愈强、弱者愈弱的局面，进而影响学科发展和教师自身的专业发展。因而，如何认识大学教师职业的“双重忠诚”的独特性，最大限度地发挥大学教师的

---

① ［英］阿什比．科技发达时代的大学教育［M］．滕大春，滕大生译．北京：人民教育出版社，1983：137.

学术潜力和对院校事务的参与，有效探讨大学教师人力资源开发问题，是提升大学治理能力、提高大学办学效益的重要内容。

第二节　大学教师“双重忠诚”的形成

大学教师的“双重忠诚”因多种因素的作用而呈现较为复杂的情况。其中，大学教师本身的职业属性、大学的组织特征及学科的专业分化是产生“双重忠诚”的主要动因。

一、大学教师的职业特点构筑了“双重忠诚”的基础

大学教师是一项学术性职业，如美国学者马丁·芬克尔斯的理解，是“拥有专业知识背景，易受新知识生产影响的、随着学术劳动力市场波动的、遵循共同学术规则和学术伦理的自主性职业”①。

大学教师从事对未知世界的探索和培养高级专业人才，要求他们具备这两方面的职业素质。而有效履行这两大使命，都需要一种内在的驱动力，就是对真理的忠诚，以创造知识和传授知识为终身追求。如张维迎所说，“如果说大学的理念是为了人类创造知识，传授知识，传承人类文明，推动社会进步，那么大学的教师队伍必须是由真正对研究和教学有特殊偏好，最具有使命感、责任心和创造力，最能做好原创性研究成果的学者组成。”② 对高深知识的探索是一个非常复杂的系统，凭教师一人之力很难在某一领域取得突破性进展或得出新的成果。现代知识的创新不仅要站在前人的肩膀上，更需要和本学科或跨学科的学术同行协同努力，而院校实际上就是提供了这样一个平台。大学教师作为探索未知领域的职业，存在着高度不确定性，他们也需要大学来提供一种职业安全保障。大学教师之所以忠诚于自己所供职的院校，根本原因正是院校提供了大学教师从事科研和教学活动的基本保障，如大学为教师提供了相关交流、探索新知的相对宽松的环境，大学向教师支付足以保障其体面生活的薪酬，大学为教师的学术事业发展提供

---

① 王保星．美国大学教师职业忠诚的挑战——基于大学治理企业化视角［J］．高校教育管理，2007（1）：42－47.

② 张维迎．大学的逻辑［M］．北京：北京大学出版社，2004：21.

了制度保护等。大学及所属的院、所等基层学术单位形成的组织文化提供了组织归属感，特别是在“单位人”的中国文化背景下，强化了大学教师对院校的忠诚。

因此可以说，对学科和院校的“双重忠诚”是大学教师的基本的职业伦理。“大学教师在专业工作中需要坚守的一项最为基本的职业伦理，就是完全忠实于知识，负责任地把自己的研究成果或结论向社会公布，向学生传授。”① 这种对知识和学生的负责，同时也是对院校的负责。

二、大学的组织特征强化了“双重忠诚”的发展逻辑

大学组织制约着大学教师的工作方式，也影响着大学教师的思维方式和价值观。一方面，大学作为一个以培养高级专业化人才为基本功能的学术组织，有其自身的鲜明特征。大学组织既是科恩和马奇所说的“有组织的无政府单位”，也是维克所言的“松散的联结系统”，这种特征赋予了教师更多的权利。大学组织中虽然存在着管理者的行政权力，但教师在科学研究、课程安排、学术评价等事务中有着很大的学术权力和自主权。同时，大学作为利益相关者组织，大学教师无疑是一个至关重要的利益相关者，以至美国有些教师认为教师就是大学本身。大学与教师之间存在特殊的人事合约制度，如工作方式是很小的固定工作时间限制，稳定的职业保障，鼓励与其他大学或单位人员的合作等。大学的实力与地位主要由师资水平来决定，而教师质量主要由其在学科内的学术成果来决定，所以大学作为一个学术组织，其学术活动的一个显著的特征是不同大学中相同学科之间的交流比同一所大学不同学科之间的交流更为频繁。大学组织的这些特征，表明大学教师在大学组织中有独特的地位，而大学教师对院校的忠诚与其在大学事务中所处地位、所发挥作用和自我感受密切相关，如果大学教师感觉自己在大学组织里可有可无或仅仅相当于“公司雇员”的话，那么他们对大学的忠诚就会受到削弱。在一所“行政化”倾向较严重的大学中，如果大学教师很难参与学校学术和行政事务，感受到自己只是一个“被管理者”，同样也会降低其对院校的忠诚。另一方面，院校的实力、声誉等组织社会资本对大学教师的院校忠诚有着直接的影响，如重点大学为大学教师提供了较大的发展空间、物质保障和

① 王保星. 德性·想象力·职业安全——大学教师职业断想［J］. 江苏高教，2007（5）：91－92.

社会地位，其教师在对学术忠诚度高的同时对院校的忠诚度也比一般院校教师的要高。

三、学科专业化推动“双重忠诚”向学术忠诚倾斜

学科专业化起始于柏林大学科学研究之风的兴起，以美国霍普斯金大学为代表的研究型大学的兴起加速了这一进程，与之同时，大学教师隶属并忠诚于科学和专业的情况逐步增强。一方面知识生产专业化，另一方面又依赖各种形式的专业组织来联结地域和院校中各自分散的大学教师。在学科专业不断分化的过程中，一些跨地域联结的学科规训制度逐步形成，越来越多地规范和影响着大学教师的思维与行为，学科专业在大学教师的职业生活中占有越来越重要的地位。各种专业学会、学术会议和学术期刊把同一学科的大学教师联系起来，形成“校际群体”，为来自不同地区、不同院校分享同一种话语体系的教师提供交流学术研究成果的平台，鼓励开展研究与批评，有力地推动了专业主义文化的传播，使大学教师职业的内部规范和学术交流机制得以构建①。

大学教师都有其自身的学科专业和学术领域，这一特点决定每个大学教师都生活在一个或几个学科领域，被学科接受、被学科同仁接受和认可是大学教师学术职业生活中正常追求，对学科的忠诚也是大学教师对职业生活职业生涯目标追求的直接体现。他们终生的事业和这些学科紧密联系在一起，他们中的绝大多数人几乎把毕生的精力和才华投入到为之奋斗的教学和科研的学科领域。这种学科追求成就了学科忠诚的原动力。

一般来说，大学教师的专业化程度与对学科的忠诚度呈较高的正相关，学术水平及在学科中的地位越高，教师就越能在学科中体验成就和尊重，对学科的忠诚度就越高，而对院校的忠诚则可能随之下降。专业化程度的不断提升让大学教师在成为自己所在学科领域专家的同时，由于其精力和兴趣的转移，也会越来越疏于或者不愿意参与、过问与自身专业发展无关的学校事务，对大学或研究机构的依赖程度逐步降低。这种矛盾是大学组织所不愿看到的，同时也是大学组织化行为所催生的。大学竭力创造条件让教师走出校

---

① 王春艳．美国大学教师专业化归因及对我国的启示［J］．高等教育研究，2009（2）：105－109.

外开展学术交流，成为学术名流，但有时也会面临名流教师流失的风险。

除以上要素外，大学教师的供职时间也在“双重忠诚”的形成机理中发挥重要作用。一般来说，在某一院校工作时间与院校忠诚度呈正相关，工作时间越长，对院校的忠诚度就越高；工作时间越短，则忠诚度越低。有研究表明，职业生涯的前五年是离职率最高的。忠诚是一种心理意识，其培养需要时间。此外，外部环境对大学教师双重职业忠诚也有着重要的影响，如受市场经济意识和社会风气的影响，一部分大学教师由对学科和院校的忠诚转向外在“市场忠诚”①

第三节 “双重忠诚”的表现类型及影响

如前所述，对学科和对院校的忠诚同时存在于大学教师个体之中，但他们的忠诚程度是不一样的。国内外教育学者在论及“双重忠诚”时，把大学教师作为一个统一的职业群体，只是强调学科的忠诚高于院校忠诚，把注意力放在学科与院校忠诚两者的冲突上。我们认为，大学教师是一个分化度很高的职业群体，其个体的文化背景、学术水平、从业时间等有着非常大的差异，对学科和院校的忠诚度在不同类型的大学教师身上有着不同的表现。

根据大学教师对学科和院校忠诚度的高低程度，大学教师的“双重忠诚”可归纳为以下四种表现类型：对学科和院校的“双高忠诚”、对学科和院校的“双低忠诚”、低学科高院校忠诚和高学科低院校忠诚。每一类型有不同的产生原因，也对本人和院校产生不同的影响。无论是对于学科还是院校，高忠诚度主要表现为对科研、教学投入大量的精力与时间，对院校的高度认同和对院校事务的积极参与；低忠诚度则表现为对工作的消极态度或离开现有职位，要么是校际流动，要么是由大学向经济回报率和社会地位更高的行业流动。

一、对学科和院校“双高忠诚”

能够在某一大学几十年如一日工作的高水平教授，大多具有“双高忠

① 赵祥刚，蒋洪池．大学教师职业忠诚的转移与回归［J］．辽宁教育研究，2008（7）：93－96.

诚”的特征。正如张维迎所说，“只有最具使命感和创造力的教授，才最有积极性维护大学的声誉，才会以毕生的精力致力于学术研究，以教书育人为乐趣。”“双高忠诚”者在某一特定的学科领域和院校长期努力工作，奉献自己的全部热情与智慧，并获得卓越的学术成就，对院校事务也积极参与，他们是院校的中坚力量，一般不会离开本学科和院校。

具有“双高忠诚”的教师对大学组织内部人力资源管理来说是理想的模式。这些教师对学校的学术事务和行政事务都会做出积极的贡献，学校也会为这样的教师提供更好的学术环境，以帮助他们追求卓越。从相对封闭的系统来看，这是一个教师和学校组织共赢的局面，而从开放的大学群来看，这一局面或许不能达到让教师更大发展的目的。双高忠诚的教师若是处在一个学术环境较差或学术平台较低的大学组织中，其学术贡献值的上限会大打折扣，影响其学术潜力和创造力的发挥，在某种程度上造成人才浪费。这便给一般大学在大学治理中如何留住或培育“双高忠诚”人才提出了新的要求。

二、高学科低院校忠诚

这一类型包括从外校新引进的高水平教授或校内对大学管理制度或组织文化不大认同的教授。他们在本学科内努力工作并获得优秀成果，享有较高的学术地位和声誉，但相对于所在院校他们更关心自己学科的学术研究，培养学生则侧重研究生的学术训练培养，不大重视对本科生的教学。他们对院校事务不太关心，也不愿投入过多的时间与精力去关注。这类大学教师可能会进行较频繁的校际流动，或多院校兼职，具有多重身份。学校组织要用好这批人须有宽容的态度，并有扶植特殊人才成长的政策环境、制度环境和人文关怀。较低的组织忠诚往往是学校和普通教职工所不愿接受的，这样的教师很容易与所在单位发生矛盾，甚至被人为地限制发展空间，从而影响其学术事业的拓展。

三、低学科高院校忠诚

主要指那些学术水平较低但在某一院校工作时间较长、对院校事务很关心的教师群体。他们一般有着较高的职业道德，热心教书育人，为培养学生付出大量的时间与精力，他们为大学发展而奉献，也以大学为精神家园。但这类大学教师学术创新力较低，没有在本学科内取得优秀成绩和获得学术地位，对学科发展也不太关心，他们可能是大学里的某些教学型的教师或专业管理人员。无论是研究型大学还是教学型的大学，他们的存在有着一定的必要性。但在我国大学中普遍存在重科研轻教学的氛围中，以及在由此而产生的绩效考核指标体系下，他们的奉献被大大忽视，而这可能会影响他们对院校的忠诚。在当前我国一些高校人事改革实践中，一些低学科高院校忠诚者可能在本校范围内由教师岗位转向行政管理岗位。

学科和院校的“双低”忠诚如学术水平较低的新参加工作的年轻教师或工作时间较长但敬业心欠缺的教师，他们或新进入学科领域，还没有来得及培养起对学科的忠诚情感，或因某种原因在学科内取得的成绩不佳，在学科群体内的认同度低，地位不高。他们不安心于本学科也不安心在院校工作，一旦有适当的外部机遇就会离开本院校和教师行业。一些暂时还没有“资本”或外部环境者则极可能表现为一种的人才的“隐性流失”[①]，虽未离开院校或教职岗位，但把精力放在本职工作以外，消极对待本职工作，责任心缺失，为了物质利益而兼职等。隐性流失无疑对大学教师本人和院校都有着严重的消极影响。

第四节　提升“双重忠诚”促进科研发展

大学教师对学科和院校的忠诚极大地影响他们自身和院校的学术生产力。从敬业心与忠诚的角度加强对大学教师人力资源的管理与开发既是大学治理的重要内容，也是提升大学核心竞争力的必然要求。大学教师不是自由职业者，必须依附于某一大学才能开展科学研究和教学等活动，而大学不仅应成为大学教师的安身立命之所，更应成为教师的事业基地和精神乐园。为此，大学应从多方面来提升大学教师对学科和院校的“双重忠诚”并促进两者的协调发展。

---

① 代新敏．谈高校教师的“隐性流失”[J]．高等教育研究，1998（2）：81－82.

一、整合资源，打造坚实的学科平台

首先，应加强对学术理念、学术精神、学术制度与机制等软资源环境的构建，通过一系列激励机制和约束机制形成崇尚学术的氛围，发挥学科的引领作用。“很少有那些现代机构能像学科那样显著地和顺利地赢得其成员的坚贞不二的忠诚和持久不衰的努力”①，而宽松自由的学术环境、团结协作的工作氛围、公平竞争与共同进步的发展业态是大学中吸引教师、激励教师忠诚学科与职业的基本保障。

其次，应重视打造学术基底、科研条件、学科基地、科研团队等硬资源环境，筑巢引凤，利用大学教师学科忠诚与院校忠诚的天然联系，把他们纳入他们感兴趣的学科事业上来，对一些学科建设水平相对较低的新办院校和地方院校而言，尤为如此。

最后，应建设一个更加开放的学科平台体系。大学要以宽广的胸怀，突破以学校为单元的封闭的学科围城，积极为教师走出校门铺路搭桥，建设好跨院校的行业学会之类的“无形学院”，让教师广泛开展校际之间、学校与行业之间的学术交流。大学教师在对外交流和学习他人长处的过程中往往会因为使命感、责任感的增强而增强忠诚度。

二、完善大学教师评价激励制度

大学教师的评价激励制度是大学治理结构中非常重要的方面。阎凤桥认为，“教师工作激励机制表现在融合‘忠于组织’与‘忠于专业’两个方面”②。当前我国大学教师评价中存在着重视组织忠诚而轻视学科忠诚的现象，表现为只要组织忠诚度高，就会得到学校的重视和重用，而学科忠诚度高但组织忠诚度相对较低的教师往往被学校看作“靠不住”而不被重用，甚至受排挤。这不仅不能客观评价大学教师的学术能力和敬业精神，反而可能损害他们对院校和学科的忠诚。所以，大学教师的评价制度也应以提高其对学科和院校的“双重忠诚”为价值取向，由单一评价转向双向评价，同时实

---

① ［美］伯顿·克拉克．高等教育系统［M］．王承绪等译．杭州：杭州大学出版社，1994：93.

② 阎凤桥．大学组织与治理［M］．北京：同心出版社，2006：79.

施差异化评价标准，给学科忠诚度高而组织忠诚度偏低的教师应有的肯定，并采取措施帮助他们提升对组织的认同和忠诚。这是高校当前在人才评价和使用上亟待解决的问题。

三、构建教师共同参与的治理结构

由于学科忠诚和组织忠诚容易出现偏斜，那些组织忠诚度低但学科忠诚度高的教师在学校内部往往不仅不会获取较多的行政权力，甚至连学术权力也易被削弱，失去话语权和管理权，从而对组织的忠诚度更低，形成恶性循环。实行“教授治学”“共同治理”是改善这种状况的有效办法。大学教师作为大学最重要的利益相关者，是大学最核心的资源。要确立教师在大学治理结构中的核心地位，科学界定学术权力与行政权力，对大学组织内的学术结构与行政结构进行重组，大学教师应对学位设置、学科建设、学术评价、教师评聘等学术事务有较大自主权，行政管理的职责也重在协调与服务，让大学教师感到自己是学校的主人，而不是公司的“雇员”，也不是行政机构的管理对象。

四、建设“忠诚”的组织文化

组织文化有利于组织成员形成认同感，增强组织成员对组织使命的承诺感，强化工作目标和行为准则。院校文化产生忠诚，这种文化首先是一种具有共同价值观的文化，即大学目标的实现需要学科忠诚与组织忠诚的统一，大学教师不能顾此失彼，学校在面对教师某方面的忠诚度不高时也不是弃之不顾，而应加以开发、引导和促进；这种文化也是一种以人为本的文化，大学组织要求每一位教师对其“双重忠诚”，就必须以尊重教师为前提，了解教师的需求，强化对教师的人文关怀，形成和谐的人际关系，架设人才成长的通道，形成有利于吸引人才、留住人才的环境，同时要减少行政对学术的干预，让教师充分发挥学术研究的创造性和学术治理的主动性；这种文化还是一种包容的文化，包括组织对教师在共同目标价值下不同追求方式的包容、对忠诚的不同理解的包容，也包括教师对大学组织要求其不遗余力承担建设组织和学科的双重使命的包容。在包容中，忠诚能够得到有效的拓展和延伸。

本章小结

教师的态度与心理倾向影响教师的科研发展，无论是“职业忠诚”还是“学术忠诚”都会提高教师教书育人和科学研究的性向。

大学教师作为一项学术性职业，完全忠实于知识，负责任地把自己的研究成果或结论向社会公布，向学生传授，这是其基本的职业伦理要求；而其所供职的院校提供了大学教师从事科研和教学活动的基本保障，所以也要求他们忠诚于自己所属的院校。大学“松散的联结系统”和“有组织的无政府”的组织特征强化了“双重忠诚”的发展逻辑，而学科的专业化推动大学教师的“双重忠诚”向学术忠诚倾斜。根据大学教师对学科和院校忠诚度的高低程度，可将大学教师的“双重忠诚”归纳为对学科和院校的“双高忠诚”、对学科和院校的“双低忠诚”、低学科高院校忠诚和高学科低院校忠诚四种表现类型。每一类型有不同的产生原因，也对本人和院校产生不同的影响。

无论是对于学科还是院校，高忠诚度主要表现为对科研、教学投入大量的精力与时间，对院校的高度认同和对院校事务的积极参与，从而形成高质的学术生产；低忠诚度则表现为对工作的消极态度或离开现有职位，影响其学术产出，导致大学教师的校际流动和行业流动。正因为大学教师对学科和院校的忠诚极大地影响他们自身和院校的学术生产力，提升大学教师的“双重忠诚”及实现“学科忠诚”与“院校忠诚”两者的平衡成为大学治理的重要内容，也是提升大学核心竞争力的必然要求。从大学治理的视角，应加强对大学教师的人力资源开发，构建大学教师的事业基地和精神乐园，通过加强学科建设、改革评价制度、吸引教师参与治理、建设组织文化等途径来实现大学教师在学科和组织的“双重忠诚”的高层次的和谐统一。

第十章 结　论

通过前面几章，我们对高校教师的社会资本对其科研绩效的影响机理从量的方面和质的方面进行了较为系统和全面的分析和实证研究。本章将对前面的研究做出总结，提出政策建议，反思研究的不足之处，并对未来的进一步的研究提出一些设想。

一、主要研究结论

结论一，教师的人力资本因素和社会资本因素在教师的科研绩效形成中共同发挥正向促进作用。

按传统的观点，在影响教师科研绩效的诸多因子中，人力资本因素独挑大梁，本书实证了社会资本在教师科研绩效的形成中具有不可低估的作用。

结论二，相对于友缘关系和亲缘关系来说，业缘关系是教师科研绩效形成中最有效的关系网络类型。业缘交往中以同事为主，而与领导、老师、编辑出版人员、科研管理人员等的交往频次相差不大、区分度不高。

结论三，教师的社会资本在科研绩效的类型作用上存在着明显的差异性，对高档次的论文、著作及国家级重点课题的作用较弱，对横向课题的影响最为明显。

结论四，教师参加的社会团体的多少尽管在科研绩效的形成中有一定作用，但起关键作用的是教师在团体中所处的位置。处在上端位置的教师能够获得优质的社会资本从而促进科研，在学术团体中这种现象更明显；同时，在教师科研绩效的形成过程中，“关键人”的作用至关重要。对高学历教师的科研有重要影响的关键人往往是导师，而低学历的往往是同事或朋友。

结论五，强关系网络比弱关系网络能给教师带来更多的社会资本，从而发挥更大的科研促进作用。这一研究结论与格兰诺维特的“弱关系”理论正好相反，笔者认为这是在中国的文化背景下“关系”现象的合理反映。

结论六，职称因素和职务因素都与教师的科研绩效呈明显的正相关，尤其是职务因素。厅级职务比处级职务、处级职务比科级职务、科级职务比没有职务的教师科研绩效明显偏高；国家级及省部级课题大都集中在具有科级及以上职务的教师身上；年轻教师和低职务或低职称的教师社会资本对其科研的影响很微弱；在职务因素中，高层次的学术职务比高层次的行政职务对科研绩效的作用更明显。

结论七，重点大学教师承担的往往是较高层次的科研项目；在论文发表上重点大学与一般大学相差无几，但在课题和著作数量上却高出近一倍；重点大学的教师人力资本相对较丰富，学校的组织社会资本较多，在科研项目的获取中处于优势地位，因而可以较少的动用社会资本，或者“搭便车”——利用他人对学校的信任而获得个人信任。而一般本科院校中的教师整体学术水平相对偏低，他们所处的学校属于学术结构中下端，因而更注重“动用”社会资本，注重寻求科研的外部支持和校外资源，体现了科研目标达成的“补偿性原理”。他们要获得同样的科研资源时，必须在人力资本和社会资本上双管齐下、同时用力。而事实表明，这种人力资本不足时的社会资本增进对科研绩效是有明显作用的；社会资本更多是从外围来增加教师科研能量，主要体现在帮助教师获得科研项目、评定科研等次上扩大可接受度，其内在帮助则体现在科研团队在义务与期望、信任与互惠中的协作和共同攻关。

结论八，在中国的人情社会中，社会资本的使用容易导致歪曲和偏移，产生社会资本使用“过度”的现象。高校教师社会资本对科研产出虽有较强的支持作用，但过分依赖会降低科研产出质量和档次。

二、对策建议

建议一，应充分肯定社会资本的正面影响。

社会资本的正面影响已触及社会的方方面面，国外对社会资本的研究很多都与宏观社会环境的变革联系在一起，认为社会资本的投入是促进区域乃至国家或民族关系改善的良药，它们能够通过推动协调来提高社会效率（普特南，1993）；社会资本以信任、规范为出发点，诚信的社会资本是社会进步的基础（科尔曼，1991；福山，1999）；国际社会资本基金会组织（The Social Capital Foundation）把社会资本看做是解决家庭问题、种种差异、社会包容、城市政策、社会危机的钥匙之一，从2002年创建以来每年的国际学术年会都在试图探讨和解决其中一个问题；世界银行认为，社会资本在全面平衡政治与经济的关系、正式与非正式制度的关系、内部性与外部性的关系等方面，弥补了资本投入产出关系中的灰色地带。它们的研究对于为什么有必要在正式的财会制度之外，对社会资本进行测度给出了回答。

本书是在微观层面探讨高校教师的社会资本对其科研绩效的影响，正如前文在定量研究和定性研究所发现和总结的那样，教师通过参加各种社会团体，参与社会关系网络的构建以及在社会网络中主动摄取网络资源，从而对科研绩效产生积极的影响，这种影响主要由两个方面构成，一是外部支持，教师在广泛的学术交流活动中获取科研发展的前沿信息和科研需求信息，能够有的放矢地寻找和探究研究方向和研究内容，在科研进程中也可以获得同行的精神支持、物质支持和学术建议支持等。二是内部支持，即以参与者的身份，承担科研项目的一部分，或自始至终地与研究者合作，共同完成科研课题。研究发现，社会网络规模大、与网络成员联系密切的教师社会资本量相应较大，而科研项目来源也相对较丰富，在科研项目的完成过程中合作机会更多，在科研成果的评估中也容易减少认证成本，这一现象在社会科学领域的表现更为明显。

在对个案学校的深度访谈中，笔者还发现了社会资本的这种正面影响的非均衡性，这种非均衡性是相对于教师的人力资本对其科研绩效的影响而言的，即低职称、低职位的青年教师社会资本的拥有量少，由社会资本带来的科研绩效的提升不明显，而高职称、高职位的教师社会网络资源丰富，科研中社会资本的动用多，在科研项目获取上社会资本的作用较大，科研积累较丰富。此类问题在前几章已有了较多分析。

建议二，对社会资本的负面作用应有清醒的认识。

与人力资本一样，社会资本在使用过程中也有其缺陷性，波茨将之总结为四个方面：排斥圈外人、限制个人自由、对团体成员要求过多、用规范压制优秀人才。国内很多学者（周建国，2002；肖冬平、顾新，2007；翟学伟，2009）对社会资本的负面作用给予过批评，认为人们在进行社会资本投资时经常难以与自利的拉关系划清界限，从而为社会资本的提倡带来了阻力。

有研究表明，负性（消极性）社会资本和对社会资本的不良使用都会产生一些副作用，也会增加社会的管理成本，影响社会稳定，阻抑社会经济发展，尤其是在制度与体制不健全的发展中国家和地区。消极性社会资本或社会资本的不良运作的负功能主要有：（1）具有不同利益和关系网络的团体，会形成圈内人利益和抵制圈外人现象，为了小团体有可能牺牲或损害更大团体的利益。某些利益群体容易形成对某个人、某个目标或某项事业的反对和损害。也就是说，圈内的关系越强，圈外的关系就越弱，社会资本的联结越少；（2）在某些网络结构中获得的社会资本越多有可能受到这种网络规则的限制就越多，阻止网络成员做出各种变革和创新。社会网络密度越大，复杂程度越高，个人受到已有的社会规则约束的力量就越大。当紧密的网络纽带给个人提供各种经济资源时，它也限制了个人的积极性和创造性。（3）人际关系的维护需要使用资源或依赖资源，而这些资源被关键人掌握并和政治权力结合时在一起时，容易出现资源权力寻租和腐败，损害政治廉洁，等等。社会资本的这些负面作用，应在社会资本的研究中引起高度重视，尤其是在我国这种非常重视人际关系的社会中（王世彤，2006）。

社会资本对高校教师的科研绩效也存在负面影响，这种影响源自两个方面的作用，一是科研项目的分配机制、生产机制和评估机制。从分配机制来看，我国的科研项目大都掌握在政府主导的管理机构手中，科研资源很容易变成一种权利资源，科研项目分配也容易演变或夹杂着权利分配的意思，即使现在的自然科学项目和社会科学项目采取的是公开招标、匿名评审等方式，但在权利意识和金钱意识的诱导下，严格的匿名评审容易被各种关系网击破，在问卷和访谈中我们发现，很多项目评审的匿名专家信息最初是从科研管理部门流出，从而为“信息灵通”人士“拉关系”提供方便之门，使得本来用于进行学术交流和获取科研发展动态的社会资本变相成为拉关系的资本。当然，这种现象更多出现在中低档次的科研项目招标和科研论文的发表中，一批顶尖级的科研项目和杂志坚守它们的学术标准，利用社会资本拉关系的情况在这里难以为继。

从科研项目的生产机制来看，科研生产需要合作，这是不容置疑的，但当前高校的科研生产出现了申请者与生产者重心偏离以及重申请轻生产等现象，拥有丰富社会资本的申请者热衷于拿项目，而手头拥有多个项目之后，由于精力有限不得不将一部分项目转包给学生或其他学科组成员，出现了教授拿项目、弟子做项目这种无形的分工，甚至出现科研的粗制滥造。

而形成这种生产机制的原因之一是科研的评估机制不健全。如同项目申请中的评审一样，项目的成果鉴定尽管是匿名评审，但在中国的法理社会和人情社会并重的社会结构中，人情关系在评审中占据重要地位，在一定的范围内科研管理部门和评审成员能够人为地控制成果的分配走向。而社会科学成果的“软性”特征，更增加成果结论人为化的合理性。这一点在访谈中得到了多数访谈对象的认同。有位多次参加过省级社科基金项目评审的受访者告诉笔者，由于广泛存在托人情，匿名评审很容易走形式，另外，拥有评审专家的学校之间容易达成相互送人情的共识，从而形成圈内垄断。

社会资本对高校教师的科研绩效产生负面影响的另一方面来源于教师对社会资本的“过度”使用。前文在谈到社会资本的本质特性时曾提出过，社会资本不同于物质资本和货币资本的区别之一是前者越使用得越丰富，后者使用得越匮缺，但教师的科研项目的完成仅靠教师社会资本的付出远远不够，需要教师以智慧、技术、创造为主体来构筑。教师如果一味地以社会资本的使用为途径，人力资本的投入就会由于精力有限而受影响，科研质量难以保证。现实中这种现象是经常出现的，问卷中有一道题目是“现在的人际关系对科研领域的正常竞争产生的负面影响有多大?”回答“较大”“很大”的受访者占全部受访者的31%。

社会资本的这些负面影响的形成虽然有社会资本理论不完备的缺陷所致，但更多的是使用中的偏斜造成的。尽管社会资本和拉关系走后门有本质区别，但现实生活中这两者经常搅和在一起，以致人们难以区别，在私利作用下，公共性的社会资源互惠交换很容易演变成损害他人的自私交易。

建议三，根据高校教师科研绩效形成过程中社会资本的作用机制，强化教师社会资本的增进。

研究表明，高校教师的社会资本主要由社会团体、社会网络和网络摄取构成，因而，现实中要提高教师的科研绩效，首先，就应该鼓励教师积极参与各种团体组织，尤其是学术性团体，同时应尽力争取在团体组织中处于上端位置，因为处于上端位置的人，更容易获取优质的社会资本资源。其次，应广泛开展社会关系的构建，构筑良性的人际关系网络，并在网络中加强与成员之间的联系，以增进信任与合作、增进信息的互通和共享。最后，要积极运用各种资源为科研项目服务。即使拥有某种关系资源，但不去使用的话，这种资源也会枯竭。关系资源越使用越丰富。实证结果还告诉我们，业缘社会资本比友缘和亲缘社会资本对教师的科研帮助更大，高校教师在处理好现有业缘关系的同时，要不断扩大业缘范围，以获得更多的科研社会支持。本研究的假设验证也告诉我们，在人际交往中，面对面的交往比非面对面的交往所获得的社会资本量更大，这应该为我们在选择交往模式上提供借鉴。

建议四，加强人力资本与社会资本的融合。

针对当前高校教师科研过程中社会资本的使用存在着较大的提升空间这一状况，教师应该以人力资本引导社会资本，以社会资本增进新的人力资本，同时，应该加强对高校教师科研行为中的社会资本投资中的引导，鼓励教师大胆开展社会结构资源的构建，扩大社会资本的受众面。

同时，在教师的科研行为中，仅有人力资本的应用或仅有社会资本的应用都不是理想的科研投入方式，只有把二者有机地结合在一起，才能使科研工作在充分发挥个人心智和创造力的同时，获得更广泛的社会支持和社会认可，科研工作才会开展得更有生命力。

建议五，高校要为教师构筑丰富的组织社会资本平台，从学校的声誉、学科优势、科研信息网络平台、学校与政府及社会各界的关系网络等。

如前所言，从调查中我们看到，社会资本对教师科研具有正向促进作用，但是，迄今为止，大量的优质社会资本掌握在少数职称地位和职务地位较高的人手里，社会资本对科研的优越性没有惠及每一位老师，他们也无法充分感受社会资本的价值所在。因此，高校要为每位教师创建社会资本搭建平台。学校扩展组织社会资本，如扩大与社会各界的联系、增加相互认可，尤其是广泛开展学术交流，为校内教师走出去了解科研信息、获得科研支持提供纽带。

三、创新

1. 从社会资本角度探讨对高校教师科研绩效的影响，是以往学者很少涉及的问题，所用的研究手段和研究方法相对简单，没有采用大样本的实证研究。

2. 根据前人研究的成果将教师的社会资本分解为社会团体、社会网络、网络摄取三个观测指标，开创性地设计了考察社会资本的调查问卷，实证结果证实能够基本准确地测量教师科研中的社会资本。

3. 教师社会资本是教师人力资本的补充和延伸，二者如何交互影响科研绩效，目前国内外的研究还处在起步阶段，相对而言，本书所使用的视角更新、方法更加科学、内容更加丰富。

4. 在社会资本对科研产出形式的影响作用上得出了一些前人没有得出的结论，如社会资本对著作的影响作用小，对论文索引没有影响等。

5. 如何把教师的社会资本使用与中国传统文化中“拉关系”相区别，有利于我们正本清源，更好地发挥社会资本在教师科研中的积极作用。本书在这一方面提出了一些新的见解。

四、未来的研究方向

1. 加强对教师科研中社会资本作用因素的研究。正如文中所指出的那样，以往研究教师的科研绩效大多是从人力资本因素，如知识、智力、年龄、职称、学历等对考察，涉及对社会网络资源获取与动用中的科研绩效的增进的研究很少，即使有，也是一些说理性的，没有形成实证的和有说服力的结论。本书以社会团体、社会网络、网络摄取三个指标探讨教师的社会资本及其对科研的影响，在三者之间的相关性研究上还涉及得不够，这是下一步要继续探讨的问题。

2. 应深化社会资本影响教师科研绩效的外部机制和内部机制的研究，即从外部来看，社会网络关系资源是如何从不同层面帮助教师获得科研支持的，如如何帮助教师获得科研项目或成果认定；从内部来看，人际网络资源如何促成教师间更好地实现科研合作、科研攻关。

3. 形成更加成熟的教师社会资本测量方法，使用更有效的测量模型。尽管国内外一批学者对测量个体的社会资本提出了一些好的方法，如运用了“个体中心网络”（ego-centered network）分析方法，把个体网络视为整体社会网络中的一个局部，考察以每一个被研究者为中心延伸出去的网络情况（Scotte，1991），以及林南等提出的“提名生成法”（name-generator）和“位置生成法”（position-generator），但因为人们越来越把交往对象作为隐私看待，调查中很难获得全面准确的数据。

4. 对科研绩效形成过程的不同因素的影响机理形成更有规律性的路径分析，从而揭示社会资本影响教师科研绩效的最普遍性的结论。教师的科研受诸多因素的影响，但不可否认过去重视的是科研中人力资本的开发和运用，而对社会资本在其中的作用研究甚少。当我们越来越多地发现社会资本的价值之后，对其进行微观层面的分析和探讨，以获得更多的操作和应用的方法也就更有必要。

5. 加大对社会资本负面作用的控制研究。社会资本如何与“拉关系、走后门”分开，在中国的人情社会中是需要不断研究的问题。是否具有“正外部性”是社会资本与“拉关系、走后门”的分水岭，当人们对社会关系网络资源的利用具有“互惠”效应而不是损人利己时，这是社会资本的投资和回报。但是，社会资本的使用过程中同样会出现圈内垄断、压制不同意见等负面作用，这也是有待我们进一步探讨的问题。

参考文献

[1] [美] 埃莉诺·奥斯特罗姆（Elinor Ostrom），龙虎编译．社会资本：流行的狂热或基本的概念？[J]．经济社会体制比较，2003（2）．

[2] 边燕杰，张宏文．经济体制、社会网络与职业流动 [J]．中国社会科学，2001（2）．

[3] 边燕杰．城市居民社会资本的来源及作用：网络观点与调查发现[J]．中国社会科学，2004（3）．

[4] 边燕杰，丘海雄．企业的社会资本及其功效 [J]．中国社会科学，2000（2）．

[5] 蔡文伯．高校社会资本的理论基础与发展评析 [J]．黑龙江教育（高教研究与评估），2009（4）．

[6] 蔡文伯，王冬梅，粟劲松．大学生就业的社会资本运用研究 [J]．社会工作，2009（2）．

[7] 陈柳钦．社会资本及其主要理论研究观点综述 [J]．东方论坛，2007（3）．

[8] 陈盼．中国社会转型期社会资本分析 [J]．中国社会学网，http：//www. sociology. cass. net. cn/shxw/qt/t20040519_2152. htm.

[9] 陈向明．质性研究教学的悖论 [J]．教育学术月刊，2010（5）．

[10] 陈苑，阎凤桥，文东茅．北京市高校教师学缘关系与职业发展轨迹的调查与分析 [J]．大学（研究与评论），2008（3）．

[11] 成同杰．农业科研机构绩效管理 [J]．农业科研经济管理，2006（2）．

[12] 岑国桢．国际教育百科全书：第 5 卷 [Z]．贵阳：贵州教育出版社，1991.

[13] 戴坚．网络嵌入性的理论解析 [J]．生产力研究，2009（3）．

[14] 董国新．高校科研绩效考评体系分析 [J]．科研管理，2004（2）．

[15] 董绍斌．科研绩效定量评价新模式及应用研究［D］．哈尔滨工业大学硕士论文，2003.

[16] 杜玲玲．提高高校青年教师科研能力的几点思考［J］．江西教育科研，2006 (4).

[17] 方竹兰．从人力资本到社会资本［J］．学术月刊，2002 (2).

[18] 高连克．论科尔曼的社会资本理论［J］．北华大学学报（社会科学版），2005 (4).

[19] 郭卉．大学治理中教师与行政人员的关系：基于社会资本的研究［J］．现代大学教育，2005 (3).

[20] 郭冬杰．论人力资本、社会资本对农村剩余劳动力转移的影响［J］．江西社会科学，2009 (5).

[21] 桂勇，黄荣贵．社区社会资本测量：一项居于经验数据的研究［J］．社会学研究，2008 (3).

[22] 顾明远．教育大辞典（简编本）［Z］．上海：上海教育出版社，1999.

[23] 顾全，薛倚明．科研单位支出预算与绩效评价的若干思考［J］．科研管理，2006 (4).

[24] 贺寨平．国外社会支持网研究综述［J］．国外社会科学，2001 (1).

[25] 侯志军．社会资本与大学发展研究［D］．华中科技大学博士论文，2008.

[26] 胡钦晓．大学社会资本研究［D］．南京师范大学博士论文，2007.

[27] 胡荣，张义祯，高等教育机会阶层辈出率影响因素研究［J］．清华大学教育研究，2007 (1).

[28] 将春燕，赵曙明．社会资本和公司企业家精神与绩效的关系［J］．管理世界，2006 (10).

[29] 蒋国华，方勇，孙诚．同行评议之路：科学计量学指标的应用大学科研评估量化问题［C］．国际研讨会论文，1998.

[30] 蒋艳新．国防科研所科研人员绩效考评和薪酬体系研究［D］．华中科技大学硕士论文，2005 (26)．

[31] 雷万鹏，钟宇平．中国高等教育需求中的城乡差异：人力资本与社会资本理论的视角［J］．北京大学教育评论，2005 (3).

[32] 李碧虹．社会资本、合作剩余与大学教师合作行为［J］．高等教育

研究，2008（11）.

[33] 李惠斌，杨雪冬．社会资本与社会发展［M］．北京：科学文献出版社，2000.

[34] 李子彦．关于当前高校教师科研业绩评价有效性的思才［J］．太原师范学院学报（社会科学版），2006（3）.

[35]［美］林南著．俞弘强译．社会与地位获得［J］．马克思主义与现实，2003（2）.

[36] 林雪仪．论中小学教师社会资本及其构建［J］．教学与管理，2007（10）.

[37] 林小英．“挂靠约束”与民办高校的社会资本积累［J］．现代大学教育，2007（2）.

[38] 刘林平．企业的社会资本：概念反思和测量途径［J］．社会学研究，2006（2）.

[39] 刘思峰．科技综合实力评估指标与数学模型［J］．南京航空航天大学学报，2002，34（5）.

[40] 刘作义，陈晓田．科学研究评价的性质、作用、方法及程序［J］．科研管理，2002，23（2）.

[41] 柳琳．论人力资本理论的作用及其局限性［J］．辽宁教育研究，2005（8）.

[42] 龙震宇，张剑平．高校科研绩效评价体系的研究及系统发现［J］．中国科技信息，2006（9）.

[43] 卢燕平．社会资本的来源及其测量［J］．求索，2007（5）.

[44] 卢苇．基于投入产出的财经类高校科研绩效评价研究［J］．南京财经大学学报，2009（4）.

[45] 罗安娜，李燕萍．高校社会资本对其核心竞争力影响研究［J］．武汉大学学报（哲学社会科学版），2009，26（1）.

[46]［美］爱德华·格拉泽．社会资本的投资及其收益［J］．罗建辉译．经济社会体制比较，2003（2）.

[47] 马莉萍，丁小浩．高校毕业生求职中人力资本与社会关系作用感知的研究［J］．清华大学教育研究，2010（1）.

[48]［韩］朴雨淳．再论中国社会的“关系”及其公共性提升［J］．学海，2009（2）.

[49] 乔海曙，许国新．校友捐赠与高校发展：社会资本视角的分析[J]，2006 (5).

[50] 盛冰．社会资本对当代教育的影响 [J]. 北京师范大学学报（社会科学版），2003 (6).

[51] 史静寰，郑新蓉，王蓉．西部贫困地区基础教育发展路径探索——“中英甘肃基础教育合作项目”的启示 [J]. 教育研究，2003 (8).

[52] 苏娜，陈士俊．高校科研诚信存在的问题及对策研究 [J]. 技术与管理创新，2008 (7).

[53] 隋广军，盖翊中．城市社区社会资本及其测量 [J]. 学术研究，2002 (7).

[54] 孙晓军，周宗奎．探索性因子分析及其在应用中存在的主要问题，心理科学，2005 (6).

[55] 孙骏．当代西方政府绩效与绩效管理理论研究综述 [J]. 中共宁波市委党校学报，2005 (4).

[56] 田玲．布尔迪厄生存心态理论中的互动关系及特征 [J]. 北京大学学报（哲学社会科学版），2006 (3).

[57] 滕云，杨琴．网络弱关系与个人社会资本获取，重庆社会科学，2007 (2).

[58] 田凯．科尔曼的社会资本理论及其缺陷 [J]. 社会科学研究，2001 (1).

[59] 涂三广．教师专业发展：社会资本视角，中小学教师培训 [J]. 2007 (7).

[60] 夏建中．社会为中心的社会资本理论及测量 [J]. 教学与研究，2009 (7).

[61] 许善娟，丁小浩．从社会资本和人力资本的视角分析香港高中生对高等教育的需求 [J]. 高等教育研究，2008 (7).

[62] 王傲蕾．社会资本：农民工市民化的重要影响因素 [J]. 许昌学院学报，2009，28 (3).

[63] 王积超．社会资本及其测量的理论研究 [J]. 西北民族大学学报，2004 (2).

[64] 韦日钊．美国高校科研职能的发展与启示，西南大学硕士论文，2007.

[65] 韦璞. 社会资本的测量方法：经验研究综述 [J]. 特区经济，2007 (2).

[66] 韦影. 企业社会资本对技术创新绩效的影响：基于吸收能力的视角 [D]. 浙江大学博士学位论文，2005.

[67] 王处辉，李娜. 当前我国高等教育过程中的不平等研究：基于对某高校农村群体的调查 [J]. 清华大学教育研究，2007 (4).

[68] 王明和，刘强，张晓耘，陈天欢. 高校社科科研业绩综合评价指标体系的研究 [J]. 科技管理研究，2000 (3).

[69] 王凭慧. 科学研究项目评估方法 [J]. 科研管理，1999，20 (3).

[70] 王晋萍，甘霖，杨立英. 国内外科研绩效评价方法比较 [J]. 科学学研究，2006 (12).

[71] 王世彤，王文玲. 我国高校科研管理的社会资本分析 [J]. 科技管理研究，2006 (2).

[72] 王晓红. 基于投入产出分析的科研绩效评价理论模型及方法研究 [D]. 哈尔滨工业大学博士学位论文，2004.

[73] 王晓红，王雪峰，翟爱梅，冯英浚. 一种基于DEA和多指标综合评价的大学科研绩效评价方法 [J]. 中国软科学，2008 (4).

[74] 王卫东. 中国城市居民的社会网络资本与个人资本 [J]. 社会学研究，2006 (3).

[75] 王卫东. 中国社会文化背景下社会网络资本的测量 [J]. 社会，2009 (3).

[76] 王雅芝. 高校院（系）级科研绩效评价指标体系研究 [J]. 中国煤炭经济学院学报，2001 (4).

[77] 王站军. 学位与研究生教育评估技术与实践 [M]. 北京：高等教育出版社，2003.

[78] 温晓俊，陈传明. 战略研究中社会资本的测量 [J]. 中国软科学，2008 (4).

[79] 尉建文. 企业社会资本的概念与测量：一个综合理论分析框架 [J]. 社会，2008 (6).

[80] 韦影. 企业社会资本的测量研究 [J]. 科学学研究，2007 (3).

[81] R. 韦恩·蒙迪，罗伯特·M. 诺埃，葛新权，郑兆仁等译. 人力资源管理 [M]. 北京：经济科学出版社，1998.

［82］吴航．我国主体性教育理论研究的现状与反思［J］．华中师范大学学报，2000（6）．

［83］吴国存．企业职业管理与雇员发展［M］．北京：经济管理出版社，1996.

［84］武春华．高校科研团队内部社会资本实证研究，苏州大学所示学位论文，2007.

［85］项贤明．泛教育论［M］．太原：山西教育出版社，2000.

［86］夏建中．社会为中心的社会资本理论及其测量［J］．教学与研究，2007（9）.

［87］肖鸿．试析当代社会网研究的若干进展［J］．社会学研究，1999（3）.

［88］肖冬平，顾新．论社会资本对企业管理的负面影响及其应对措施［J］．科级管理研究，2007（6）.

［89］阎凤桥．山东省某市民办教育发展的经济学分析［J］．教育发展研究，2007（10）.

［90］阎凤桥，毛丹．影响高校毕业生就业的社会资本因素分析［J］．复旦教育论坛，2008（4）.

［91］杨剑，白云，郑信莉．目标导向的绩效考评［M］．北京：中国纺织出版社，2002.

［92］杨秀伟，李明斐，张国梁．高校教师工作满意度及其与离职倾向关系的实证关系［J］．大连理工大学（社会科学版），2005（12）.

［93］［德］雅斯贝尔斯．什么是教育［M］．邹进译，北京：三联书店，1991.

［94］［美］约翰·E．丘伯．政治、市场和学校［M］．蒋衡等译．北京：教育科学出版社，2003.

［95］殷德生．社会资本与经济发展［J］．南京社会科学，2001（7）.

［96］甑月桥，牛玉伯，刘泽文．社会资本的测量及其对就业结果的影响［J］．人类功效学，2008（2）.

［97］周春燕．高校教师科研业绩评价及建议［J］．科技进步与对策，2008，25（11）.

［98］周红云．社会资本：布迪厄、科尔曼和帕南特的比较［J］．经济社会体制比较，2003（4）.

[99] 朱依娜. 找回科尔曼：从理性选择理论看其“社会资本”概念[J]. 甘肃理论学刊，2006，9 (5).

[100] 朱志勇，徐蕾. 社会资本在民办学校发展机制中的运作逻辑：个案分析 [J]. 清华大学教育研究，2006 (4).

[101] 赵延东，罗家德. 如何测量社会资本：一个经验研究综述 [J]. 国外社会科学，2005 (2).

[102] 赵延东. 测量西部城市居民的社会资本 [J]. 华中师范大学学报，2006，11，45 (6).

[103] 赵方杜，夏丽. 青年农民工的社会支持网域职业获得 [J]. 中国青年研究，2009 (4).

[104] 赵宏，马会兰等. 高校教师科研中存在的问题及对策 [J]. 河北建筑科技学院学报（社科版），2004 (3).

[105] 赵庆. 美国学术反思活动对高校教师科研绩效评价的影响及启示[J]. 理工高教研究，2006 (6).

[106] 赵潇，阎凤桥. 北京市不同学科类型高校教师的工作特征和合态度的比较分析 [J]. 大学（研究与评论），2008 (9).

[107] 张晨菡. 信任：一种重要的社会资本，企业家天地，2009 (6).

[108] 张峰. 社会资本与教师科研发展，华中科技大学硕士论文，2005.

[109] 张广利，陈仕中. 社会资本理论发展的瓶颈：定义及测量问题探讨，社会科学研究，2006 (2).

[110] 张文宏. 社会资本：理论争辩与经验研究 [J]. 社会学研究，2003 (4).

[111] 张文宏，栾博. 社会结构取向下的社会资本研究 [J]. 社会，2007，27 (2).

[112] 张文宏. 中国的社会资本研究：概念、操作化测量和经验研究[J]. 江苏社会科学，2007 (3).

[113] 张一尺. 人力资源管理教程 [M]. 北京：北京大学出版社，1999.

[114] 张友琴. 社会支持和社会支持网：弱势群体社会支持的工作模式初探 [J]. 厦门大学学报（哲学社会科学版），2002 (3).

[115] 张玉利，杨俊，任兵. 社会资本、先前经验与创业机会 [J]. 管

理世界，2008（7）.

［116］郑雨兰．社会资本测量问题初探，经济研究导刊，2007（12）.

［117］郑德俊，高风华．高校人文社会科学科研绩效评价指标体系构建［J］．科技进步与对策，2009（4）.

［118］翟学伟．是关系还是社会资本［J］．社会，2009（1）.

［119］庄玉梅．组织社会资本对个体知识分享的影响机理［J］．科学与管理，2009，7，11（4）.

［120］庄瑜．学生社会资本与学业成就的互动研究，华东师范大学硕士论文，2004.

［121］［美］詹姆斯·S. 科尔曼．社会理论的基础［M］．邓方，译．北京：社会科学文献出版社，1999.

［122］钟宇平，陆书根．社会资本因素对个体高等教育需求的影响［J］．高等教育研究，2006（1）.

［123］周常宝．企业社会资本对技术创新绩效影响研究，河南工业大学硕士学位论文，2007.

［124］周建国．社会资本及其非均衡性分布的负面影响［J］．浙江学刊，2002（6）.

［125］Aquino，Karl，Serva，Mark A.，Using a Dual Role Assignment to Improve Group Dynamics and Performance：The Effects of Facilitating Social Capital in Teams，Journal of Management Education，2005，29（1）：17－38.

［126］Arriaza，Gilberto，Schools，Social Capital and Children of Color. Race Ethnicity and Education，Mar. 2003，6（1）：71－94.

［127］Balatti，Jo，Black，Stephen，Falk，Ian，Teaching for Social Capital Outcomes：The Case of Adult Literacy and Numeracy Courses，Australian Journal of Adult Learning；Jul. 2007，47（2）：245－263.

［128］Balatti，Jo，Black，Stephen，Falk，Ian，A New Social Capital Paradigm for Adult Literacy：Partnerships，Policy and Pedagogy. An Adult Literacy National Project Report，National Centre for Vocational Education Research（NCVER），2009：52.

［129］Beard，Karen Stansberry，Hoy，Wayne K，Academic Optimism of Individual Teachers：Confirming a New Construct，Teaching and Teacher Education，July 2010，26（5）：1136－1144.

[130] Beadie, Nancy, Education, Social Capital and State Formation in Comparative Historical Perspective: Preliminary Investigations; Paedagogica Historica: International Journal of the History of Education, Feb. 2010, 46 (1-2): 15-32.

[131] Bruna, Katherine Richardson, Mexican Immigrant Transnational Social Capital and Class Transformation: Examining the Role of Peer Mediation in Insurgent Science, Cultural Studies of Science Education, Jun 2010, 5 (2): 383-422.

[132] Craig, S. Bartholomew, Hess, Clara E., McGinnis, Jennifer Lindberg, Gray, Denis O. Leadership in University-Based Cooperative Research Centres: A Qualitative Investigation of Performance Dimensions, Industry and Higher Education, Oct. 2009, 23 (5): 367-377.

[133] Dhillon, Jaswinder K., The Role of Social Capital in Sustaining Partnership, British Educational Research Journal, Oct. 2009, 35 (5): 687-704.

[134] Elliott, John, Building Social Capital for Educational Action Research: The Contribution of Bridget Somekh, Educational Action Research, Mar 2010, 18 (1): 19-28.

[135] Farmer-Hinton, Raquel L., Adams, Toshiba L., Social Capital and College Preparation: Exploring the Role of Counselors in a College Prep School for Black Students, Negro Educational Review, Spr-Sum 2006, 57 (1-2): 101-116.

[136] Farrell, Ann, Tayler, Collette, Tennent, Lee, Building Social Capital in Early Childhood Education and Care: An Australian Study, British Educational Research Journal, Oct. 2004, 30 (5): 623-632.

[137] Feinstein, Leon, Hammond, Cathie, Woods, Laura, Preston, John, Bynner, John, The Contribution of Adult Learning to Health and Social Capital. Wider Benefits of Learning Research Report., May 2003 (8): 129.

[138] Goddard, Roger D. Relational Networks, Social Trust and Norms: A Social Capital Perspective on Students' Chances of Academic Success, Educational Evaluation and Policy Analysis, Spr. 2003, 25 (1): 59-74.

[139] Groot, Wim, van den Brink, Henriette Maassen, van Praag, Bernard, The Compensating Income Variation of Social Capital, Social Indicators Research, Jun. 2007, 82 (2): 189-207.

[140] Huang, Lihong, Social Capital and Student Achievement in Norwegian Secondary Schools, Learning and Individual Differences, Jun 2009, 19 (2): 320-325.

[141] Kang, Min Ju, Glassman, Michael, Moral Action as Social Capital, Moral Thought as Cultural Capital, Journal of Moral Education, Mar. 2010, 39 (1): 21-36.

[142] Koc, Mustata, Ferneding, Karen Anni, The Consequences of Internet Café Use on Turkish College Students Social Capital, Online Submission, Turkish Online Journal of Education Technology—TOJEY Jul. 2007, 6 (3).

[143] Social Capitaland Education, http: //www. worldbank. org/poverty/scapital/index. htm. [C].

[144] Malen, Betty, Rice, Jennifer King, A Framework for Assessing the Impact of Education Reforms on School Capacity: Insights from Studies of High-Stakes Accountability Initiatives, Educational Policy, Nov 2004, 18 (5): 631-660.

[145] Mandzuk, David, Hasinoff, Shelley, Seifert, Kelvin, Inside a Student Cohort: Teacher Education from a Social Capital Perspective, Canadian Journal of Education, 2005, 28 (1-2): 168-184.

[146] McKinney, John Paul, McKinney, Kathleen G., Franiuk, Renae, Schweitzer, John, The College Classroom as a Community: Impact on Student Attitudes and Learning College Teaching, 2006, 54 (3): 281-284.

[147] Micheal Seipel, Young Min Sun, Social Capital, Community Characteristics and Education Achievement: An Exploratory Anlysis, http: //www. worldbank. org [C].

[148] Bourdieu. "The form's of capital", In John G. Richardson (Ed), Hand book of theory and research for the sociology of education, Westport, Conn., Greenwood, 1985.

[149] Stephen Baron, John Field, Tom Schuller, Social capital, Oxford University Press, 2000.

[150] Christopher Winch, Education, work and social capital, Routledge, 2000.

[151] "Human resources development strategies for Korea", Hum an Re-

sources, Knowledge and a New Take-off, ministry of education and human resources development, 2002.

[152] Ellen Wall, "Getting the goods on social capital", Rural S ociology, 1998.

[153] James S. Coleman, "social capital in the creation of human capital", Knowledge and social capital: foundations and applications, Butterworth-Heinemann, 2000.

[154] Robert D. Putnam, Bowling alone, Simon and Schuster, 2000.

[155] Michael Armstrong Angela Baronl, Performance Management [M]. London: The Cromwell Press, 1998: 15 -41.

[156] Richard S Williams. Pcrfonnancc Management [M]. London International Thomson Business Press, 1998: 93 -175.

[157] Compbell J P, Modeling the prediction problem in industrial and organization psychology [J]. In: M D Dunnette, L M Hough ed. Handbbook of industrial and organizational psychology, 2nd ed. Palo Alto, CA: Consulting Psychologyists Press, 1990: 687 -732.

[158] Borman W C, Motowidlo S J, Task performance and contextual [M]. performance: the meaning for personnel selection research, Humanperformance, 1997 (2): 99 -109.

[159] Engaging Citizens in Achieving Results that Matter: A Model for Effective 21st Century Governance. By Paul Epstein, Lyle Wray, Martha Marshalland Stuart Grifel.

[160] Marcia Belcher. What is Institutional Assessment? [J]. Assessment News, 1995 (1): 1 -3.

[161] Chubin, D. E., Hackett, E. J., Peerless Science: Peer Review and Science Policy State [M]. University of New York Press, 1999: 2.

[162] James Coleman, Foundation of social theory, Harvard University Press, 1994.

[163] James Coleman, Social capital in the creation of human capital, American Journal of Sociology, 1988 (1): 94.

[164] Jewiss, Jennifer, Pickard, Larissa Vigue, Strategies for Building Local Literacy Coalitions as Seen through a Social Capital Lens, Adult Basic Educa-

tion and Literacy Journal, Spr 2010 (1): 47 - 51.

[165] O'Neill, D. Kevin, Building Social Capital in a Knowledge-Building Community: Telementoring as a Catalyst, Interactive Learning Environments, Dec 2004, 12 (3): 179 - 208.

[166] Palmer, Robert, Gusman, Marybeth, It Takes a Villege to Raise a Child: The Role of Social Capital in Promoting Academic Success for African American Men at Black College, Journal of College Student Development, Jan-Feb 2008, 49 (1): 52 - 70.

[167] Perna, Laura Walter, Titus, Marvin, The Relationship Between Parental Involvement as Social Capital and College Enrollment: An Examination of Racial/Ethnic Group Differences, A Journal of Higher Education, Sep-Oct 2005, 76 (5): 485.

[168] Priest, Suellen, What Is "Social Capital" and How Can Vocational Education and Training Help Develop It? Conference Paper, National Centre for Vocational Education Research (NCVER), Paper presented at the Australian Learning Communities Network Conference Adelaide, Australia, Oct. 2008: (27 - 28).

[169] Roberts, Nella A., Plakhotnik, Maria S. Building Social Capital in the Academy: The Nature and Function of Support Systems in Graduate Adult Education, New Directions for Adult and Continuing Education, Sum 2009 (122): 43 - 52.

[170] Salaran, Mohammad, Research Productivity and Social Capital in Australian Higher Education, Higher Education Quarterly, Apr 2010, 64 (2): 133 - 148.

[171] Stanton Salazar, A Social Capital Framework for Understanding the Socialization of Racial Minority Children and Youths, Harvard University, Cambridge, Harvard Educational Review, MA, 1997.

[172] Stanton Salazar, Social capital and the reproduction of inequality: Information networks among Mexican-origin high school students, Sociology of Education, 1995.

[173] Stanton Salazar, Social capital among working-class minority students, book. google. com, 2004.

[174] Stanton Salazar, The network orientations of highly resilient urban mi-

nority youth: A network-analytic account of minority socialization and its educational implications, the urban review, 2000, 32 (9).

[175] Stanton Salazar, Informal mentors and role models in the lives of urban Mexican-origin adolescents, Anthropology and Education Quarterly, 2003 (9).

[176] Stanton Salazar, Adolescent peer networks as a context for social and emotional support, Youth and Society, 2005 (36).

[177] Stanton Salazar, The help-seeking orientations of Latino and non-Latino urban high school students: A critical-sociological investigation, Social Psychology of Education, 2001 (3).

[178] Stanton Salazar, Manufacturing hope and despair: The school and kin support network of U. S-Mexican youth, Sociology of Education Series, New York, NY. US. Teachers College Press, 2001.

[179] Stanton Salazar, Social capital and the reproduction of inequality: information networks among Mexico-origin high school students, Sociology of Education 1995 (68).

[180] Sugawara, Carmen G. Luca, Building Social Capital among Social Work Educators: A Strategy for Curriculum Development, Journal of Social Work Education, Fall 2009, 45 (3): 445 –466.

[181] Temple, Paul; Creating Social Capital: The Impact of International Programme on Polish and Romanian Higher Education, Tertiary Education and Management, Mar 2006, 12 (1): 1 –20.

[182] Uekawa, Kazuaki, Aladjem, Daniel K., Zhang, Yu, Impact of Comprehensive School Reform on Social Capital and Pedagogical Change, Journal of Education for Students Placed at Risk (JESPAR), 2006, 11 (3 –4): 295 –307.

[183] Valdiviezo, Laura Alicia, Class-First Analysis in a Continuum: An Approach to the Complexities of Schools, Society, and Insurgent Science, Cultural Studies of Science Education, Jun 2010 (2): 435 –445.

[184] Villar, Esperanza, Albertin, Pilar, "It Is 'Who' Knows 'You'". The Positions of University Students regarding Intentional Investment in Social Capital, Studies in Higher Education, Mar. 2010, 35 (2): 137 –154.

[185] Waters, Johanna L. Transnational Geographies of Academic Distinction: The Role of Social Capital in the Recognition and Evaluation of "Overseas" Credentials,

Globalization, Societies and Education, Jun. 2009, 7 (2): 113 – 129.

[186] Wang, Dan, Family-School Relations as Social Capital: Chinese Parents in the United States, School Community Journal, Fall-Win 2008, 18 (2): 119 – 146.

[187] Williams, Brian N.; Williams, Sheneka M. Perceptions of African American Male Junior Faculty on Promotion and Tenure: Implications for Community Building and Social Capital, Teachers College Record, Feb. 2006, 108 (2): 287 – 315.

[188] Zhang, Yulin; Lin Baojun; Social Occupational Classes and Higher Education Opportunities in Contemporary China: A Study on the Distribution of a Scarce Social Capital, Frontiers of Education in China, Jan. 2006 (1): 89 – 99.

附录　影响高校教师科研绩效的社会资本因素问卷调查

尊敬的老师您好！

首先请原谅我打扰您的工作和休息！我是一位从事高等教育研究的工作者，希望了解高校教师科研成果的影响因素。问卷中不需要您填写自己或他人的姓名，答案也没有对错之分，您只需要按自己的实际情况在合适选项后面打钩或填上适当的内容即可。本问卷使用 Word 文档，可在计算机上填写（问卷共四个页面）。

真诚感谢您的帮助！

年　　月

第一部分　基本信息

1. 您的性别：A. 男□　B. 女□
2. 您所在的学校：____________

所在院系：____________

您目前所从事的学科或专业：____________

3. 您所在学校的层次：A. 重点大学□　B. 一般大学□
4. 您所在学校的类型：A. 综合类□　B. 文科类为主□　C. 理工科类为主□
5. 您的职称：A. 正高□　B. 副高□　C. 中级□　D. 初级□　E. 无□
6. 您的教育背景：A. 博士及以上□　B. 硕士□　C. 学士□　D. 专科□　E. 无□
7. 您的职务：A. 副厅级及以上□　B. 正处级□　C. 副处级□　D. 科级□　E. 无□

8. 您近三年公开发表的论文篇数：______篇，其中国家核心期刊（包括国外发表的论文）______篇，一般期刊______篇；所发表的论文被国外 SCI、EI、ISTP 等检索的______篇，被国内 CSSCI、CSCI 等检索的______篇；

9. 您近三年出版的著作（含教材）______部（按册计算，上下册算2部）；

10. 您近三年课题或其他科研项目的获取数：______项，其中国家级课题______项，省部级课题______项，横向课题______项；

11. 您近三年获取的科研经费总数：A. 1万元以下□　B. 1万~10万元□　C. 10万~20万元□　D. 20万~50万元□　E. 50万~100万元□　F. 100万元以上□

12. 您目前共担任了________项学术职务：其中国家级学术职务______项，省部级学术职务______项，市级学术职务______项，校级学术职务______项（学术职务是指在与学术相关的各种委员会、理事会、研究会、学会、协会、科研团体等组织中担任的职务）；您的最高学术职务是____________________；

13. 您目前共参加了________个社会团体或社会组织：其中学术团体或组织______个；非学术团体或组织______个；

14. 迄今为止，您在高校的任职年限________。

第二部分　封闭式问卷

[请按次第和程度在相应栏目中打钩，每题只选一个答案：1 表示几乎没有，2 表示很少（很低、很小、很差），3 表示较少（较低、较小、较差）4 表示一般，5 表示较多（较高、较大、较好），6 表示很多（很高、很大、很好），7 表示几乎是全部]

1 ____　2 ____　3 ____　4 ____　5 ____　6 ____　7 ____

几乎没有　很少　较少　一般　较多　很多　几乎全部

一、人力资本、社会资本与科研	1	2	3	4	5	6	7
1. 整体来看，高校教师的知识等人力资本因素在科研产出中的作用							
2. 在其他条件（包括人力资本）大体相同的情况下，高校教师人际交往等社会资本因素在科研产出中的作用							
3. 高校教师的知识因素在其科研内容、科研质量提升上的作用							

续表

4. 高校教师人际交往因素在其科研内容、科研质量提升上的作用							
5. 高校教师的人际交往因素相对于知识因素在科研项目获取、科研评奖等方面的作用							
二、社会团体							
6. 您参加的学术团体或组织的数量							
7. 您参加的非学术团体如政治团体、公益团体等的数量							
8. 您在学术团体或组织中所处的位置							
9. 您在非学术团体或组织中所处的位置							
10. 您所参加的团体或组织内的相互信任与合作程度							
三、社会关系网络状况							
11. 您的人际网络规模的大小							
12. 您与同事、科研管理人员的交往频率							
13. 您与身边的一般朋友的交往频率							
14. 你与身边的亲密朋友的交往频率							
四、网络摄取与科研							
15. 与利用组织渠道相比，您利用非正式网络获得科研项目的可能性							
16. 您通过学术圈内人员获取科研项目的可能性							
17. 您通过家人、亲戚等血缘关系获得科研项目的可能性							
18. 您通过同学、朋友、老乡等友缘关系获得科研项目的可能性							
19. 您通过同事、领导、老师、学术圈人士、科研部门责任人、编辑出版责任人等业缘关系获得科研项目的可能性							
20. 您与相关人员面对面的交往对科研支持的作用							
21. 您与相关人员非面对面的交往对科研支持的作用							
22. 在关键的时候，您能找到愿意给您提供科研帮忙的直接责任人的可能性							
23. 与一般个体相比，某些关键人对您的科研帮助作用							

续表

五、教师的社会资本对科研产出的类型上的影响					
24. 人际交往和关系网络对您论文发表的支持					
25. 人际交往和关系网络对您著作出版的支持					
26. 人际交往和关系网络对您高档次的论文发表和著作出版的支持					
27. 人际交往和关系网络对您的纵向课题和经费获取的支持					
28. 人际交往和关系网络对您的横向课题和经费获取的支持					
六、高校教师科研产出与职称、职务的关系					
29. 职称高低对科研项目的获取的影响程度					
30. 职务高低对科研产出的影响程度					
31. 行政职务对科研产出的影响程度					
32. 学术职务对科研产出的影响程度					
33. 学历高低对科研产出的影响作用					
七、高校层次与类型对科研的影响					
34. 与重点大学相比，一般大学的教师获得科研项目的机会					
35. 总体上重点大学比一般大学的教师科研产出量的差别					
36. 与单科性大学相比，多科性大学的教师科研获得社会支持的机会					
37. 与理工科院校相比，文科院校的教师获得科研项目的机会					
38. 为了教师的科研，你所在的大学或部门动用社会资源的程度					
八、社会资本的其他影响					
39. 现在的人际关系对科研领域的正常竞争产生的负面影响					
40. 您身边科研能力一般但凭借人际交往经常拿到科研项目的人					
41. 在科研评奖或评定项目时，圈内垄断的现象					
42. 他人凭借人际关系获得科研立项或奖励对您潜心于科研的影响					

第三部分　延伸性问卷

（请在每一个问题后的人员项目中填写 A、B、C、D、E 五项中的一项，第 49 题可多选）

个人社会资本	家人或亲戚	同学	朋友或老乡	领导	同事	老师	科研管理者或编辑	其他业内人士
43. 为了科研您与表中各类人员交往的广泛程度（A. 几乎不交往；B. 很少交往；C. 交往一般；D. 较多；E. 交往密切）								
44. 为了科研您每学期与表内各类人员见面、吃饭、聚会的次数（A. 没有；B. 1 次；C. 2 ~ 3 次；D. 4 ~ 5 次；E. 5 次以上）								
45. 为了科研您每学期以电话、邮件、口信等方式与表中各种人员沟通的次数（A. 没有；B. 1 次；C. 2 ~ 3 次；D. 4 ~ 5 次；E. 5 次以上）								
46. 表中各类人员对您科研项目获取的帮助力度（A. 几乎没有；B. 很小；C. 一般；D. 较大；E. 很大）								
47. 表中各类人员对您科研成果发表的帮助力度（A. 几乎没有；B. 很小；C. 一般；D. 较大；E. 很大）								
48. 表中各类人员对您科研成果评奖的帮助力度（A. 几乎没有；B. 很小；C. 一般；D. 较大；E. 很大）								
49. 表中各类人员对您的科研支持的主要方面（A. 在项目上给以决定性支持或帮助联系关键人；B. 给予宽松的工作环境；C. 精神支持；D. 提供信息；E. 提供学术建议；F. 直接参与合作；G. 经济支持）［本题可多选］								

第四部分　其　他

1. 影响教师科研成果的因素大体上有以下几项：A. 个人的学术水平；B. 个体社会关系网络资源；C. 个人兴趣与重视程度；D. 制度因素如学校的规定；E. 环境因素如科研氛围；F. 教学工作量饱满程度；G. 其他。请您按

重要程度排序（ ）

2. 若要组织科技攻关需要他人帮助或合作，您可以调动的人员数是多少？（ ）

3. 在科研项目的获取中如果需要您去寻找给您提供帮助的人，您能寻找到多少位？（ ）其中需要他人引荐的大约多少位？（ ）

4. 在科研项目的获取中如果需要您去寻找关键人给予重要支持，您是否能够找到？

A. 是（ ），B. 否（ ）；

5. 接第 4 题，如果回答“是”，请问是以哪种方式找到？A. 直接找到（ ）；B. 通过熟人介绍找到（ ）；

6. 接第 5 题，如果是通过熟人介绍找到，请问通过哪类熟人？（ ）

7. 在给过您科研帮助的人中，行政职务最高的是什么职务？（ ）

8. 在给过您科研帮助的人中，学术职务最高的是什么职务？（ ）

9. 在您的科研过程中，您所在的学校或部门是否为您提供过帮助？是（ ），否（ ）；如果回答“是”，请问提供了哪些帮助？（ ）

答题完毕，请您检查是否有遗漏，再次感谢您的合作与支持！

访谈提纲

1. 您认为影响教师科研绩效的非人力资本因素有哪些？

2. 您参加的社会团体或组织对您的科研提供过哪些帮助？

3. 对您科研帮助最大的是哪些人？他（们）是如何帮助你的？

4. 您本人或身边的人有没有通过交往沟通或动用社会资源促进科研的事例？

5. 在教师科研产出的主要指标论文、著作、课题三项中您觉得哪项更难？您有什么改进的办法或建议？

6. 您觉得有哪些好的人际交往方式可以帮助教师提高科研？

后记

两兄弟都是跑西部省份长途运输的货车司机，老大生性文静寡言，老二活泼好动见面熟，每次到达目的地后，老二能够很快找到返程货源，在第二天或第三天满载而归，老大早期常常空车返程，后面即使能够带货也要三五天以上，且总是载不满。信息搜寻与捕捉的差异构筑了他们业绩的差异，有用的信息资源可以转换为经济资本。

笔者在北京大学教育学院读博士的时候，社会资本研究成了主打方向，十余年来便一直关注着这方面的动向。西方国家研究这一主题围绕网络信息资源、网络规模大小、网络摄取、信任等展开，但中国是一个人情社会，社会资本很容易被人际关系、人情往来搅浑，加大了研究的难度。

在做高校教师科研中社会资本使用状况前期调研时，很多教师同样有些误解，认为科研中过多重视社会资本势必被社会资本的负效应拖累，即走向“拉关系、走后门”，使人们轻视人力资本的投资，笔者在做阐释的同时，也依据社会资本的维度和观测点对访谈和问卷收集到的信息进行了甄别和遴选。

高校教师经常参加高层学术会议、与国内外知名专家交流学术思想，他所获得的信息就是一种知识、一种学问，这种知识和学问用在科研上就可以变成有价值的资本；一旦教师成为某个领域的领军人物，他所处的优势位置也能够换取他人的信任，为其获取科研项目提供便利；有人脉关系的教师科研人员在组建科研团队时选择空间较大，获得的支持也更多，这些都是教师社会资本对科研的正效应。

由于社会资本黏附在社会资源中，通过摄取和使用才能体现，因而要有效测度国内外还没有形成成熟权威的办法，边燕杰为了考察农民工的社会资本，以过年时拜年的人数和拜年所涉及的人员层次作为指标来衡量，认为农民工社会关系网络规模越大，其中可能蕴含的资源就越多，社会关系网络的顶端层次越高，资源也就越多。这一做法尽管不全面，但也得到了学界的认可，反证了社会资本测量的不周延性。

本书测量教师科研中的社会资本使用了“社会团体”“社会网络”“网络摄取”三个指标，并把每个指标分解为多个观测点，是综合了科尔曼和林南的测量方法，从后面的验证来看，这种测验的信度和效度都很高。

本书的研究时间较长，一些良师益友是我受用终身的学习楷模和学术资源。北京大学教育学院阎凤桥老师、文东茅老师等对我的相关研究给予了多年指导，直到今天。赵新峰、郑东方、姚文兵、屈晓婷、胡庆喜、任玉珊、张懿、王海燕等博士不仅关注我的研究进展，也在他们各自的学校为我的研究组织问卷调查；陈鸣鸣、单强、毛盛勇、李东等博士在交流和论辩中帮助我不断理清思路，他们求知的激情、渊博的知识和睿智感召着我不断进取。

早些年赴美国南加州大学教育学院访学，得到了南加州大学前教务长Michael A. Diamond 教授以及 Mark Robison 教授、Jing Li 教授、Stanton Salarzar 教授、Linda A. Fisher 教授的指导，这些境外导师如此重视一名“外来户”的学术研究，让我无法仅用“感谢”二字得表心迹。

对我工作单位的领导和同仁心存感激，单位为我拙作的出版提供了经费支持，同事对研究内容多方指导。还要感谢一直给予我支持的爱人及家人，他们用朴实的感情对我的研究寄予关注。

出版社的白留杰、程新月老师也对本书的出版费尽了心思，正是在这些导师、学友、同事、亲人的关心和指导下，才得以完成这部专著的出版。

2019 年 4 月